Jimmy Carter

Palästina – Frieden, nicht Apartheid

JIMMY CARTER

PALÄSTINA – FRIEDEN NICHT APARTHEID

Mit einem Vorwort von Abraham Melzer

Aus dem Amerikanischen übersetzt von
Helgard Barakat

CIP-Titelaufnahme der Deutschen Bibliothek
Carter, Jimmy:
Palästina – Frieden, nicht Apartheid

© Melzer Verlag, Neu-Isenburg 2010
© 2006 by Jimmy Carter
Satz & Layout: Bernhard Heun, Rüssingen
Verlag: BoD · Books on Demand GmbH, In de Tarpen 42,
22848 Norderstedt, bod@bod.de
Druck: Libri Plureos GmbH, Friedensallee 273,
22763 Hamburg

Umschlag: Fabio Biasio

ISBN: 978-3-7693-3999-4

Unserem ersten Großenkel, Henry Lewis Carter,
mit der Hoffnung, dass er einmal Frieden
und Gerechtigkeit im Heiligen Land
erleben wird.

———— •◆• ————

INHALTSVERZEICHNIS

VORWORT

Dieses Buch des ehemaligen US-Präsidenten Jimmy Carter ist vor fünf Jahren geschrieben worden. Es ist kein Zufall, dass es noch nicht in deutscher Sprache erschienen ist. In Deutschland herrscht ein Klima der Angst und der Feigheit, wenn es darum geht, Israel zu kritisieren oder es auch nur an die Respektierung der Menschenrechte und die Einhaltung demokratischer Gepflogenheiten zu erinnern. An dieser neuartigen Diffamierung sind rechtszionistische und auch Teile der jüdischen Gemeinden in Deutschland nicht ganz unschuldig. In Deutschland lebende Israelis sowie jüdische Deutsche werden als „Antisemiten" und „selbsthassende Juden" verleumdet und öffentlich an den Pranger gestellt. Schaut man sich diese Verleumder und Denunzianten/innen an, kann man sich nicht des Eindrucks erwehren, dass sie diejenigen sind, die sich selbst hassen, da sie glauben, einen Staat namens

Israel verteidigen zu müssen, der gegen alle Prinzipien des Judentums und der Demokratie verstößt. Dass man sich da selber hassen muss, leuchtet ein. Diese Verleumder scheinen noch nie etwas von Artikel 1 unseres Grundgesetzes gehört zu haben, der eine einfache Botschaft enthält: Die Würde des Menschen ist unantastbar. Diese Würde des Menschen wird nicht nur jeden Tag in Deutschland von der Israellobby angetastet und verletzt, sondern fast stündlich von jenem Staat, den diese Lobbyisten meinen verteidigen zu müssen: Israel, das im besetzten Palästina die elementarsten Rechte der Palästinenser mit Füßen tritt.

Eines der missverständlichsten und unsäglichsten Schlagworte kommt ausgerechnet aus dem Land des Autors, des ehemaligen US-Präsidenten Jimmy Carter, wo es von einem Marineoffizier geprägt wurde: Right or wrong – my country (Recht oder Unrecht – (es ist) mein Vaterland). Immer wieder wird es dahingehend interpretiert, dass man ein Vaterland nicht kritisieren darf. Dies ist Unfug und darüber hinaus gefährlich. Zwar ist mein Vaterland immer mein Vaterland, und das ist damit gemeint, aber ich darf, soll und muss es kritisieren, wenn es Fehler macht. Wer denn sonst, wenn nicht ich. Jimmy Carter tut es.

Man hat Jimmy Carter vorgeworfen, dass der Titel seines Buches provokativ sei. Das ist richtig und auch gut so, denn Jimmy Carter wollte „provozieren", und dies im positiven

Sinne des Wortes. Er wollte eine Diskussion und eine Debatte anstoßen, in einem Land, in dem Debatten und Diskussionen nicht einmal ansatzweise möglich sind, wenn sie irgendwie Kritik an der Politik des Staates Israels beinhalten. Und das trifft seit der Kanzlerschaft von Angela Merkel in noch stärkerem Maße auch auf Deutschland zu. In ihrem Geburtstagsständchen hat die Kanzlerin vor der Knesset die Sicherheit Israels zur deutschen Staatsräson erklärt. Ein „politisch dämlicher Satz", nach den Worten des früheren Bundeskanzlers Helmut Schmidt. Jeder künftige von Israel angezettelte Krieg oder jedes israelische Verbrechen gehört zu unserer Staatsräson! Armes Deutschland, kann ich da nur sagen. Wie heißt es doch? Das Gegenteil von gut ist gut gemeint.

Dieses Buch ist vor fünf Jahren geschrieben worden, noch vor dem zweiten Libanon-Krieg und vor dem israelischen Überfall auf den Gazastreifen im Winter 2008/2009, als Israel mehr als 1400 Zivilisten getötet hat, darunter mehr als 400 Kinder. Israel hatte „nur" 14 Tote zu beklagen, drei davon durch eigenes Feuer, so genanntes „friendly fire". Während Carter in seinem Buch noch von einem Opfer Verhältnis von 1:10 zugunsten der Israelis berichtet, ist es in Gaza auf 1:100 gewachsen.

Fünf Jahre sind seither vergangen und nichts hat sich zum Besseren verändert, im Gegenteil, es ist alles nur noch schlimmer geworden. Die Selbstgerechtigkeit der Israelis ist noch unangenehmer und die Situation der Palästinenser noch hoffnungsloser geworden. Die Lage der Bewohner von Gaza ist in jeder Beziehung dramatisch, sowohl was die Versorgungslage als auch was den Wiederaufbau betrifft, da die Israelis seit fünf Jahren eine willkürliche und totale Kontrolle über Zugänge nach Gaza ausüben. Selbst von See kann man Gaza nicht erreichen. Friedensaktivisten, die im Mai 2010 dies versucht haben, sind zu Tode gekommen, da sie, nach Aussage der Israelis, mit Zementsäcken, Medikamenten und Kinderspielzeug die Sicherheit Israels gefährdet haben. Neun türkische Aktivisten sind regelrecht durch Kopfschuss und Schüsse in die Brust von vorn und von hinten hingerichtet worden.

Carter kritisiert in seinem Buch nicht nur diese beklagenswerte, unmenschliche, unmoralische und im Grunde absurde Politik der Israelis, sondern mahnt auch die anderen Staaten der westlichen Welt, insbesondere sein eigenes Land. Die amerikanische Nahostpolitik wird immer mehr ein Spielball der Israelis und der Israellobby in den USA. Selbst der neue amerikanische Präsident Barack Obama, von dessen Ankaraer und Kairoer Rede man sich so viel versprochen hat, wurde von Netanyahu und der Israellobby auf das Format eines großen Papiertigers reduziert, der sich seine Politik von Benjamin Netanjahu vorschreiben lassen muss.

Man wirft Carter vor, dass er den Begriff „Apartheid" benutzt und sich damit einseitig gegen Israel positioniert hat.

Das ist natürlich Unfug. Der Begriff „Apartheid" ist im Zusammenhang des Nahostkonflikts schon längst von anderen benutzt worden, wie z. B. von der israelischen Menschenrechtsorganisation B´Tselem, einem Informationszentrum für Menschenrechte in den von Israel besetzten palästinensischen Gebieten, die schon 2002 diesen Begriff in ihrem Report verwendet hat. Auch in dem anderen Report „Forbidden Roads – Verbotene Straßen", in dem die Organisation über das, wie sie es nennt, „Road Regime – Straßen Regime" berichtet, kommt sie zu der Schlussfolgerung, dass dies eine Ähnlichkeit zum Apartheid-Regime in Süd Afrika habe. Auch die angesehene israelische Tageszeitung Haáretz und die frühere Ministerin im Kabinett von Yitzhak Rabin, Shulamit Aloni, sprachen und sprechen davon: „Jedermann hier weiß, dass es Apartheid ist."

Selbst Erzbischof Desmond Tutu setzt sich für die Rechte der Palästinenser ein, Israels Politik bezeichnet er in einem Kommentar des Guardian im Jahre 2002 als „Apartheid": „Mein Besuch im Heiligen Land hat mich zutiefst erschüttert; es erinnerte mich so sehr an das, was uns Schwarzen in Südafrika zugestoßen war. Ich sah die Demütigung der Palästinenser an den Checkpoints und Straßensperren, die leiden mussten wie wir, als uns junge weiße Polizisten der Bewegungsfreiheit beraubt hatten."

Wenn alle es wissen und manche es sagen, warum sollte ein früherer amerikanischer Präsident nicht darüber sprechen dürfen? Es ist nicht nur allein die Tatsache, dass es in Palästina getrennte Straßen für Juden und Palästinenser gibt, es ist unbestritten, dass in der Westbank zwei Rechtssysteme existieren: Es gibt ein Rechtssystem für Palästinenser und ein anderes für israelische Juden. Deshalb hat Carter Kapitel 16 seines Buches betitelt: „Die Mauer als Gefängnis". Und in diesem Kapitel behandelt er die Mauer, die Israel in den besetzten Gebieten baut bzw. inzwischen schon fast vollständig gebaut hat. Dabei spielt es keine Rolle, ob es sich teilweise um eine Betonmauer handelt oder um einen „Stacheldrahtzaun". Der Internationale Gerichtshof in Den Haag hat im Juli 2004 ausdrücklich festgelegt, dass die Mauer völkerrechtswidrig ist und wir das Gebilde auch „Mauer" nennen dürfen. Die einzigen, die das ignorieren und nichts davon wissen wollen, sind die Israelis und die „Merkel-Deutschen", die immer noch von einem „Zaun" reden, obgleich sie vor einer acht Meter hohen Mauer stehen!

Israel kontrolliert somit das komplette Leben aller Palästinenser, die zwischen dieser Mauer und dem Jordan leben, ganz egal ob die palästinensische Autonomiebehörde 70, 80, oder 99 Prozent des Landes verwalten darf. Selbst wenn Israel nur ein Prozent des Westjordanlandes kontrollieren sollte, und tatsächlich kontrolliert es viel mehr als ein Prozent, selbst dann wäre Israel in der Lage durch das System der Apartheid-Straßen die komplette Westbank zu kontrollieren. Die Befugnisse der palästinensischen Verwaltung erstrecken sich gerade mal auf die Kontrolle der Müllabfuhr und die Besoldung der Beamten.

Kritiker werfen Carter vor, er würde mit diesem Buch Israel delegitimieren, es zu einem Staat ohne demokratische Gesetze degradieren, wo Israel doch eine blühende Demokratie sei, auch wenn diese Demokratie Fehler habe wie die amerikanische oder deutsche Demokratie. Das ist natürlich absurd und zynisch. Die USA und Deutschland mögen noch so viel Fehler in ihrem demokratischen System haben, mit dem System Israels lassen sich aber die westlichen Demokratien nicht vergleichen, zumal keine von ihnen ein anderes Volk unterdrückt, sein Land raubt, es vertreibt und es täglich demütigt. Natürlich hat Israel, wie jede andere Nation auch, das Recht seine Grenzen zu schützen. Dieses Recht hat auch jede Privatperson, die ihr Grundstück vor dem des Nachbarn schützen will. Man baut aber in der Regel einen Zaun oder eine Mauer entlang der Grenze seines eigenen Grundstücks und nicht tief auf dem Grundstück des Nachbarn. Mit der monströsen Mauer hat Israel sich weit von den international anerkannten Grenzen von 1967 entfernt und insgesamt mehr als zehn Prozent des palästinensischen Landes konfisziert, von den einzelnen menschlichen Tragödien, die dies bedeutet, ganz zu schweigen.

Des Weiteren werfen Kritiker der Israellobby Carter vor, er sei nicht neutral gewesen und hätte die Verantwortung für den Konflikt nicht gleichmäßig auf beide Seiten verteilt. Das hat er in der Tat nicht getan und dies ist auch gut so. Seiner Meinung nach liegt die Hauptverantwortung für die Fortdauer dieses Konflikts bei den Israelis und den USA. Carter ist hier sehr klar. Ein einfaches Beispiel soll das illustrieren: Jedes Jahr stimmt die Generalversammlung der UNO über eine Resolution ab, die den Titel trägt „Friedensresolution zum Palästina Konflikt". Jedes Jahr verläuft die Abstimmung nach dem gleichen Muster. Fast die gesamte Weltgemeinschaft stimmt für diese Resolution, dagegen stimmen immer nur die USA und Israel sowie einige „wichtige" Mitglieder der UNO wie Palau, Nauru, Tuvalu, die Marschall-Inseln und Mikronesien. Diese Resolution über den Abbau von Siedlungen liegt nun schon länger als 42 Jahre der UN-Generalversammlung vor und nur die beiden Verweigererstaaten, Israel und die USA, blockieren sie. Die wirklichen Feinde des Friedens entlarven sich selber und die Weltöffentlichkeit schweigt dazu. Jimmy Carter verschweigt das nicht, dass diese Seite den weiteren Siedlungsausbau nicht beenden will. Wenn das bedeutet, dass er einseitig ist, dann sollte man sich bei ihm für diese Einseitigkeit und Gerechtigkeit bedanken.

Der US-Präsident nennt in seinem Buch die Dinge beim Namen, so auch den Versuch von Ehud Barak seinen Kontrahenten Yassir Arafat bei den Verhandlungen in Camp David im Jahr 2000 über den Tisch zu ziehen. Der frühere israelische Außenminister Shlomo Ben-Ami, der bei den Verhandlungen zugegen war, sagte zum Scheitern und zur zynischen und bösartigen Behauptung von Barak, dass er keinen Partner für den Frieden gehabt habe, „Frank und frei, wäre ich ein Palästinenser, hätte ich auch nicht das Angebot von Ehud Barak angenommen." Und die Israellobbyisten rennen immer noch durchs Land mit dieser Barak-Lüge. Und genau das beschreibt Carter in seinem Buch, nämlich, die Palästinenser wurden ultimativ aufgefordert, weitest reichende Konzessionen zu machen, die kein palästinensischer Politiker guten Gewissens und bei klarem Verstand hätte machen können, wobei die angeblichen substantiellen Gegenleistungen Israels wie gewohnt vage blieben. In dieser Position befand sich Yassir Arafat, als er das „großzügige Angebot" ablehnte.

Und so dreht sich das „Friedensprozess"- Karussell immer weiter und die „Roadmap" ist zu einem Kreisverkehr geworden, in dem man nach Nirgendwo fährt und niemals irgendwo ankommt. Zur Zeit sprechen die Mächtigen dieser verlogenen Welt von einer Zwei-Staaten-Lösung und ignorieren dabei, dass dies erstens gar nicht mehr möglich ist, weil Israel seinen Besiedlungsplan im Westjordanland längst ausgeführt und scheinheilig und verlogen der Weltgemeinschaft versichert, dass man keine neuen Siedlungen mehr bauen wolle, während man aber kräftig dabei ist, vorhandene Siedlungen zu erweitern. Und zweitens, als Folge der ausgedehnten israelischen „Kolonisierung" existiert eine „Ein-Staaten-Lösung" genau genommen schon längst, allerdings mit dem „kleinen" Manko, dass dieser Staat ein Apartheid-Staat ist. Und genau darum geht es Jimmy Carter in seinem Buch: Frieden – nicht Apartheid.

Und schon wieder zwingt ein amerikanischer Präsident die Kontrahenten des Nahostkonflikts an den Verhandlungstisch, mit dem Versprechen, dass innerhalb von einem Jahr Frieden herrschen werde. Auf dem letzten großen Nahostgipfel im November 2007 in Annapolis hatte der damalige US-Präsident G.W.Bush schon einmal das gleiche angekündigt. Er ist damit gescheitert. Er schaffte es nicht. Warum soll sein Nachfolger Obama es schaffen, wenn der eine Kontrahent, wie damals Barak, nicht will und der andere, wie damals Arafat, nicht kann?

Dieses Buch ist vor fünf Jahren geschrieben worden. Im Gegensatz zu vielen anderen politischen Sachbüchern ist es eher aktueller geworden als dass es überholt wäre.

Abraham Melzer, Neu Isenburg, August 2010

LISTE DER LANDKARTEN

19

Landkarte 1

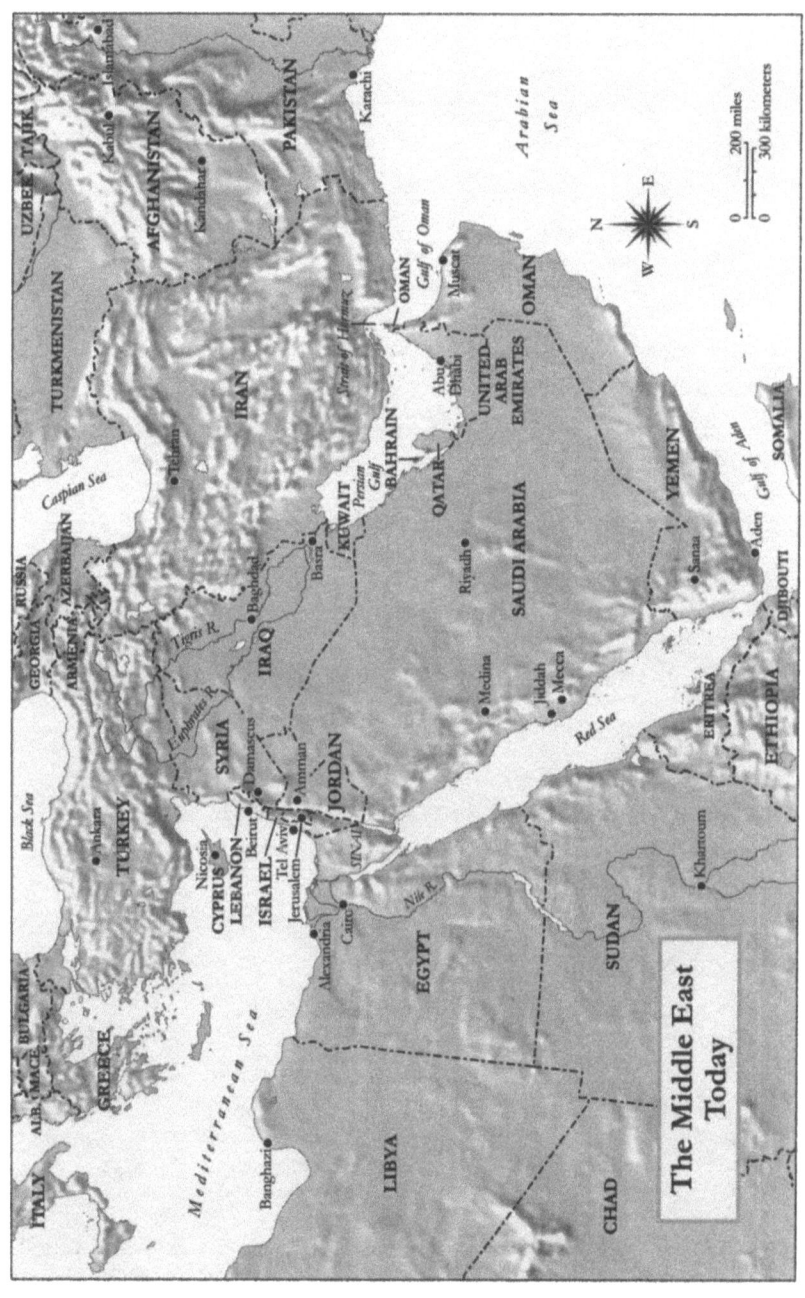

The Middle East Today

Landkarte 2

Landkarte 3

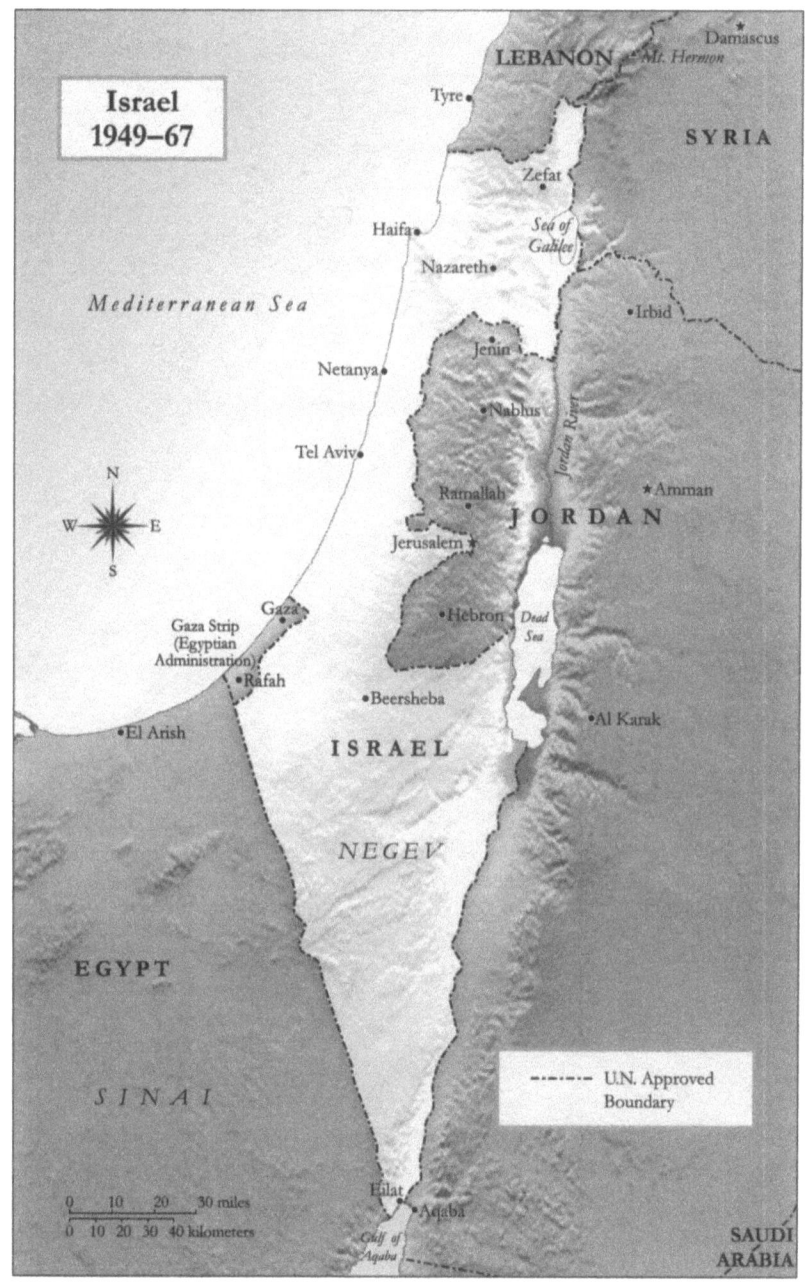

Israel
1949–67

In der Bibel steht, als das erste Blut zwischen seinen Kindern vergossen wurde, sprach Gott zu Kain, dem Mörder: „Wo ist dein Bruder Abel?" Und er antwortete: „Ich weiß nicht. Soll ich meines Bruders Hüter sein?" Und der Herr sprach: „Was hast Du getan? Die Stimme des Blutes deines Bruders schreit zu mir von der Erde. Und nun verflucht seist du [auf der Erde, die ihr Maul aufgesperrt hat und deines Bruders Blut von deinen Händen empfangen]."

(Genesis 4:9-11)

Das Blut Abrahams, nach Gottes Wille Vater der Auserwählten, fließt immer noch in den Adern von Arabern, Juden und Christen, und viel zu viel davon ist im Nahen Osten vergossen worden beim Griff nach dem Erbe des verehrten Patriarchen. Das vergossene Blut im Heiligen Land schreit immer noch zu Gott – ein qualvoller Schrei nach Frieden.

aus: Jimmy Carter, *Das Blut Abrahams*

ZEITTAFEL

— •◆• —

Eine historische Übersicht erleichtert das Verständnis der Ereignisse und Entwicklungen im Nahen Osten, deswegen sind im Folgenden einige wichtige Ereignisse aufgelistet, die zu den gegenwärtigen Gegebenheiten geführt haben.

um 1900 v. Chr.: Abrahams Wanderung von Ur nach Kanaan.

um 1200 v. Chr.: Moses führt den Auszug der Israeliten aus Ägypten an.

um 1000 v. Chr.: König David eint die zwölf Stämme Israels; sein Sohn Salomon errichtet den Tempel in Jerusalem.

um 930 v. Chr.: Die israelitische Nation zerfällt in zwei Königreiche, Israel und Judäa. Die Assyrer erobern Israel um 720 und Judäa wird 586 von den Babyloniern zerstört.

um 538 v. Chr.: Die Perser erobern Babylon, Rückkehr der Juden aus dem Exil nach Jerusalem.

332 v. Chr.: Die Griechen erobern die Region.

167 v. Chr.: Errichtung eines unabhängigen jüdischen Staates.

63 v. Chr.: Beginn der Herrschaft Roms über Judäa.

um 4 v. Chr.: Geburt Jesu; 43 Jahre später, nach dreijähriger Wanderschaft als Wanderprediger, wird er gekreuzigt. Im ganzen östlichen Raum des Römischen Reiches entstehen Kirchen.

70 n. Chr.: Niederschlagung eines jüdischen Aufstands, Zerstörung des Tempels.

135 n. Chr.: Die Römer schlagen eine jüdische Revolte nieder, viele Juden sterben, fast alle Juden werden aus Judäa ins Exil vertrieben. Die Provinz wird in Syria Palaestina umbenannt.

um 325 n. Chr.: Kaiser Konstantin wird Christ und fördert die Verbreitung seines Glaubens im ganzen Reich.

um 570 n. Chr.: Geburt des Propheten Mohammed in Mekka. Er stiftet den Islam, eint die Stämme der Arabischen Halbinsel, 632 stirbt er. Rasche Ausbreitung arabischer Herrschaft und des Islam in Syria Palaestina, Persien und Ägypten.

1099: Die ersten Kreuzritter erobern Jerusalem und herrschen über Palästina.

1187: Der ägyptische Sultan Saladin erobert Jerusalem; von nun an – mit einer 15-jährigen Unterbrechung –

herrschen Muslime über Palästina bis zum Ende des Ersten Weltkriegs.

1516: Die Osmanen erobern zuerst Syrien und Palästina, dann Ägypten.

1861: Die Franzosen gründen Libanon als autonomen Distrikt im Bezirk Syrien, unter christlicher Führung.

1882: Britische Truppen besetzen Ägypten, sie bleiben bis 1955 im Land.

1917: Großbritannien veröffentlicht im Ersten Weltkrieg die Balfour-Erklärung, die den Juden eine Heimstätte in Palästina verspricht, unter Achtung der Rechte der nicht-jüdischen Palästinenser.

1922: Nach der Niederlage des Osmanischen Reichs im Ersten Weltkrieg überträgt der Völkerbund Großbritannien das Mandat über den Irak und Palästina. Transjordanien wird vom Mandatsgebiet Palästina abgetrennt und wird autonomes Emirat.

1936: Palästinensische Araber fordern die Beendigung der jüdischen Einwanderung und ein Verbot, Juden Land zu verkaufen. Britische Truppen versuchen, Unruhen zu kontrollieren, die Gewalt geht weiter. Die Peel-Kommission empfiehlt die Teilung Palästinas zwischen Arabern und Juden.

1939: Großbritannien schränkt die Einwanderung und Landerwerb von Juden in Palästina ein; militante Juden verüben Anschläge.

1947: Großbritannien bittet die Vereinten Nationen um Entscheidung, wie es in Palästina weitergehen soll. Diese empfehlen die Teilung in einen jüdischen, arabischen und international verwalteten Teil (Jerusalem und Bethlehem). Der künftige jüdische Staat erhält 55 % des Landes zugesprochen. Ägypten, Syrien, der Libanon und Jordanien werden unabhängig.

1948: Ende des britischen Mandats über Palästina, Israels Staatsgründung durch die Unabhängigkeitserklärung, Angriff arabischer Armeen, Israels Sieg. Die UN-Resolution 194 gründet eine Schlichtungskommission und fordert, friedenswilligen palästinensischen Flüchtlingen soll die Rückkehr in ihre Heimat gestattet werden, nicht zurückkehrende Flüchtlinge sollen entschädigt werden; die heiligen Stätten sollen frei zugänglich sein.

1949: Die Waffenstillstandsabkommen mit den arabischen Staaten bringen Israel Landgewinn (jetzt 77 % von Palästina). Ägypten besetzt den Gaza-Streifen. Jordanien, ehemals Transjordanien, kontrolliert die verbliebenen Gebiete westlich des Jordan, einschließlich Ostjerusalems, und annektiert sie 1950.

1956: Ägypten verstaatlicht den Suezkanal, Israel besetzt zusammen mit Großbritannien und Frankreich die Kanalzone. Auf internationalen Druck müssen sich im Folgejahr alle ausländischen Truppen aus ägyptischem Gebiet zurückziehen. Die strategisch wichtigen Gebiete des Sinai werden von UN-Truppen überwacht.

1964: Gründung der Palästinensischen Befreiungsfront PLO, die sich zum Ziel setzt, die Heimat des palästinensischen Volkes zu befreien.

1967: Ägypten blockiert die Straße von Tirana, arabische Streitkräfte werden mobilisiert. Israel verübt Präventivschläge gegen Ägypten, Syrien, den Irak und Jordanien und erobert in sechs Tagen die Golanhöhen, Gaza, den Sinai und das Westjordanland, einschließlich Ostjerusalems. Sechs Monate später verabschiedet der Sicherheitsrat der Vereinten Nationen die Resolution 242, die die Unzulässigkeit gewaltsamer Landnahme feststellt und Israels Rückzug aus besetzten Gebieten fordert; außerdem das Recht aller Staaten in der Region, innerhalb sicherer und anerkannter Grenzen in Frieden zu leben, und eine gerechte Lösung des Flüchtlingsproblems.

1973: Ägyptische und syrische Truppen greifen israelische Truppen im Sinai und auf den Golanhöhen an. Der Konflikt wird als Yom-Kippur-Krieg bekannt. Sechzehn Tage nach Kriegsbeginn wird die UN-Resolution 338 verabschiedet, die die Gültigkeit der Resolution 242 bestätigt und internationale Friedensgespräche fordert. Es folgen mehrere Entflechtungsabkommen.

1974: Auf dem arabischen Gipfel in Rabat in Marokko wird die PLO einstimmig zur einzigen legitimen Vertretung des palästinensischen Volkes erklärt. Israel stimmt zu, sich bis auf die Golanhöhen aus syrischem Territorium zurückzuziehen.

1975: Im Libanon bricht ein Bürgerkrieg aus. Im Jahr danach entsendet Syrien mit Zustimmung der internationalen Gemeinschaft Truppen zur Sicherung der Ordnung.

1977: Der ägyptische Präsident Anwar al-Sadat fliegt nach Jerusalem und stellt der israelischen Knesset die Forderungen der Araber vor. Der israelische Premierminister Menachem Begin stattet Ismailia einen Gegenbesuch ab; aber es gibt keine Fortschritte in Richtung Frieden.

1978: Die Vereinbarungen von Camp David werden von Israel und Ägypten angenommen, in denen sich Israel zur Einhaltung der UN-Resolution 242 verpflichtet, zum Abzug seiner militärischen und administrativen Kräfte aus dem Westjordanland und Gaza und zur Gewähr voller Autonomie für die Palästinenser. Die Vereinbarungen umreißen ein Friedensabkommen zwischen Israel und Ägypten und anderen arabischen Nachbarn. Der arabische Gipfel in Bagdad lehnt die Vereinbarungen ab, Ägypten wird isoliert.

1979: Israel und Ägypten unterzeichnen einen Friedensvertrag, der den Abzug Israels aus dem Sinai, normale diplomatische Beziehungen und Israels Nutzung des Suezkanals garantiert.

1981: Israel beschleunigt den Bau von Siedlungen auf palästinensischem Territorium. Ermordung des ägyptischen Präsidenten Sadat.

1982: Als Reaktion auf terroristische Überfälle von libanesischem Territorium aus rücken israelische Truppen in den Libanon ein, um dort die PLO-Verbände zu vernichten. Gründung der militanten libanesischen Bewegung *Hisbollah*. Das israelische Vorgehen im Libanon in der Folgezeit wird international kritisiert.

1985: Teilabzug israelischer Truppen aus dem Libanon.

1987: Beginn eines palästinensischen Aufstandes, der *Intifada* (arab. für Abschüttlung), Israel reagiert mit scharfen Vergeltungsmaßnahmen. Gründung der militanten palästinensischen Organisation *Hamas*.

1988: Jordanien verzichtet auf seine Rechte im Westjordanland und Ostjerusalem und überlässt sie der PLO. PLO-Chef Yassir Arafat erkennt Israels Existenzrecht an und schwört der Gewalt ab. Die Vereinigten Staaten nehmen Gespräche mit der PLO auf.

1991: Im Golfkrieg werden irakische Invasionstruppen aus Kuwait vertrieben. Viele der dort im Exil lebenden Palästinenser gehen nach Jordanien. In Madrid tritt eine Nahost-Friedenskonferenz zusammen, Hauptgegenstand sind die arabisch-israelischen Beziehungen.

1993: Israel und die PLO schließen in Oslo Friedensvereinbarungen ab, in denen sie sich gegenseitig anerkennen; alle verbleibenden strittigen Fragen sollen innerhalb von fünf Jahren gelöst werden. Militante Palästinenser und rechte Israelis versuchen, die Vereinbarungen zu untergraben.

1994: Einrichtung der Palästinensischen Autonomiebehörde (PA). Israel und Jordanien unterzeichnen einen Friedensvertrag.

1995: Der israelische Premierminister Yitzhak Rabin wird von einem rechten religiösen Fanatiker ermordet. Dieser Rückschlag für den Friedensprozess wird durch Anschläge palästinensischer Gruppen, die gegen die Vereinbarungen von Oslo sind, verstärkt.

1996: Wahl von Yassir Arafat zum palästinensischen Präsidenten, Wahlen zum palästinensischen Legislativrat, in Israel kommt Likud an die Regierung, der Friedensprozess von Oslo gerät ins Stocken.

1998: Gespräche zwischen Israelis und Palästinensern unter amerikanischer Schirmherrschaft enden mit dem Wye-River-Memorandum. Eröffnung eines Flughafens in Gaza mit Verbindungsflügen in arabische Staaten.

2000: Abzug der israelischen Truppen aus dem Libanon, mit Ausnahme der Shebaa-Farmen; Friedensverhandlungen in Camp David werden ergebnislos abgebrochen. Ariel Scharons Besuch auf dem Tempelberg, Ausbruch einer zweiten *Intifada*, gewalttätiger als die erste.

2001: Ariel Scharons Wahl zum Premierminister, er gelobt die Ablehnung der Vereinbarungen von Oslo, nationale Sicherheit soll Vorrang haben. Das Rollfeld des Flughafens in Gaza wird zerstört.

2002: Die Arabische Liga verabschiedet auf ihrem Gipfel in Beirut einen saudischen Friedensplan auf der Grundlage der UN-Resolutionen 242 und 338. Selbstmordattentate ziehen heftige israelische Vergeltungsschläge nach sich. Scharon gibt Arafat die Schuld an der Gewalt und setzt ihn sozusagen unter Hausarrest in seinem Amtssitz in Ramallah. Israel beginnt mit dem Bau einer Trennanlage im Westjordanland auf palästinensischem Territorium.

2003 Das Nahost-Quartett (USA, UN, EU und Russland) einigt sich auf einen Friedensplan, die „*Roadmap for*

Peace", Palästinenser sagen volle Unterstützung zu, Israel lehnt die Kernpunkte ab. Die Gewalt geht weiter, und die internationale Gemeinschaft kritisiert die Sicherheitsbarriere im Westjordanland als Hindernis für den Frieden. Die Genfer Initiative, ein inoffizieller von Israelis und Palästinensern erarbeiteter Friedensplan, wird veröffentlicht und findet international breite Unterstützung.

2004 Yassir Arafat stirbt.

2005 Mahmud Abbas (Abu Mazen) wird zum Präsidenten der PA gewählt. Israel räumt ohne Absprache mit den Palästinensern alle Siedlungen im Gaza-Streifen und vier im Westjordanland.

Januar 2006: Ariel Scharon erleidet einen schweren Schlaganfall. Die Palästinenser wählen eine neue Regierung, wobei *Hamas* mit einem kleinen Stimmenvorsprung die deutliche Mehrheit im Parlament gewinnt. Israel und die Vereinigten Staaten isolieren Palästina, blockieren Hilfsgelder.

März-August 2006: Ehud Olmert wird Premierminister und verspricht, die Trennmauer werde in der Tat die neue Grenze zwischen Israel und dem Westjordanland sein. Kämpfer der *Hamas* und *Hisbollah* nehmen israelische Soldaten gefangen, die israelische Armee greift Gaza und den Libanon an. Raketen der *Hisbollah* schlagen in Nordisrael ein. Die Vereinten Nationen verabschieden Resolution 1701, die zu einem labilen Waffenstillstand führt.

Kapitel 1

——— •◆• ———

AUSSICHTEN AUF FRIEDEN

Während meiner Amtszeit und nach meinem Verlassen des Weißen Hauses nach den Wahlen von 1980 habe ich insbesondere ein Ziel verfolgt: die Schaffung eines dauerhaften Friedens für Israelis und die anderen Bewohner des Nahen Ostens; das war und ist eines der wichtigsten Ziele in meinem Leben. Diesen Traum teile ich mit vielen anderen, und zeitweise waren meine Bemühungen, dieses Ziel zu erreichen, eng mit Bemühungen dieser anderen verknüpft. Es ist sinnvoll, zu überdenken, was uns zu der gegenwärtigen Lage gebracht hat, welche Hindernisse vor uns liegen und was getan werden kann und muss, um der Region Frieden und Gerechtigkeit zu bringen.

Kein Dramatiker könnte in seinem Stück mit mehr Aufregung, unerwarteten Ereignissen oder faszinierenderen Cha-

rakteren aufwarten als dieses Ringen um die Lösung des Dauerkonfliktes; er stellt in der Tat eines der anspruchsvollsten
und wahrhaft essentiellen Probleme der Moderne dar, sowohl
in politischer wie militärischer Hinsicht. Der Nahe Osten ist
vielleicht die unsicherste Region der ganzen Welt, und seine
Instabilität bedeutet eine dauerhafte Bedrohung des Weltfrie-
dens. Und ein Großteil des Terrorismus, der Amerikaner und
die Bürger anderer Nationen so tief beunruhigt, hat hier seine
Brutstätte. Es ist zwar relativ leicht, die Herausforderungen
zu beschreiben, wenn man Vereinfachungen in Kauf nimmt,
aber die Probleme sind doch äußerst komplex, ihre Wurzeln
liegen in der politischen und religiösen Geschichte sowohl
vergangener Epochen als auch in der Neuzeit.

Die Fragen, die zu bedenken sind, scheinen endlos:

Welche Voraussetzungen für einen Frieden haben die
größte Bedeutung? Welche Möglichkeiten wird die Zukunft
bieten? Welche grundlegenden Übereinstimmungen existieren bereits, auf denen die streitenden Parteien eine sichere
Zukunft bauen können? Versprechen diplomatische Bemühungen im Geheimen bessere Aussichten auf Erfolg oder eher
kühner öffentlicher Druck, Verhandlungen zu führen? Kann
es überhaupt einen stabilen Frieden geben, wenn die gegenwärtigen Umstände sich nicht ändern? Muss sich die Lage
stetig verschlechtern, bis eine weitere Krise die beteiligten
Parteien zum Handeln zwingt? Kann Israels enorme militärische Schlagkraft selbst mit weitestgehender amerikanischer
Unterstützung die Oberhand über militante Araber behalten?

Die beunruhigendste Frage: Können die schwelenden Streitigkeiten eine militärische Konfrontation heraufbeschwören, die zum Einsatz nuklearer Waffen führt? Es ist bekannt, dass Israel über ein umfangreiches Atomwaffenarsenal verfügt und diese Waffen kurzfristig einsetzen kann; und einige Nachbarstaaten bemühen sich offensichtlich ebenfalls um die Herstellung eigener Atombomben. Ohne Fortschritte in den Friedensbemühungen könnten Verzweiflung und Vabanque-Denken auf beiden Seiten eine derartige Konfrontation herbeiführen.

Im Nahen Osten kommt es vermehrt zu tiefen Spaltungen, wobei die arabische Animosität gegenüber der Allianz der Vereinigten Staaten und Israel immer stärker wird. Der Krieg im Irak hat den Konflikt zwischen Sunniten und Schiiten dramatisch zugespitzt und den Einfluss des Iran gestärkt. Militante Araber, darunter Hamas und Hisbollah, haben an Einfluss und Stärke gewonnen, da ihr Kampf als Kampf gegen die Besatzung Palästinas durch Israel angesehen wird. Das Fehlen jedweder kraftvollen Friedensinitiative lässt die Auseinandersetzungen immer unerbittlicher werden.

In Zeiten größter Entmutigung beruht die allerletzte Hoffnung immer noch darauf, dass die Menschen in der Region in ihrer überwältigenden Mehrheit den Friedensbemühungen Erfolg wünschen, selbst jene Syrer, Israelis, Libanesen und Palästinenser, denen ihre Gegner am meisten misstrauen. Auf allen Seiten mögen die Forderungen und die Rhetorik schroff sein, aber offensichtlich gibt es Bereiche von Übereinstimmung, die eine Grundlage für Fortschritte bieten. Private Unterredungen mit arabischen Führern sind weit vielversprechender, als ihre öffentlichen Verlautbarungen einen glauben lassen; und in Israel gibt es eine starke, beständig wachsende Wählergruppe, die für Mäßigung eintritt, die aber in den Nachbarstaaten und in Amerika zu wenig Gehör und Wertschätzung findet.

Immer wieder wurden Friedensbemühungen behindert, durch die Gier mancher Israelis nach palästinensischem Land und die Weigerung mancher Araber, Israel als Nachbarn anzuerkennen, durch das Fehlen einer klaren palästinensischen Stimme mit Machtbefugnissen, die für die israelische Seite akzeptabel war, durch die Weigerung beider Seiten, ohne erschwerende Vorbedingungen in Friedensverhandlungen einzutreten, durch das Anwachsen des islamischen Fundamentalismus und in jüngster Zeit durch das mangelnde dauerhafte Bemühen der Vereinigten Staaten, einen Frieden auf der Grundlage des Völkerrechts und bisheriger von Israel ratifizierter Abkommen zu verfolgen.

Offensichtlich gibt es viele Differenzen auszuräumen, aber Friedensbemühungen brauchen dauerhafte Unterstützung, um sie am Leben zu erhalten. Der Irak, der Iran, Nordkorea und andere strategische Verstrickungen werden immer im Zentrum der Aufmerksamkeit der Vereinigten Staaten stehen und auf der Seite der arabischen Führer, die bisher immer geneigt waren, einen Frieden mit Israel und eine gerechte Lösung der Palästinafrage als Kernfragen zu betrachten, gibt es mittlerweile konkurrierende Themen. Für viele arabische Regime haben innerstaatliche Probleme zunehmend an Dringlichkeit zugewonnen, dazu zählen die wieder auflebende Frage religiöser Identität, gesteigerte Erwartungen seitens der wachsenden Mittelschicht und der Wählerschicht mit besserer Bildung sowie die Furcht vor weiteren Einmischungen durch Kräfte von außen und der Ruf nach Demokratie. Diese Regime haben das Bestreben, sich von der Last der Palästinenser zu befreien.

Die Lage ist offensichtlich nicht ermutigend, aber sie ist auch nicht hoffnungslos, wenn die Verantwortlichen sich den bisher erzielten Fortschritt vor Augen führen, der auf in der Vergangenheit ausgehandelten Vereinbarungen fußt. Viele arabische Regierungen haben die dauerhafte Existenz Israels als unbestreitbares Faktum akzeptiert und verlangen nicht länger eine Annullierung des Staates Israel. 2002 haben sie sich auf einem arabischen Gipfeltreffen auf eine gemeinsame Erklärung geeinigt, die Israel Frieden und normale Beziehungen bietet, wenn es sich aus allen seit 1967 besetzten arabischen Gebieten zurückzieht, einen unabhängigen palästinensischen Staat mit Ostjerusalem als Hauptstadt akzeptiert und einer Vereinbarung über eine gerechte Lösung des Problems der palästinensischen Flüchtlinge zustimmt. Gewalt muss ein für alle Mal ein Ende haben, sie untergräbt Friedensinitiativen und führt nur zu weiterem Hass und weiteren Kämpfen. Einige Palästinenser haben auf die politische und militärische Besatzung mit terroristischen Angriffen auf israelische

Zivilisten reagiert. Dieses Verhalten ist nicht nur moralisch verwerflich, sondern auch politisch kontraproduktiv. Diese feigen Aktionen haben der gesamten palästinensischen Gemeinschaft nur Misskredit und allgemeine Verurteilung eingebracht – sie bedeuten für die palästinensische Sache den fast sicheren Selbstmord. Es ist ermutigend festzustellen, dass in den leider allzu kurzen Zeiten, in denen die Menschen die Aussicht auf Frieden und Gerechtigkeit mit Hoffnung erfüllte, die Gewalt so gut wie vollständig zum Erliegen kam. Das zeigte sich z.B. ganz deutlich in der Zeit der Vereinbarungen von Camp David 1978 und als die Palästinenser 1991 zur Madrid-Konferenz eingeladen wurden, ebenso während der verschiedenen palästinensischen Wahlen.

Es war immer klar, dass man von den Gegnern nicht erwarten konnte, selbst die Initiative zu ergreifen und selbst die Differenzen untereinander auszuräumen. Hass und Misstrauen sitzen im Nahen Osten zu tief, und übergroßer Stolz erlaubt es keiner der gegnerischen Parteien, Einladungen oder Zugeständnisse anzubieten, von denen sie glauben, sie würden fast unausweichlich abgelehnt. Eine Annäherung muss durch Verhandlungen mit allen betroffenen gegnerischen Parteien gesucht werden, wobei jeder eine faire Vertretung und das Recht auf Teilnahme an freimütigen Diskussionen zuzugestehen sind. Beide Seiten müssen kompromissbereit sein; wobei klar zu unterscheiden ist, was durch Träume und Ideologien diktiert und was tatsächlich machbar ist. Obwohl einige Extremisten anderer Meinung sind, haben die meisten

Israelis gelernt, dass sie das Reich König Davids nicht wieder-
herstellen können, zu dem das gesamte Westjordanland, die
Golanhöhen und Teile des Libanon und Jordaniens gehören.
Die meisten Palästinenser haben wiederum die Tatsache akzeptieren müssen, dass der israelische Staat niemals wieder
von der Landkarte getilgt werden wird. Keine Seite kann das
endgültige Ergebnis der Verhandlungen vorhersagen oder
es der anderen Seite aufzwingen. Jedes Abkommen muss einerseits freiwillig erfolgen und andererseits für beide Seiten
annehmbar sein.

Die Vereinigten Staaten müssen Friedensgespräche mit al-
ler Kraft unterstützen, vorzugsweise unter Einbeziehung von
Vertretern der Vereinten Nationen, der EU und Russlands.
Bis vor kurzem wurde von Amerikas Führern erwartet, und
sie waren auch dafür bekannt, dass sie ihre größtmögliche
Einflussnahme auf objektive und unparteiische Art und
Weise einsetzen, um im Nahen Osten Frieden zu schaffen.
Um diese bedeutsame Rolle wieder einzunehmen, müssen
die Vereinigten Staaten ein vertrauenswürdiger Teilnehmer
sein, unparteiisch, beständig, beharrlich und engagiert – ein
Partner für beide Seiten, der über keine Seite richtet. Obwohl
es unausweichlich ist, dass das Pendel zeitweise in die eine
oder die andere Seite ausschlagen wird, muss Washington
auf lange Sicht wieder die Rolle des ehrlichen Vermittlers
übernehmen.

Wenn sich die Verhandlungen aussichtsreich entwickeln,
werden die Vereinigten Staaten es anderen wohlhabenden

Nationen gleichtun müssen und politische und wirtschaftliche Anreize bieten, um das anfangs nur fragile gegenseitige Verständnis zu untermauern. Danach müssen sie bereit sein, den Friedensarchitekten zu helfen, Radikale und Extremisten daran zu hindern, das zu untergraben, was mit Sorgfalt und Mühe geschaffen wurde und nun gehegt werden muss.

Die drei wichtigsten Grundvoraussetzungen sind sehr klar:

1. Israels Recht, in anerkannten Grenzen zu existieren, und das Recht, in Frieden zu leben, muss von den Palästinensern und allen anderen Nachbarn anerkannt werden.

2. Das Töten von Nichtkombattanten in Israel, Palästina und im Libanon durch Bomben, Raketenbeschuss, Ermordung oder andere Akte der Gewalt kann nicht geduldet werden, und

3. Palästinenser müssen in ihrem eigenen Land in Frieden und Würde leben dürfen, wie es das Völkerrecht vorsieht, glaubhafte und ehrliche Verhandlungen mit Israel über Modifikationen nicht ausgeschlossen.

Der Ausbruch von Gewalt in Gaza 2006 und zwischen Israel und dem Libanon beweist eindringlich, dass ein umfassendes Friedensabkommen unerlässlich ist. Die Vereinigten Staaten stehen mit ihrer uneingeschränkten Unterstützung Israels so gut wie alleine da, während auf arabischer Seite die Unterstützung militanter Gruppen inzwischen fast einmütig geworden ist, solange die Gewalt andauert. Die Menschen der meisten anderen Nationen verurteilen einerseits die exzessive Zerstörung und die zivilen Opfer durch Israel, andererseits beklagen sie die Provokationen Israels durch die Hamas und Hisbollah. In der Endanalyse haben die verschiedenen Völker des Nahen Ostens ihre spezifisch eigenen Standpunkte, ihre eigenen Kränkungen und Beschwerden, ihre eigenen Ziele und Erwartungen. Aber Israel bleibt nun einmal der Schlüssel, der winzige Kern, um den sich die Stürme von Hass, Intoleranz und Blutvergießen drehen. Das unbezwingbare israelische Volk versucht immer noch, seine Zukunft zu bestimmen, den Grundcharakter seiner Nation, seine geographischen Grenzen sowie die Bedingungen, unter denen den legitimen Rechten der Palästinenser Geltung gewährt und eine dauerhafte Annäherung mit seinen Nachbarn erzielt werden kann. Diese internen Entscheidungen werden in Absprache mit den Arabern getroffen werden müssen, die grundsätzlich gegnerisch eingestellt sind – wir haben hier wohl das schwierigste Vorhaben, das die Geschichte je gesehen hat. Viele Israelis suchen ebenso wie ihre Nachbarn vor allem nach einem Leben in Normalität, aber die verbalen Drohungen seitens des Iran und einiger radikaler Araber sowie die terroristischen Angriffe in den besetzten Gebieten und sogar im Kernland Israel halten die negativen Gefühle der Israelis gegenüber ihren Nachbarn, Misstrauen und Entfremdung, weiterhin am Leben. Die extremsten und abscheulichsten Behauptungen kommen vom iranischen Präsidenten Mahmud Ahmadinejad, der den Holocaust als „Mythos" bezeichnet hat und dazu aufruft, Israel zu vernichten oder vom Nahen Osten nach Europa zu verfrachten. *

Die Araber müssen erkennen, dass Israel ein Faktum ist, ebenso müssen die Israelis einen palästinensischen Staat akzeptieren in dem kleinen verbliebenen Rest ihrer territorialen Heimat, den die Vereinten Nationen und bisherige Friedensvereinbarungen den Palästinensern zugesprochen haben. Die Menschenrechte der Palästinenser müssen geschützt werden, wie es dem allgemeinen Völkerrecht entspricht, dazu gehören Selbstbestimmung, Redefreiheit, gleiche Behandlung aller Personen, Freiheit vor längerer militärischer Beherrschung und vor Haft ohne Gerichtsverfahren, das Recht auf Familienzusammenführung, die Unverletzlichkeit von Eigentum und Besitz und das Recht friedfertiger (non-belligerent) Menschen, in Frieden zu leben.

In der Bibel steht, als das erste Blut zwischen seinen Kindern vergossen wurde, sprach Gott zu Kain, dem Mörder: „Wo ist dein Bruder Abel?" Und er antwortete: „Ich weiß nicht. Soll ich meines Bruders Hüter sein?" Und der Herr sprach: „Was hast Du getan? Die Stimme des Blutes deines

---

* Es hat sich später herausgestellt, dass dies eine falsche Übersetzung war und Ahmadinejad aufgerufen hat, „das zionistische System" zu zerstören. (d.H.)

Bruders schreit zu mir von der Erde. Und nun verflucht seist du [auf der Erde, die ihr Maul aufgesperrt hat und deines Bruders Blut von deinen Händen empfangen]." (Genesis 4:9-11). Das Blut Abrahams*, nach Gottes Wille Vater der Auserwählten, fließt immer noch in den Adern von Arabern, Juden und Christen, und viel zu viel davon ist im Nahen Osten vergossen worden beim Griff nach dem Erbe des verehrten Patriarchen. Das vergossene Blut im Heiligen Land schreit immer noch zu Gott – ein qualvoller Schrei nach Frieden.

Es wird sich zeigen, dass es eine Formel für einen gerechten Frieden in diesem kleinen einzigartigen Flecken der Welt gibt. Sie ist vereinbar mit dem Völkerrecht und mit der beständigen Politik amerikanischer Regierungen, sie hat den Zuspruch der meisten Israelis und Palästinenser und steht in Einklang mit den bisherigen Vereinbarungen, die später nicht eingehalten wurden. Sie stellt die Vorlage dar, die wir im Folgenden untersuchen wollen.

---

* Dieses Zitat habe ich als Titel meines früheren Buches über den Nahen Osten gewählt, *The Blood of Abraham* (Boston, Houghton-Mifflin, 1985; repr. Fayetteville, AR: University of Arkansas Press, 1993).

Kapitel 2

MEIN ERSTER ISRAELBESUCH 1973

Ich habe Israel viele Male besucht und aktuelle Bedingungen und Verhältnisse und Aussichten für die Zukunft mit eigenwilligen Persönlichkeiten diskutiert, die viele unterschiedliche Meinungen repräsentieren, mit Israelis in Israel und mit Juden in anderen Ländern, die ein reges Interesse an dieser Nation und ihrer Politik haben. Sowohl während meiner Jahre im Weißen Haus als auch in den Jahren danach habe ich in dieser Hinsicht noch dazugelernt, aber sogar schon vor meiner Präsidentschaft habe ich persönliche Beziehungen zu Yitzhak Rabin, Moshe Dayan, Golda Meir, Abba Eban und anderen israelischen Führern aufgenommen und alles über Israel gelernt, was ich lernen konnte und auch über die politischen und militärischen Herausforderungen, denen es ausgesetzt war. Da ich dieser Zeit die meisten meiner dauerhaften Eindrücke und Vorstellungen verdanke, will ich auf diese frühen Erfahrungen etwas ausführlicher eingehen.

Meine erste Begegnung mit Israel fiel in eine Zeit, als seine Bürger voll Zuversicht waren und optimistisch an die Zukunft dachten. Während seiner frühen Jahre schien Israel gegenüber arabischen Strafaktionen in Form von militärischen Angriffen noch verwundbar, aber der Krieg von 1967 hatte gezeigt, dass seine Streitkräfte weitaus effektiver waren als die seiner Nachbarn. Die israelische Luftwaffe zerstörte fast die gesamte gegnerische Luftwaffe, und die Streitkräfte drangen nach Süden und vom Westen in den Gazastreifen ein und stießen durch die Wüste Sinai bis zum Suezkanal vor, im Osten drangen sie bis zum Jordan vor und besetzten das Westjordanland und im Nordosten bis zu den Golanhöhen, um sie zu erobern. General Yitzhak Rabin gehörte zu den Helden dieses Krieges. Im Rahmen des israelischen Bemühens, die Beziehungen zu amerikanischen Führern noch weiter zu stärken, kam er nach Georgia, als ich dort Gouverneur war. Meine neugierigen Fragen zu militärischen und politischen Beziehungen im Nahen Osten schien er gerne zu beantworten, und er lud mich zu einem baldigen Besuch nach Israel ein, als seinen persönlichen Gast.

Da ich seit frühester Kindheit Bibelstunden genossen und später selbst zwanzig Jahre Bibelkunde unterrichtet hatte, war ich vom Heiligen Land fasziniert. Und deshalb nahmen meine Frau Rosalynn und ich die Einladung an, die für 1973 arrangiert wurde. In Vorbereitung auf die Reise brüteten wir über Landkarten und lasen viel über die alte und neuere Geschichte Israels. Unsere Entscheidung, wie wir die 10-tägige Reise verbringen sollten, gestaltete sich als eine Folge von Kompromissen: Ich war hin- und hergerissen zwischen dem Verlangen, die heiligen Stätten des Christentums zu besuchen, die ich schon immer hatte sehen wollen, und dem Bewusstsein, ich sollte mich auf die Vorbereitungen für eine weitere politische Karrierestufe konzentrieren. Ich arbeitete ernsthaft an dem Plan einer künftigen Präsidentschaft; nur eine Handvoll meiner engsten Freunde waren in diese Träume eingeweiht.

Wir hatten ein kurzes Treffen mit Premierministerin Golda Meir, die uns einen gebrauchten Mercedes-Geländewagen und einen jungen Studenten als Fahrer zur Verfügung stellte. Ihre Anweisung lautete, wir hätten sieben Tage Zeit, uns nach Belieben im Lande umzusehen, in den verbleibenden drei Tagen würden wir nach ihren Worten eine vertrauliche Einführung in Israels Sicherheitsbelange und die Beziehungen zu den anderen Nationen der Region erhalten.

Auf ihren Wunsch sollte unser letzter Besuch ihr gelten, so könne sie noch bestehende Fragen beantworten und mir die Botschaft ihrer Regierung zusammengefasst übermitteln.

Unser Fahrer, Giora Avidar, war der Sohn eines Diplomaten und ein sehr gebildeter junger Mann. Er gab mir eine hebräische Sprachlehre für Anfänger, und ich übte mich darin, auf der Fahrt von Ort zu Ort die Hinweisschilder zu entziffern. Das Büchlein, in das ich auf der Reise Anmerkungen notierte, ist heute noch in meinem Besitz. Ich habe auch noch die Landkarte, die er mir besorgte. Zwischen Israel und dem Westjordanland oder Israel und Gaza ist keine „Grüne Linie" eingezeichnet, und die Karte umfasste auch einen beträchtlichen Teil der Golanhöhen und die gesamte Wüste Sinai. Einige radikale Israelis äußerten ausdrücklich den Wunsch, die eroberten Gebiete zu behalten, aber die vorherrschende Ansicht der Führer der Nation war, die besetzten Gebiete nur so lange zu behalten, bis sie als Tausch für einen sicheren Frieden mit den Arabern eingesetzt werden konnten. In keinem meiner offiziellen Informationsgespräche kamen Pläne einer dauerhaften Einverleibung oder eines vorzeitigen Rückzugs zur Sprache.

Unsere ersten drei Tage verbrachten wir in und um Jerusalem, wobei unser Morgen vor Sonnenaufgang begann, denn ich wollte erleben, wie die Stadt zum Leben erwacht, wenn erst wenige Touristen unterwegs sind, und um den Hauch einer Ahnung zu schmecken, wie es gewesen sein könnte, als Jesus vor 2000 Jahren durch dieselben Straßen wandelte. Wir besuchten die Bäckereien, wo in großen offenen Öfen das Brot für den Markt gebacken wurde, tranken Kaffee oder Tee in den kleinen Lokalen und schauten zu, wie die Verkäufer ihre Waren für den erwachenden Tag aufbauten oder auslegten. Ich unterhielt mich lange mit den Archäologen, die in der biblischen Stadt Davids Ausgrabungen durchführten, und sie beschrieben, wie der Schutt und Unrat vergangener

Zivilisationen das Straßenniveau kontinuierlich angehoben hatten, schätzungsweise 30 cm pro Jahrhundert. Danach fiel es uns leichter zu verstehen, warum die heiligen Stätten, die wir in Jerusalem, Bethlehem, Hebron, Jericho und Nazareth besucht hatten, so gar nicht dem entsprachen, was wir erwartet hatten. Sie schienen unter der Erdoberfläche begraben, eingeschlossen, kitschig herausgeputzt und weitgehend kommerzialisiert, nicht einfach und primitiv, wie wir es uns vorgestellt hatten. Nur wenn wir im Freien unterwegs waren, den Olivenberg, das Gartengrab, Kanaan, den Berg Carmel, den See Genezareth, den Berg der Seligpreisungen, Kapernaum, Bethsaida und den Jordan sahen, hatten wir das Gefühl, wir blickten auf das Land, wie es vielleicht in biblischen Zeiten ausgesehen haben mochte.

Jedes Mal, wenn wir unser Ziel erreichten, stellte uns Giora als besondere Gäste von Premierministerin Golda Meir und General Rabin vor, und die Gastgeber schienen bestrebt, unsere Fragen zu beantworten und uns willkommen zu heißen und zu Hause fühlen zu lassen. Unser angenehmster und informativster Ausflug führte uns nach Nazareth. Nachdem wir die Kirche der Verkündigung und die unterirdischen Behausungen besichtigt hatten, von denen es hieß, sie entsprächen in etwa denen, in denen Jesus gelebt hatte, waren wir zu einem eindrucksvollen und etwas verschwenderischen Mittagessen eingeladen; mit uns waren der muslimische Bürgermeister, sein christlicher Stellvertreter, der jüdische Bürgermeister von Ober-Nazareth und einige ihrer Angehörigen und Freunde. Das Essen dauerte etliche Stunden, und es wurden Unmengen von Lammfleisch verputzt – der Hammel war im Ganzen gegrillt –, dazu Obst, Gemüse, Brot und ein dicker Eintopf, den wir mit den Fingern (und Fladenbrot) aßen. Ich erinnere mich, dass weiter unten mitten auf dem Tisch mehrere Flaschen Johnnie Walker Red Label Whiskey standen, dem während zahlloser Toasts zu jedem erdenklichen Anlass reichlich zugesprochen wurde; später tranken wir den starken schwarzen Kaffee, der für diese Region typisch ist.

Uns faszinierte, wie diese Honorationen von Nazareth sich bemühten, den Tourismus anzukurbeln und für wirtschaftlichen Fortschritt zu sorgen. Am Nachmittag machten wir einen Spaziergang zu der neuen jüdischen Oberstadt; sie befand sich noch im Bau und war für einen Teil der kürzlich aus der Sowjetunion eingewanderten Juden bestimmt, die in stetem Strom anzukommen schienen. Wenn eine neu angekommene Familie ihr neues Heim bezog, war die Farbe an der Wand noch nicht ganz trocken; und es gab Pläne für weitere 3 000 Wohneinheiten für künftige Einwanderer. Nach Israels Krieg 1967 hatte die Einwanderung zugenommen, im Jahr unseres Besuchs war der Scheitelpunkt erreicht. Der Bürgermeister berichtete, bis zu 1 000 Fabriken um den Großraum Nazareth würden sowohl für die alten wie die neuen Bewohner Arbeitsplätze bieten. Einige der bereits länger ansässigen Neu-Nazarether beklagten sich, die Neuankömmlinge würden bevorzugt behandelt; aber diese abweichende Meinung war nur vereinzelt zu hören. Wir sprachen mit einigen dieser sowjetischen Siedler, die gegenüber früheren Einwanderern prahlten, sie hätten schon am ersten Tag in ihrem neuen Heim angefangen, Hebräisch zu lernen.

Wir setzten unsere Reise nach Kanaan fort und dann entlang der Pfade, die Jesus während seiner Anfänge als Prediger gewandert war, nach Kapernaum und anderen Gemeinden um den See Genezareth. Ein Besuch bei einigen der wenigen Nachkommen der Samariter war besonders interessant; sie beklagten sich, die israelischen Behörden würden ihre Kultur und heiligen Stätten nicht respektieren – dieselbe Beschwerde, die auch Jesus und seinen Jüngern vor fast 2000 Jahren vorgetragen wurde.

Später besuchten wir einige Kibbuzzim; einer bestand schon seit 54 Jahren. Als Farmer war für mich interessant zu erfahren, dass sie Äpfel anbauten und diese dank Kühlhauslagerung fast rund um das Jahr verkauften. Ihre Kühe wurden täglich dreimal gemolken (statt der üblichen zweimal), wodurch die Milchproduktion und dadurch der Profit gesteigert wurden. Am nächsten Tag war Sabbat, und zum angegebenen Zeitpunkt begaben wir uns zur Synagoge, sprachen ein stilles Gebet und stellten uns dann schweigend an den Eingang. Nur zwei weitere Andächtige kamen. Als ich Giora fragte, ob das typisch sei, zuckte er mit den Schultern, als ob das so oder so keine Rolle spiele.

Beim Besuch eines Kibbuzes auf den Golanhöhen, die 1967 Syrien weggenommen worden waren, erhielten wir eine andere Perspektive. Hier fanden wir den Pioniergeist in stärkerem Maße vor, und wir waren überrascht von der ruhigen Entschlossenheit und Hingabe, mit der die jungen Familien das Land gemeinsam bestellten. Sie schienen alles zu teilen und waren auf ihre harte körperliche Arbeit mächtig stolz, ebenso auf das Fehlen weltlicher Güter in ihren Häusern. Die Kibbuz-Sekretäre brachten uns an den Steilabhang, von dem aus man Galiläa überblickt, um uns Schützenunterstände zu zeigen, die die Syrer gebaut und im Krieg 1967 gegen die Israelis benutzt hatten. Weit unter uns konnten wir die kleinen Dörfer entlang des Ufers sehen, Häuser in den Tälern, Fahrzeuge auf den Straßen und Traktoren auf den Feldern. Es war offensichtlich, warum dieses Gelände für Israel aus militärischer Sicht so wichtig war und warum es deswegen noch zu keinem Friedensabkommen mit Syrien gekommen war. Die jungen Israelis sprachen mit wachsender Leidenschaft, sie erklärten, Israels Stärke werde jeden Tag aufs Neue auf die Probe gestellt und dürfe niemals als zu schwach empfunden werden. Sie waren davon überzeugt, ihr eigener Kibbuz sei sowohl ökonomisch als auch militärisch wertvoll, und sie ließen uns nicht im Unklaren darüber, dass sie nicht vorhatten, es zuzulassen, dass jemals wieder von diesen Felsen feindliche Geschütze auf Israelis schießen können.

Damals lebten nur etwa 1500 Siedler in den besetzten Golanhöhen, und wir nahmen natürlich an, dass Israel die missliebigen Siedlungen gemäß Völkerrecht wieder abbauen würde, so stand es auch in Resolutionen des Sicherheitsrates der Vereinten Nationen, die sowohl Israel als auch die Vereinigten Staaten unterstützt hatten. Ich kannte den Ausspruch von Premierministerin Golda Meir, ein palästinensisches Volk gebe es nicht, aber wir vermuteten, er bedeute, künftig solle es keine rassische Abgrenzung zwischen Juden und Nicht-Juden geben.

Ich muss gestehen, dass ich damals die Zwangsräumung der Palästinenser aus ihren früheren Häusern und Wohnungen im Staatsgebiet Israel mit der Zwangsumsiedlung der *Lower Creek* Indianer aus dem Gebiet Georgias, wo sich jetzt unsere Farm befindet, gleichsetzte; sie waren nach Westen nach Oklahoma auf den „Treck der Tränen" getrieben worden, um für unsere weißen Vorväter Raum zu schaffen. In diesem jüngsten, ebenso bitteren Fall war die Landnahme jedoch von der internationalen Gemeinschaft in Form einer offiziellen Entscheidung der Vereinten Nationen verfügt worden. Die Palästinenser mussten sich fügen, und schließlich würden sie in der Zukunft zurückkehren dürfen oder würden entschädigt werden, zudem wurde ihnen das unangefochtene Eigentumsrecht am Westjordanland, Ostjerusalem und Gaza garantiert.

Nach einer kleinen Seereise auf einem der Raketenschnellboote, die trotz des Waffenembargos gegen Israel nach 1967 heimlich aus den Händen der Franzosen nach Israel gelangten, fuhren wir mit dem Wagen zuerst nach Osten und dann in südliche Richtung, um so nahe wie möglich an den Jordan zu gelangen. Unser Leben lang hatte dieser Fluss in unseren Studien eine Rolle gespielt, wir hatten ihn oft besungen;

folglich stellte er sich unserer Vorstellungskraft als mächtiger Strom mit fast magischen Eigenschaften dar. Zu unserem Erstaunen war er in Wirklichkeit nicht einmal so groß wie die kleinen Flussläufe auf dem Land unserer Farm. Wir erfuhren, dass ein Großteil des Wassers aus dem Flussbett abgezweigt wird, um die israelischen Felder zu bewässern, damals einer der Hauptgründe für die Animositäten zwischen Israel und seinen Nachbarn im Osten. Stacheldraht und Straßensperren hielten uns an der Sicherheitszone zurück, die entlang der Flussufer verläuft; aber mit einer Sondergenehmigung eines Grenzsicherheitspostens nahm ich ein kurzes Tauchbad nahe der Stelle, von der ich annahm, Jesus sei hier von Johannes dem Täufer getauft worden.

Bei der Allenby-Brücke, die den Fluss überspannt, beobachteten wir ein Weilchen, wie eine Unzahl von Menschen und Fahrzeugen nach Jordanien ausreisten bzw. von dort einreisten.

Die Zollbeamten erklärten uns, es würden nur stichprobenartige Sicherheitskontrollen durchgeführt. Während der letzten drei Jahre, so ihre Aussage, hätten mehr als eine Dreiviertel Million Araber Israel legal besucht. Zwinkernd fügte ein Grenzsoldat hinzu, man könne nur schätzen, wie viele illegale Besucher es gegeben habe, aber einige von ihnen (er meinte gefangen genommene Terroristen) hätten die Rückreise nicht mehr geschafft.

Später genossen wir alle bei einem Bad im Toten Meer dessen außergewöhnlichen Auftrieb. Uns fiel auf, dass die

Umkleideräume in einiger Entfernung vom Ufer standen, und der Wärter erklärte, der Wasserspiegel sei ständig im Fallen begriffen, da immer mehr Bewässerungssysteme an den Fluss angeschlossen würden, der aber immer weniger Wasser führe. Wenn der Trend so weitergehe, werde es letztendlich zwei kleine Tote Meere geben.

Nachdem wir unser anspruchsvolles touristisches Reiseprogramm absolviert hatten, folgten wir dem Programm, das israelische Beamte für uns ausgearbeitet hatten. Wir fuhren mit Rabin nach Beth-El, einem Ausbildungslager in den besetzten Gebieten, wo ich gebeten wurde, an einer militärischen Graduierungszeremonie teilzunehmen. Diese Einrichtung im Westjordanland hatte den Jordaniern für denselben Zweck gedient, bevor Israel das Gebiet im Sechstagekrieg besetzte. Die Soldaten standen still, und wenn sein Name aufgerufen wurde, rannte der Absolvent in Höchstgeschwindigkeit zum Musterungsstand, wo ihm der Kommandeur sein Diplom aushändigte und ich ihm ein „Schwert des Geiste" (eine hebräische Bibel) überreichte. Das war eines der wenigen Anzeichen für ein religiöses Engagement, das ich während unseres Besuchs beobachten konnte.

General Rabin beschrieb mir die enge Beziehung zwischen Israel und Südafrika auf dem Gebiet des Diamantenhandels (er war von dort ein oder zwei Tage früher als geplant zurückgekehrt, um uns zu begrüßen), aber er merkte an, das südafrikanische System der Apartheid könne nicht lange überleben. Als ich ihn nach seiner eigenen politischen Zukunft befragte, erwiderte er, er könne einen Platz auf der Liste der Arbeitspartei haben, aber es sei ihm noch kein Ministerposten zugesichert worden. Damals war Außenminister Abba Eban der bekannteste Israeli, bekannt für die Eloquenz seiner Reden vor den Vereinten Nationen, und seine Einladung an uns, ihn zu treffen, versetzte mich in freudige Erwartung. Er hatte unzählige Ideen, was Israels Zukunft betraf, was mich nicht überraschte, und einige erwiesen sich als bemerkenswert hellsichtig. Er meinte, die besetzten Gebiete seien eine Last und kein Gewinn. Araber und Juden seien von Natur aus unverträglich, und letztendlich werde man sie abtrennen müssen. Die Haftanstalten und damit verbunden strafende und repressive Maßnahmen, die bei der Beherrschung von Hunderttausenden von Arabern gegen ihren Willen notwendig sind, würden Israel die quälende Art von quasi-kolonialer Situation aufbürden, die gerade überall auf der Welt abgeschafft werde. Als Antwort auf eine Frage erwiderte er ohne weitere Erklärung, die Lösung dieses Problems werde gerade erarbeitet. (Ich wusste, dass einige israelische Führer über eine massive Einwanderung aus Russland und den Vereinigten Staaten nachdachten sowie über Pläne, Araber zur Auswanderung in andere Staaten zu überzeugen.) Eban erklärte seine außerordentliche Rolle in den Vereinten Nationen mit den Worten: „Wenn ich der Außenminister der einzigen arabischen Nation wäre, umgeben von 39 feindlichen jüdischen Nationen, dann würde ich mich wegen Unterstützung auch an die Vereinten Nationen wenden."

Generalmajor Eliahu Zeira, Chef des israelischen Militär-
nachrichtendienstes, und Oberkommandeur der Armee, Haim
Bar Lev, gaben mir private Briefings, „top secret", über die
militärische und politische Situation in den Nachbarländern,
mit besonderer Betonung auf Syrien und Ägypten. Immer
wieder verwiesen sie auf den Krieg von 1967 als ein Beispiel
für Israels Verwundbarkeit; sie ließen keinen Zweifel daran,
dass sie auf jede Eventualität aufs gründlichste vorbereitet
seien. Es seien zwar nur 5 % der israelischen Soldaten ständig
im Dienst, aber ihr Nachrichtendienst arbeite ausgezeichnet,
und die Mobilisierung der Reservisten sei äußerst kurzfristig
möglich. Bei der Beschreibung ihrer „Verteidigungs-Armee"
erkannten die obersten Kommandeure die lebenswichtige Allianz mit den Vereinigten Staaten an, aber sie betonten Israels
Kapazität der Selbstversorgung, falls man ihnen ausreichend
Vorräte liefere und die Erlaubnis erteile, eigene Versionen von
Flugzeugen, Panzern und anderem militärischen Material
zu produzieren. Ich vermute, diese Botschaft war einer der
Gründe für meine Einladung.

Während unserer letzten Stunden in Israel waren wir eingeladen, einer Knesset-Sitzung beizuwohnen, bei der Premierministerin Meir eine Rede vor dem Parlament halten würde.
Ich machte eine Bemerkung über die „Nicht rauchen!"-
Schilder rings im Saal, die von allen beachtet wurden, bis
auf die Premierministerin, und Giora erklärte: „Wir hatten
die Wahl: Entweder keine Verbotsschilder und alle rauchen
oder Schilder aufhängen und eine Person rauchen lassen. Wir

entschieden, dass eine Person rauchen zu lassen gar keine so schlechte Lösung ist."

Später dankte ich der Premierministerin in ihrem Büro, dass sie uns diesen wunderbaren Besuch ermöglicht hatte, und sie fragte, ob ich Beobachtungen gemacht hätte, die ich mit ihr teilen wolle. Nach reiflichem Zögern bemerkte ich, da ich lange Zeit Unterricht über die hebräischen biblischen Schriften gegeben hätte, sei mir ein allgemeines historisches Muster aufgefallen: Israel sei immer bestraft worden, wenn seine Führer sich von der frommen Verehrung Gottes abgewendet hätten. Ich fragte sie, ob die säkulare Natur ihrer Labour-Regierung sie nicht beunruhige. Meine Chuzpe schien sie zu überraschen, aber dann wies sie meine Bemerkung mit einem Schulterzucken lachend ab. Sie zündete sich eine neue Zigarette an der letzten an und sagte, es gebe noch „orthodoxe" Juden, die könnten ja diesen Teil der Verantwortung der Nation übernehmen. Sie bezog sich auf die religiösen Juden im israelischen Parlament, die ihr manchmal ein richtiger Stachel im Fleisch waren. Sie fügte hinzu: „Falls Sie einer Knesset-Sitzung beiwohnen, werden Sie sie in Aktion sehen und werden erfahren, dass sie ihren Glauben nicht verloren haben." Bei Israels Wahlsystem, auf Grund dessen eine Regierungsmehrheit nur durch eine Koalition zustande kommt, haben die religiösen Splitterparteien einen Einfluss erlangt, der ihre numerische Stärke weit übersteigt.

Weder Frau Meir noch ich erkannten es damals, aber Menachem Begin, der Führer der Herut-Partei mit nur 22 % der

Knesset-Sitze, würde vier Jahre später Premierminister von Israel werden (und ich Präsident der Vereinigten Staaten). Ein Großteil von Begins politischer Stärke würde sich aus seinen tiefen religiösen Überzeugungen speisen.

Überall auf unseren Ausflügen fanden wir das Land erstaunlicherweise entspannt und sahen nur wenige Menschen in Uniform; meistens regelten sie den Verkehr an dicht befahrenen Kreuzungen. Auch schienen die Beziehungen zwischen den Menschen unterschiedlicher Herkunft, die wir trafen, relativ mühelos, Juden und Araber eingeschlossen. Später ging mir dann auf, dass ich nur wenige persönliche Kontakte und politische Gespräche mit Arabern hatte, die im Staatsgebiet von Israel leben; aber damals schien mir ihre Misere relativ bedeutungslos zu sein.

Ich hatte einige private und öffentliche Kommentare auf Band aufgenommen, sie geben die damalige Stimmung in Israel, die von einem beschwingten Gefühl des Erfolgs und des Aufschwungs geprägt war, gut wieder:

„Die Vereinigten Staaten sind unser einziger wichtiger Freund."

„Die Russen wollen jetzt Frieden im Nahen Osten. Sie können sich keine weitere größere Niederlage ihrer arabischen Verbündeten leisten."

„Die Obsession der Europäer ist die Wirtschaft. Frankreich ist unser ärgster Feind im Gemeinsamen Markt, moralistisch bis zum geht nicht mehr."

„Araber und wir passen nicht zueinander, sie fühlen gegenüber der israelischen Flagge keine Loyalität. Israelische Araber sind die am schnellsten wachsende Bevölkerungsgruppe der Welt. Nur durch jüdische Einwanderung werden wir die Mehrheit behalten können."

„Die Ölwaffe der Araber ist keine wirkliche Bedrohung. Sie brauchen die Dollars dringender als die Welt ihr Öl. Israel deckt 90 % seines Bedarfs aus dem Sinai und aus dem Iran. Wir sehen keine Probleme für eine ausreichende Ölversorgung."

„Niemand braucht sich vor den arabischen Nationen zu fürchten. Sie sind bisher in jedem Konflikt bitter geschlagen worden, und letztendlich werden sie um Frieden betteln müssen."

Wir reisten in der Überzeugung ab, die Israelis seien dominant, aber gerecht, die Araber hielten still, weil ihre Rechte gewahrt würden, und die politische und militärische Lage würde stabil bleiben, bis es zu einem Tauschhandel „Land gegen Frieden" kommen würde. Ich war begeistert und optimistisch angesichts des offensichtlichen Engagements der Israelis, eine Nation aufzubauen, die den Juden eine Heimat bot, den jüdisch-christlichen Prinzipien von Frieden und Gerechtigkeit verpflichtet und entschlossen, mit ihren Nachbarn in Eintracht zu leben. Obwohl mir der untergeordnete Status der Palästinenser bewusst war, beruhigte mich die Annahme, dass sich Israel im Austausch gegen Frieden aus den besetzten Gebieten zurückziehen würde. Ich erinnerte mich an die Worte von Israels erstem Präsidenten Chaim Weizmann: „Ich bin sicher, die Welt wird den jüdischen Staat danach beurteilen, wie er die Araber behandelt."

Nach der Heimkehr verfolgte ich die Entwicklungen im Nahen Osten sehr genau. Damit beschäftigt, ihre Kontrolle im Westjordanland aufrecht zu erhalten, ihre Wirtschaft weiter auszubauen und Allianzen in der Welt zu schmieden, wurden die Israelis vier Monate nach meinem Besuch, im Oktober 1973, ganz und gar überrumpelt, als die Präsidenten Anwar al-Sadat von Ägypten und Hafiz al-Assad von Syrien simultane Angriffe ihrer Streitkräfte im Sinai und auf den Golanhöhen orchestrierten, beides von Israel besetzte Gebiete. Gut mit sowjetischen Waffen ausgerüstet, waren die Araber anfangs erfolgreich; aber israelische Standhaftigkeit und zusätzlicher militärischer Nachschub von den Vereinigten Staaten ließen das Blatt sich schließlich zugunsten Israels wenden.

Dass die Streitkräfte der Supermächte beinahe miteinander in Konflikt gekommen wären, als die israelische Armee den Suezkanal überquerte und auf Kairo vorrückte, beunruhigte mich zutiefst. Die nuklearen Flotten der Sowjetunion (in Verteidigung Ägyptens) und der Vereinigten Staaten (in der Unterstützung Israels) waren in höchste Alarmbereitschaft versetzt, das erste und einzige Mal in der Geschichte. Glücklicherweise nutzten die zwei großen Nationen ihren Einfluss, nach zwanzig Tagen Krieg einen Waffenstillstand herbeizuführen, und Außenminister Henry Kissinger gelang es, dauerhafte Entflechtungsabkommen auszuhandeln.

Kapitel 3

◆

MEINE PRÄSIDENTSCHAFT
1977 – 1981

Der Krieg von 1973 führte zu weitgehenden Veränderungen im Charakter des Nahostkonflikts. Die effektiven Leistungen der ägyptischen und syrischen Armeen vermehrten das Ansehen des ägyptischen Präsidenten Anwar al-Sadat und des syrischen Präsidenten Hafiz al-Assad. Die arabischen Staaten hatten bewiesen, dass sie willens und bereit waren, zur Unterstützung arabischer Interessen ihr Öl als Waffe einzusetzen, durch Embargo und Preiserhöhungen. In Israel trat Premierministerin Golda Meir zurück, und im Juni 1974 übernahm Yitzhak Rabin ihr Amt. Im Oktober erklärten die arabischen Führer einstimmig die Palästinensische Befreiungsfront PLO unter der Führung von Yassir Arafat zur alleinigen Vertreterin des palästinensischen Volkes. Jetzt musste man die Palästinenser als Volk ansehen, das für sich selbst sprechen konnte.

Die PLO wurde zu einem einflussreichen politischen Organ, das sich in internationalen Foren starke Unterstützung seitens der Araber, der Sowjetunion, fast aller Dritte-Welt-Staaten und vieler anderer Staaten sichern konnte. Die amerikanische Regierung schwor jedoch, die PLO weder anzuerkennen noch mit ihr zu verhandeln, bevor sie nicht offiziell die Resolution 242 der Vereinten Nationen akzeptierte, in der die Anerkennung der Souveränität und der politischen Unabhängigkeit aller Staaten im Nahen Osten (Israel eingeschlossen) gefordert wird sowie ihr Recht, in Frieden innerhalb sicherer und anerkannter Grenzen zu leben. Ein weit wichtigeres Problem war, dass die Nichtanerkennung Israels durch die PLO von den Führern aller arabischen Staaten geteilt wurde, nachdem in den vergangenen 25 Jahren vier Kriege geführt worden waren.

Nach meiner Rückkehr von meinem ersten Besuch in Israel verfolgte ich diese Ereignisse genau und beschäftigte mich auch während meiner Präsidentschaftskandidatur damit. Während meines Wahlkampfs im ganzen Land wurde ich fast jeden Tag von einem jüdischen Bürger nach den Interessen Israels befragt, und mein wachsendes Team von Analysten zu den einzelnen Problemen versorgte mich mit Informationsblättern, die ich studieren konnte. Ich versprach wiederholt, den schlafenden Friedensprozess wiederzubeleben, und nach meiner Wahl, aber noch vor meiner Amtseinführung, hielt ich eine Rede am *Smithsonian Institute*, in der ich dieses Vorhaben als eines der wichtigsten Ziele meiner Außenpolitik anführte.

Da die Vereinigten Staaten in jedem Friedensbemühen eine tragende Rolle würden spielen müssen, unterzog ich die offizielle Position meiner Vorgänger einer genauen Überprüfung hinsichtlich der Kernprobleme. Die Langzeitpolitik unserer Nation war durch einige wenige Schlüsselresolutionen des UN-Sicherheitsrates bestimmt, insbesondere durch die Resolutionen 242 aus dem Jahr 1967 (s. Anhang 1) und 338 aus dem Jahr 1973 (s. Anhang 2). Beide waren einstimmig angenommen worden und hatten noch Gültigkeit; ihre Grundaussagen lauteten: Israels gewaltsamer Gebietserwerb ist illegal; Israel muss sich aus besetzten Gebieten zurückziehen; Israel hat das Recht, innerhalb sicherer und anerkannter Grenzen zu leben; das Flüchtlingsproblem muss gelöst werden; die internationale Gemeinschaft sollte helfen, durch Verhandlungen einen gerechten und dauerhaften Frieden zu schaffen. Hinsichtlich der israelischen Siedlungen im Westjordanland und in Gaza galt die Position, „die Siedlungen sind illegal und behindern den Weg zum Frieden". Im März 1977, nur wenige Wochen nach meinem Amtsantritt, stellte ich diese Grundsätze in einer öffentlichen Rede vor und fügte hinzu: „Man muss den palästinensischen Flüchtlingen, die so viele Jahre gelitten haben, ein Heimatland schaffen." Das war eine meiner ersten und umstrittensten öffentlichen Stellungnahmen.

Sie sollte der erste Schritt sein, der einen palästinensischen Staat befürwortete.

Zwei Wochen später kam Präsident Sadat zu einem Staatsbesuch nach Washington, und nach dem offiziellen Bankett ging ich mit ihm nach oben in die Wohnräume des Weißen Hauses. Am Ende eines langen Gesprächs unter vier Augen war klar erkennbar, dass seine Absicht, zusammen mit mir an Friedensverhandlungen zu arbeiten, bereits deutlich ausgeprägt war; er hatte sich jedoch noch nicht für einen festen Plan entschieden, wie das, was unser gemeinsames Ziel werden könnte, zu erreichen sei. Sadat eröffnete mir schlicht und einfach, er sei zu kühnen Schritten auf dem Weg zum Frieden bereit, die aber alle auf den geltenden Resolutionen des UN-Sicherheitsrates basieren sollten. Wir besprachen einige spezielle Punkte für mögliche künftige direkte Verhandlungen: Israels endgültige Grenzen, den Status von Jerusalem, die Rechte der Palästinenser und – fast unvorstellbar zu jener Zeit – freien Handel und offene Grenzen zwischen den beiden Staaten, dazu volle diplomatische Anerkennung und den Austausch von Botschaftern.

Menachem Begin folgte einen Monat später Yitzhak Rabin als Premierminister, und ich lernte schnell alles, was über Israels neuen Führer zu erfahren war. Sein Überraschungssieg beendete die seit Israels Unabhängigkeitserklärung ununterbrochene Herrschaft der Arbeitspartei. Begin hatte eine Mehrheitskoalition gezimmert, die seinen Grundsatz anerkannte, das Land im Gaza-Streifen und im Westjordanland gehöre rechtmäßig dem Staat Israel und dürfe nicht als Tauschobjekt für ein dauerhaftes Friedensabkommen mit den Arabern dienen. Die öffentliche Meinung war sehr gespalten; aber zweifellos wurde im Jahre 1977 die neue israelische Regierung von einer Haltung der Unnachgiebigkeit geprägt. Ich war sehr besorgt, sandte Begin aber meine persönlichen Glückwünsche und lud ihn zu einem Besuch nach Washington ein.

Obwohl viele Faktoren den Wahlausgang in Israel beeinflusst hatten, gaben Alter der Wähler und ethnische Unterschiede den entscheidenden Ausschlag zugunsten Likud gegenüber Labour. Orientalische Juden (Sepharden genannt), deren Familien aus dem Nahen Osten und Afrika stammten, gaben den Parteien der Likud-Koalition 1977 den politischen Vorsprung, und sie neigten zu einer militanteren Politik hinsichtlich der besetzten Gebiete. Obwohl Begin keineswegs durch Geburt zu dieser Gruppe gehörte, machten ihn seine Philosophie und sein Betragen in den Augen der sephardischen Wähler attraktiv. Außerdem waren die Sepharden im allgemeinen jünger, konservativer und standen eher am unteren Ende der wirtschaftlichen Erfolgsleiter; und sie hatten eine Abneigung gegenüber den besser gestellten und gebildeten jüdischen Einwanderern aus Europa und Amerika (als Aschkenasen bekannt), aus deren Rängen fast alle bisherigen israelischen Führer stammten. Die sephardischen Familien hatten eine höhere Geburtenrate als die Aschkenasen und waren mittlerweile zusammen mit vielen Neueinwanderern zu einer starken politischen Macht geworden.

Auch Menachem Begins persönlicher Charakter hatte bei dem Sieg eine äußerst wichtige Rolle gespielt. Nachdem er und seine Familie in Osteuropa und Sibirien für seine politischen Aktivitäten als Zionist verfolgt worden waren, wanderte er nach seiner Haftentlassung 1942 nach Palästina aus. Er wurde der Führer einer militanten Untergrundorganisation namens *Irgun*, die innerhalb des Zionismus Maximalforderungen vertrat. Dazu gehörte die Vertreibung der britischen Streitkräfte aus Palästina. Er kämpfte mit jeder verfügbaren Waffe gegen die Briten, die ihn als den Top-Terroristen der Region brandmarkten. Er war ein Mann von großem persönlichen Mut und zielstrebiger Hingabe an seine Ziele und bezeichnete sich stolz als „kämpfenden Juden". Ich erkannte, dass Israels neuer Premierminister, mit dem ich es zu tun haben würde, bereit und willens war, zur Erreichung der Ziele, an die er glaubte, auch extreme Maßnahmen zu ergreifen.

In Israel hatte Begin auf komplexe Fragen über Krieg und Frieden, Religion, die Palästinenser, Finanzen und Wirtschaft klare und unmissverständliche Antworten parat. Deshalb erwartete ich, er habe eine klare Vorstellung davon, wann und wo er würde nachgeben können und welche Positionen er in Verhandlungen mit seinen arabischen Nachbarn und den Vereinigten Staaten auf keinen Fall aufgeben würde. Als er jedoch zu mir nach Washington kam, fand ich den Premierminister durchaus bereit, einige der Hauptziele zu verfolgen, die ich mit Sadat diskutiert hatte.

Auch mit König Hussein von Jordanien und dem syrischen Präsidenten Assad führte ich offene Gespräche, aber mir wurde klar, dass sie an einem Friedensbemühen, wie ich es mit Sadat und Begin besprochen hatte, nicht teilnehmen wollten. Der wirtschaftliche und politische Druck der arabischen Führer untereinander, die einstimmige Verurteilung Israels aufrecht zu erhalten, war überwältigend. Die PLO war aus diplomatischen Gründen kein Gesprächspartner für mich; sie wurde von den Vereinigten Staaten offiziell immer noch als Terrororganisation gelistet. Trotz dieser Einschränkung versuchte ich durch inoffizielle Kanäle, Arafat dazu zu bringen, die Schlüsselresolutionen der Vereinten Nationen zu akzeptieren, so dass die PLO an den Friedensbemühungen teilnehmen könnte, aber er lehnte ab.

Ich schickte Sadat einen handgeschriebenen Brief, in dem ich ihm schrieb, wie „äußerst wichtig – vielleicht lebenswichtig" es sei, zusammenzuarbeiten; und wir besprachen danach verschiedene Möglichkeiten telefonisch. Im November 1977 gelang Sadat eine dramatische Friedensinitiative, indem er direkt nach Israel reiste. Begin empfing Sadat sehr freundlich und hörte – äußerlich anscheinend gefasst – seinen Worten zu, als der ägyptische Präsident ohne jede Umschreibung die strikteste arabische Position vorbrachte, die u.a. Israels sofortigen Rückzug von allen besetzten Gebieten einschloss und das Recht der Palästinenser, in ihre ehemaligen Wohnungen und Häuser zurückzukehren. Interessant fand ich Sadats Entschluss, entgegen dem Rat seiner Berater die Rede nicht auf

Englisch und damit für die Weltöffentlichkeit zu halten, sondern im Interesse seiner arabischen Nachbarn auf Arabisch. Die Härte seiner Wortwahl wurde durch den Symbolwert seiner Anwesenheit in Israel abgeschwächt, und die Öffentlichkeit reagierte zustimmend und begeistert. Die Reaktionen der Saudis, Jordanier und einiger anderer moderater arabischer Politiker waren vorsichtig zurückhaltend, aber Syrien brach die diplomatischen Beziehungen zu Ägypten ab, und führende Kreise in Damaskus, Bagdad, Tripolis und die PLO forderten dazu auf, Sadat zu ermorden.

Premierminister Begin kam ins Weiße Haus, um spezifische Friedensvorschläge zu besprechen, und in der Folge kam es zu einem lebhaften Hin und Her von Treffen zwischen Ägyptern und Israelis, das kurz nach Weihnachten mit Begins Gegenbesuch in Ägypten seinen Höhepunkt fand. Sadat berichtete mir, das Treffen sei ganz und gar unbefriedigend verlaufen, offenbar ein tödlicher Rückschlag seiner persönlichen Friedensinitiative, denn Begin bestand hartnäckig auf dem Verbleib der israelischen Siedlungen auf dem Teil des Sinai, der zu Ägypten gehört. Das einzige bleibende Ergebnis von Sadats Initiative war offensichtlich, dass eine internationale Friedenskonferenz unter Einschluss der Sowjets vom Tisch war. Auf einer Neujahrs-Stippvisite in die Region beriet ich mich mit so vielen arabischen Politikern wie möglich und entdeckte, dass sie in privaten Gesprächen Sadat vorsichtig unterstützten, aber in öffentlichen Verlautbarungen sehr kritisch waren, ganz im Zeichen der

Loyalität gegenüber dem einstimmigen Beschluss der arabischen Brüder.

Anfang 1978 erhielt ich eine private Mitteilung von Sadat, er plane eine Amerikareise, auf der er Begin öffentlich als Verräter des Friedensprozesses verurteilen wolle. Rosalynn und ich luden Anwar und seine Gattin Jehan zu einem persönlichen Besuch nach Camp David ein, und nach einem Wochenende intensiver Gespräche war Sadat davon überzeugt, es sei besser, die geplante Rede zu streichen und, gemeinsam mit mir, Vereinbarungen zu suchen.

Leider verschlechterten sich im März meine Arbeitsbeziehungen zu Menachem Begin weiter, als die PLO von einer südlibanesischen Basis aus einen Angriff auf Israel durchführte. Ein Bus mit Touristen wurde überfallen, dabei wurden 35 Israelis getötet. Ich verurteilte diese abscheuliche Untat in einer öffentlichen Erklärung, aber mein Mitgefühl wurde drei Tage später auf die Probe gestellt, als Israel in den Libanon einmarschierte und dabei Anti-Personen-Cluster-Bomben *Made in USA* gegen Beirut und andere Städte einsetzte. Hunderte von Zivilisten wurden getötet und Tausende wurden obdachlos. In meinen Augen stellte diese massive Invasion eine Überreaktion auf den PLO-Angriff dar und eine ernsthafte Bedrohung für den Frieden in der Region; vielleicht war sie sogar Teil eines größeren Plans, eine permanente israelische Präsenz im Südlibanon zu etablieren. Außerdem verletzte ein derartiger Gebrauch amerikanischer Waffen die gesetzliche Bestimmung, Israel dürfe von uns bezogene Waffen nur im Verteidigungsfall einsetzen.

Nach Beratungen mit den wichtigsten pro-israelischen Senatoren informierte ich Premierminister Begin, wenn israelische Truppen im Libanon verblieben, müsse ich dem Gesetz gemäß den Kongress darüber informieren, dass amerikanische Waffen illegal im Libanon eingesetzt wurden und werden, was zwangsläufig das Ende aller Militärhilfe für Israel nach sich ziehen würde. Ich beauftragte außerdem das Außenministerium, eine Resolution des UN-Sicherheitsrates vorzubereiten, die Israels Invasion verurteilt. Die israelische Armee zog sich zurück, an ihrer Stelle wurden im Südlibanon UN-Truppen stationiert, und zwar in ausreichender Stärke, um weitere Angriffe der PLO auf israelische Zivilisten zu verhindern.

Unsere Bemühungen, einen umfassenderen Friedensprozess wieder in Gang zu bringen, erwiesen sich im Frühjahr und Sommer als ergebnislos. Meine nächste Tat war fast ein Akt der Verzweiflung. Ich beschloss, beide, Begin und Sadat, nach Camp David einzuladen, um einige Tage abseits der Pflichtroutine Zeit zu haben. Dort, in der relativen Abgeschiedenheit, könnte ich als Vermittler zwischen den beiden nationalen Delegationen agieren. Beide akzeptierten, ohne zu zögern; unser Treffen begann am 4. September und entwickelte sich zu einer dreizehntägigen Sitzungsrunde, die auf beiden Seiten Teams mit jeweils ungefähr 50 Beratern einschloss. Mein Ziel war es, Israelis und Ägypter erkennen und anerkennen zu lassen, dass viele ihrer Zielvorstellungen eigentlich miteinander vereinbar waren und dass eine Beilegung der Streitigkeiten für beide Nationen von Vorteil sei. Grundlegende Fragen auf der Tagesordnung waren der israelische Rückzug aus den besetzten Gebieten, Rechte der Palästinenser, Israels Sicherheit, eine Beendigung des arabischen Wirtschaftsembargos, offene Grenzen zwischen Israel und Ägypten, Durchfahrtsrechte für den Suezkanal für israelische Schiffe, außerdem die sensiblen Probleme hinsichtlich der Souveränität über Jerusalem und des Zugangs zu den Heiligen Stätten. Im Verlauf der Gespräche, so hoffte ich, ließe sich ein dauerhafter Frieden zwischen den beiden Ländern erreichen, basierend auf voller diplomatischer Anerkennung, was dann in einem bilateralen Friedensvertrag Bestätigung finden würde.

Als Persönlichkeiten waren Begin und Sadat zu unterschiedlich, um miteinander auskommen zu können. Deshalb beschloss ich nach etlichen unerfreulichen Begegnungen, dass sie nicht weiter persönlich miteinander verhandeln sollten. Stattdessen arbeitete ich während der verbleibenden zehn Tage und Nächte entweder einzeln mit den beiden oder mit ihren jeweiligen Vertretern. Dieser Ansatz war für mich zwar mit mehr Schwierigkeiten verbunden – auf eine Verhandlungsrunde mit der einen Seite folgte die nächste mit der anderen Seite – aber die Vorteile überwogen: Die harte Rhetorik und persönlichen Streitereien zwischen den beiden Führern konnten vermindert werden. Zumindest mit Begin wurde an jedem einzelnen Wort der Endvereinbarungen herumgefeilt; er und ich blätterten ausgiebig in Wörterbüchern

und im Thesaurus. Er war ein penibler Semantiker. Einmal
überraschte er mich: Ich hatte den Begriff *Autonomie* für die
Palästinenser vorgeschlagen, aber er bestand auf dem Begriff
„volle Autonomie".*

Begin war mit der Absicht nach Camp David gekommen,
nur eine Erklärung über die allgemeinen, nicht detaillierten
Prinzipien eines Friedensabkommens auszuarbeiten und die
Lösung schwieriger Detailfragen nachgeordneten Experten
zu überlassen. Es stellte sich schnell heraus, dass er mehr an
Diskussionen über die Sinaifrage interessiert war als an Gesprächen über das Westjordanland und Gaza; und er ver-
wandte einen Großteil seiner Energie auf jedes noch so winzige Detail jedes Vorschlags. Die übrigen Hauptakteure des
israelischen Teams waren Außenminister Moshe Dayan,
Verteidigungsminister Ezer Weizman und Generalstaatsan-
walt Aharon Barak; sie strebten ein möglichst umfassendes
Abkommen mit den Ägyptern an, und es gelang ihnen oft,
Begin vom Nutzen eines speziellen Vorschlags für Israel zu
überzeugen, der dann auch die Zustimmung der israelischen
Bürger finden würde.

Auch Sadat wünschte umfassende Friedensvereinbarungen mit Israel, und er erwies sich als das kompromissbereit-
teste Mitglied der ägyptischen Delegation. Seine allgemeinen

---

* Eine umfassendere Beschreibung der Verhandlungen in Camp David
  findet sich in Jimmy Carter: Keeping Faith: Memoirs of a President
  (Bantam,New York, Bantam, 1982), S. 319 – 403 oder in der Ausgabe
  von Arkansas Press, Fayetteville, 1995, S. 326 – 412.

Forderungen lauteten: Alle Israelis verlassen den ägyptischen Teil des Sinai, ein umfassendes Abkommen müsse auch die besetzten Gebiete und die Rechte der Palästinenser einschließen sowie die Verpflichtung Israels, künftige Auseinandersetzungen mit seinen Nachbarn auf friedlichem Wege beizulegen. Beide Seiten sollten sich zur Einhaltung der UN-Resolution 242 verpflichten. Sadat überließ Verhandlungsdetails meist mir oder dem Chefunterhändler des ägyptischen Teams, Osama al-Baz.

Verschiedentlich waren sowohl Begin als auch Sadat entschlossen, die Verhandlungen zu beenden und abzureisen, aber letztendlich brachten wir die Vereinbarungen von Camp David (s. Anhang 3) zum Abschluss, einschließlich eines Rahmenwerks für einen Friedensvertrag zwischen den beiden Staaten (s. Anhang 4). Die beiden Führer und ihre Ratgeber stimmten sogar dem von mir aufs sorgfältigste ausgeführten Abschnitt über die sensibelste aller Fragen zu, über die heilige Stadt:

Jerusalem, Stadt des Friedens, ist dem Judentum, dem Christentum und dem Islam heilig, und alle Menschen müssen freien Zutritt zu ihr haben und den Genuss der freien Ausübung ihrer Gottesdienste und das Recht, die heiligen Stätten zu besuchen und zu betreten, bar jeder Unterschiede und Diskriminierung. Die heiligen Stätten aller Glaubensrichtungen werden von ihren jeweiligen Repräsentanten verwaltet und kontrolliert.

Ein Stadtrat aus Repräsentanten aller Einwohner der Stadt wird die grundlegenden Funktionen und Bereiche der Stadt, wie z.B. öffentliche Einrichtungen, Nahverkehr und Tourismus überwachen und dafür sorgen, dass jede Gemeinschaft ihre eigenen kulturellen und pädagogischen Einrichtungen unterhalten kann.

In allerletzter Minute, nach etlichen Tagen der Einmütigkeit, entschieden aber sowohl Sadat als auch Begin, die Vereinbarungen enthielten schon ausreichend kontroverse Elemente, und baten, diesen Abschnitt aus der Endversion zu streichen.

Es muss daran erinnert werden, dass in den Camp-David-Vereinbarungen, die von Sadat und Begin unterzeichnet und von beiden Regierungen offiziell ratifiziert wurden, die Gültigkeit einer speziellen Verpflichtung, und zwar die UN-Resolutionen 242 und 338 zu respektieren und umzusetzen, erneut bekräftigt wurde. Die Resolutionen verbieten gewaltsame Landnahme und fordern Israels Rückzug aus besetzten Gebieten. Die Vereinbarungen schreiben für die Bewohner der besetzten Gebiete „volle Autonomie" vor, Rückzug militärischer und ziviler Kräfte Israels aus dem Westjordanland und Gaza und die Anerkennung des palästinensischen Volkes als separate politische Entität mit dem Recht auf Selbstbestimmung über seine Zukunft, was einen wichtigen Schritt in Richtung eines palästinensischen Staates darstellte. Sie führen weiter aus, dass an künftigen Verhandlungen Palästinenser

Landkarte 4

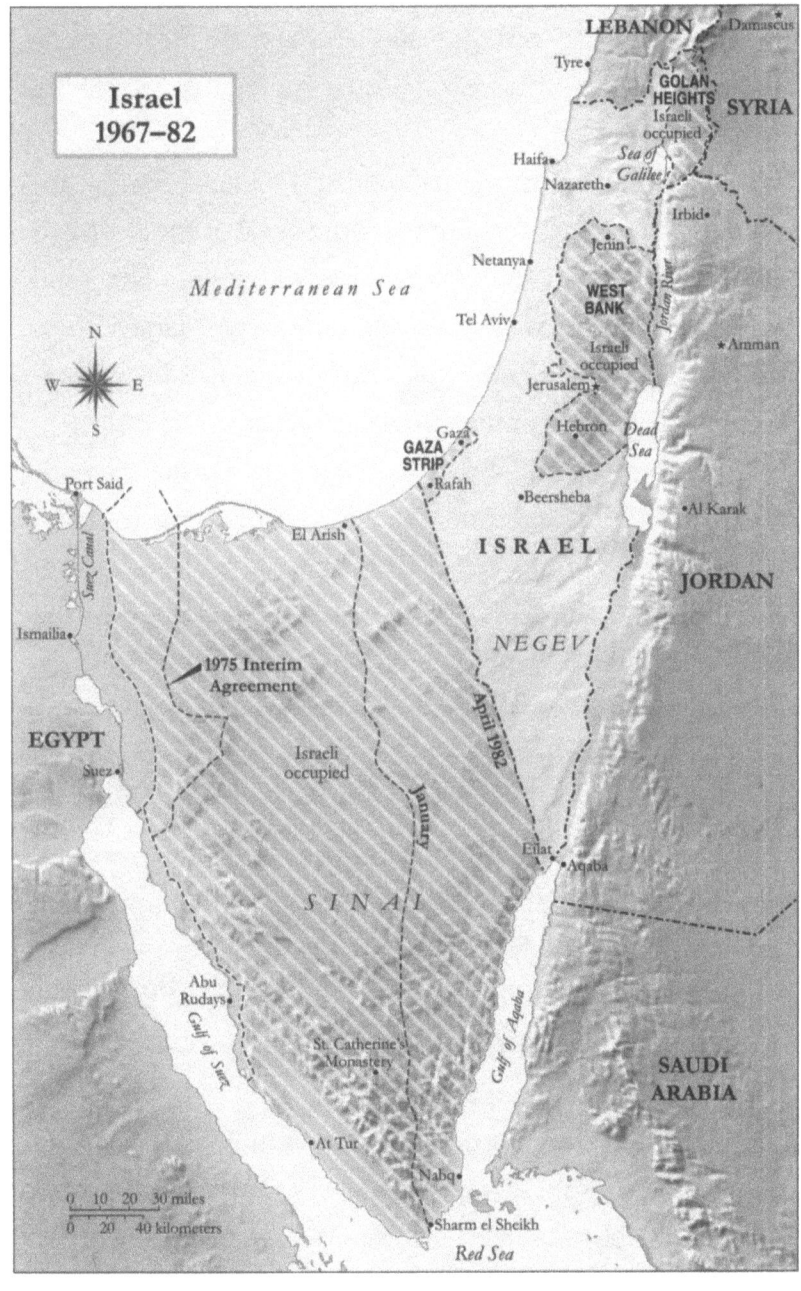

als gleichberechtigte Partner zu beteiligen sind und Abkommen über den endgültigen Status des Westjordanlandes und des Gazastreifens müssen „den gewählten Vertretern der Einwohner des Westjordanlandes und Gazas zur Abstimmung vorgelegt werden". Außerdem wurde in den Vereinbarungen allgemein festgehalten, eine Fortsetzung der Behandlung von Nicht-Juden in den besetzten Gebieten als benachteiligte Bevölkerungsgruppe widerspreche den demokratischen Grundprinzipien der Moral und Gerechtigkeit. Begin und Sadat waren beide der Meinung, die scheinbar unüberwindlichen Probleme hinsichtlich der Rechte der Palästinenser ließen sich lösen.

Außerdem wurde das Rahmenabkommen zu einem ägyptisch-israelischen Friedensabkommen unterzeichnet, das folgende Punkte enthielt: Rückzug der israelischen Truppen aus dem Sinai, diplomatische Beziehungen zwischen Israel und Ägypten, Öffnung der Grenzen für Handel und Wirtschaft, freie Fahrt durch den Suezkanal für israelische Schiffe und ein dauerhafter Friedensvertrag, um diese Vereinbarungen zu bestätigen.

Sadat bestand immer darauf, dass die Einhaltung der UN-Resolution 242 und das Selbstbestimmungsrecht der Palästinenser oberste Priorität habe, und alle Beteiligten (Begin vielleicht ausgeschlossen) waren der Überzeugung, das Enddokument sichere diese Rechte in der Tat. Wir alle (der Premierminister eingeschlossen) waren zuversichtlich, dass die Endfassung des Vertrages innerhalb des angestrebten Zeitrahmens von drei Monaten abgeschlossen werden könne. Allen war bewusst, wenn Israel neue Siedlungen bauen würde, wäre das eine Verletzung des Versprechens, den Palästinensern „volle Autonomie" zu gewähren mit einer ebenbürtigen, vielleicht sogar ausschlaggebenden Rolle in den Verhandlungen über den endgültigen Status der besetzten Gebiete. Der schwerwiegendste Fehler der Verhandlungen in Camp David war der Verzicht, Begins verbale Versprechen, den Siedlungsbau während folgender Friedensverhandlungen einzufrieren, schriftlich festzuhalten.

Die langwierigen Verhandlungstage brachten mir einen persönlichen Gewinn, die lebenslange Freundschaft mit Ezer Weizman, dem damaligen Verteidigungsminister. Er schien mir im ganzen Begin-Team am stärksten engagiert, ein umfassendes Friedensabkommen zu erzielen, und er war eine Persönlichkeit, mit der ich auch sehr heikle Themen frank und frei erörtern konnte. Auch mit den Ägyptern unterhielt er gute persönliche Beziehungen; er besuchte Sadat oft in dessen Chalet zu privaten Gesprächen oder auf eine Runde Backgammon. Diese Friedensgespräche erwiesen sich für Weizman als eine Art Offenbarung, dabei gehörte er zu den ersten Mitgliedern von Begins Irgun-Truppen militanter Zionisten, war als Dirigent der morgendlichen Luftangriffe, die die arabische Luftwaffe vernichtete, ein gefeierter Held des Sechstagekrieges und Mitbegründer der konservativen Partei Likud. Sein Leben lang war er ein führender „Falke", aber die wochenlangen Verhandlungen verwandelten ihn; er wurde ein überzeugter Befürworter der Aussöhnung mit den Arabern.*

Die Freudenfeiern anlässlich der Camp-David-Vereinbarungen waren schnell vergessen, als wir endlose Wochen mühsamer, frustrierender Verhandlungen erlebten, in denen wir die Verpflichtung, einen Friedensvertrag zwischen Israel und Ägypten abzuschließen, in die Tat umsetzen wollten. Sechs Monate nach Camp David beschloss ich, nach Kairo und Jerusalem zu reisen, um die verbleibenden Fragen lösen zu helfen, und in der Tat gelang uns die Erarbeitung der Endfassung eines Abkommens mit Hand und Fuß. Obwohl dieser überaus wichtige Friedensvertrag nie gebrochen wurde, sind andere ebenso wichtige Punkte unserer Vereinbarungen nach meinem Ausscheiden aus dem Amt nicht eingehalten worden. Die Israelis haben den Palästinensern niemals irgendeine nennenswerte Autonomie zugestanden, und anstelle eines Rückzugs aller militärischen und zivilen Kräfte haben die israelischen Führer ihre Beherrschung der besetzten Gebiete immer weiter intensiviert.

Sadat überstand die Verurteilung der arabischen Brüder, die Ägypten mit strikten, aber letztlich erfolglosen diplomatischen und wirtschaftlichen Sanktionen belegten, um ihn zu

---

* Er kam 1980 ungefragt während meiner Kampagne zur Wiederwahl nach Amerika und besuchte mehrere Städte, wo er öffentlich jüdische Führungspersönlichkeiten dazu aufforderte, meine Kandidatur zu unterstützen. Obwohl ihm das vehemente Kritik wegen seiner nie dagewesenen (vielleicht sogar illegalen) ausländischen Einmischung einbrachte, ließ er sich nicht davon abhalten.

isolieren und zu bestrafen. Erst viel später, lange nach meiner Amtszeit, erklärten sich die Jordanier und die PLO bereit, an künftigen Friedensverhandlungen mit Israel teilzunehmen. Durch diese Weigerung fühlten sich die Israelis in ihrer Furcht bestätigt, die Existenz ihrer Nation würde wieder bedroht, sobald ihre Gegner wieder ausreichend Kraft gesammelt hätten, um einen militärischen Schlag zu wagen.

Für Menachem Begin war der Friedensvertrag mit Ägypten d e r bezeichnende Akt aus israelischer Sicht, während feierliche Versprechen hinsichtlich des Westjordanlandes und der Palästinenser spitzfindig uminterpretiert oder schlicht und einfach gebrochen wurden. Durch den bilateralen Vertrag extrapolierte Israel Ägyptens beachtliche Stärke aus der militärischen Gleichung des Nahen Ostens und versetzte sich selbst damit in die Lage, die neu gewonnene Befreiung von einer Bedrohung dahingehend zu nutzen, die Ziele einer leidenschaftlich entschlossenen Minderheit seiner Bürger zu verfolgen, sprich Konfiszierung, Besiedelung und militärische Beherrschung der besetzten Gebiete. Die israelische Besiedlungsaktivität war immer noch Grund zu großer Besorgnis, und 1980 forderten die Vereinten Nationen Israel mit der Resolution 465 auf (s. Anhang 5), die bestehenden Siedlungen in den seit 1967 besetzten arabischen Gebieten abzubauen, Ostjerusalem eingeschlossen. Diese Resolution wurde einstimmig angenommen.

Wir wussten alle, dass Israel einen umfassenden und dauerhaften Frieden brauchte, und dieser Traum wäre in Erfüllung gegangen, wenn Israel die Camp-David-Vereinbarungen eingehalten und das Westjordanland nicht weiter kolonisiert hätte, worauf die Araber Israel innerhalb seiner legalen Grenzen hätten anerkennen können.

Kapitel 4

—— •◆• ——

DIE HAUPTAKTEURE

DIE PALÄSTINENSER

Wenn man die gegenwärtigen Verhältnisse im Nahen Osten verstehen will, muss man sich Palästinenser und Israelis genauer betrachten. Beginnen wir mit einer kurzen allgemeinen Beschreibung der Palästinenser, deren künftiger Status ein Brennpunkt für Fortschritte in Richtung Frieden sein muss.

Was ist Palästina und wer sind die Palästinenser? Die Grenzen dieses umstrittenen Gebietes, auch Kanaan oder Heiliges Land genannt, waren noch nie eindeutig definiert. Der Name selbst ist sehr alt und leitet sich vom Namen der Philister ab, die entlang der Mittelmeerküste siedelten und auch als Seevölker bekannt sind. In der Bibel wird dieses Volk nicht sehr positiv beschrieben; sie verehrten nicht den einen Gott, und sie konkurrierten mit den Autoren und Helden der Heiligen Schrift um die Herrschaft über Teile von Kanaan. Sie waren treffliche Krieger und mit die ersten, die Waffen aus Eisen besaßen. Fast immer waren sie ihren Feinden überlegen, sogar dem mächtigen König David. Die römischen Eroberer machten sich nach der Niederschlagung des zweiten jüdischen Aufstands im Jahre 135 daran, die historischen Spuren jüdischen Lebens in diesem Land auszumerzen. Sie änderten den Namen Jerusalem in *Aelia Capitolia* um, und Judäa wurde zur Provinz *Syria Palaestina,* später einfach Palästina. Als das Christentum zur Staatsreligion des Römischen Reiches wurde, kam der alte Name Jerusalem wieder zu Ehren. Der Name Palästina, auf Arabisch *Filistin,* überlebte die arabische Eroberung im siebten Jahrhundert und wurde beibehalten, auch wenn die Grenzen dieses Gebietes sich im Lauf der Jahrhunderte änderten.

In der Folge herrschten Türken, Kurden und europäische Kreuzritter über Palästina, bis die osmanischen Türken sich 1518 Palästina ihrem Imperium einverleibten. Nach dem Ersten Weltkrieg fanden sie sich auf Seiten der Verlierer und Frankreich und Großbritannien gewannen anfangs die Herrschaft über die verschiedenen Gebiete des Nahen Ostens. Der Völkerbund übertrug Großbritannien die Kontrolle über das Mandatsgebiet Palästina, das wir heute als Israel, Westjordanland, Gazastreifen und Jordanien kennen. Nach der Abtrennung von Jordanien (damals Transjordanien) vom

Mandatsgebiet im Jahre 1922 erhielt das übrige Gebiet zwischen dem Jordan und dem Mittelmeer den Namen Palästina. Obwohl christliche und muslimische Araber in eben diesem Land seit den Römern gelebt hatten, gab es keine ernsthaften Bestrebungen, einen separaten unabhängigen Staat zu gründen. Ihr Trachten galt der Familie und dem Stamm – und das der Muslime unter ihnen der großen weiten Welt des Islam. Ernsthafte nationale Bestrebungen entwickelten die Araber erst allmählich, als sie erlebten, dass Zionisten in wachsender Zahl nach Palästina einwanderten, Land und Boden für dauerhaften Wohnsitz erwarben mit dem Ziel, ihren eigenen Staat zu errichten.

1947 nahmen die Vereinten Nationen einen Teilungsplan für Palästina an. Ein jüdischer Staat sollte 55 % des Gebietes umfassen (s. Karte 2), Jerusalem und Bethlehem sollten als heilige Stätten internationalisiert werden, und der Rest des Landes sollte einen arabischen Staat ergeben. Die *Jewish Agency* (eine offizielle Organisation, die im britischen Mandat die jüdische Gemeinschaft in Palästina repräsentierte) und andere zionistische Vertreter nahmen den Plan an, aber arabische Führer lehnten ihn fast einstimmig ab. Als die Juden ihren Staat mit der Unabhängigkeitserklärung gründeten, griffen die Araber militärisch an, erlitten aber eine Niederlage. Die Waffenstillstandslinien von 1949 wurden zur Grenze des neuen Staates Israel und wurden als solche von Israel und den Vereinigten Staaten angenommen und von den Vereinten Nationen offiziell anerkannt.

Israelis hatten sich 77 % des umkämpften Gebietes gesichert, und den Palästinensern verblieben zwei kleine von einander getrennte Gebiete, die wir als Westjordanland kennen – es wurde von Jordanien annektiert – und als Gaza – es kam unter ägyptische Verwaltung. Die Juden, die in dem neuen Staat lebten, nannten sich Israelis, während die christlichen und muslimischen Araber, die im Heiligen Land außerhalb Israels leben, sich als Palästinenser bezeichnen. Die Palästinenser selbst haben sich eine weiter gefasste Definition zu Eigen gemacht, sie schließt alle ein, „die vor dem 14. Mai 1948 [also vor der Staatsgründung Israels] im Lande lebten sowie deren Nachkommen".

Nach der von den Briten 1922 durchgeführten Volkszählung in Palästina lebten dort etwa 84 000 Juden und 670 000 Araber, davon 71 000 Christen. Zur Zeit der Teilung durch die Vereinten Nationen waren die Zahlen auf 600 000 Juden und 1,3 Millionen Araber angewachsen, 10 % von ihnen Christen. Während des Krieges von 1948 und danach wurden etwa 420 palästinensische Dörfer in dem Gebiet, das dann Israel wurde, zerstört, und etwa 700 000 palästinensische Einwohner flohen oder wurden vertrieben.

Die Palästinenser und einzelne arabische Führer erhoben weiterhin lautstarke Einwände dagegen, dass die Israelis immer mehr von dem Land, das sie als ihres betrachteten, beanspruchten und ihre Rechte schmälerten. Aber erst, als Israel Pläne offen legte zur Umleitung des Wassers aus dem See Genezareth, um Westisrael und die Wüste Negev zu bewässern, hielten die arabischen Führer Anfang 1964 ihr erstes Gipfeltreffen ab, auf dem die palästinensische Befreiungsorganisation PLO offiziell gegründet wurde. Nach Schätzungen der Vereinten Nationen betrug die Zahl der palästinensischen Flüchtlinge seinerzeit 1,3 Millionen, ein Viertel dieser Flüchtlinge lebten in Jordanien, jeweils etwa 150 000 im Libanon und in Syrien, und die übrigen zumeist in Flüchtlingslagern im Westjordanland und im Gazastreifen.

Im Mai 1967 sperrte Ägypten nach militärischen Scharmützeln zwischen Syrien und Israel die Straße von Tirana und verlangte den Abzug der entlang der Grenze zwischen Ägypten und Israel stationierten Einheiten der Friedenstruppen der Vereinten Nationen. Andere arabische Staaten versetzten ihre Streitkräfte in Alarmbereitschaft. Am 5. Juni begann Israel einen Präventivkrieg, wobei die ersten Schläge Ägypten und Syrien galten; innerhalb von sechs Tagen hatten die israelischen Truppen die Golanhöhen, Gaza, den Sinai, Jerusalem und das Westjordanland besetzt.

Der Konflikt führte dazu, dass weitere 320 000 Araber aus den Gebieten Syriens, Ägyptens, Jordaniens und Palästinas fliehen mussten, die jetzt von Israel besetzt waren. Die Vereinten Nationen verabschiedeten zahlreiche Resolutionen – mit amerikanischer Unterstützung und israelischer Anerkennung –, die mehrfach die Unrechtmäßigkeit von Landerwerb durch Gewalt feststellten und Israel aufforderten, sich aus den besetzten Gebieten zurückzuziehen, und darauf drängten, die besonders bedürftigen Flüchtlinge, die es benötigten, in ihre früheren Häuser zurückkehren zu lassen.*

Nach dem Krieg von 1967 erkannten die meisten arabischen Führer die herausragende Bedeutung der PLO als Vertreterin der Palästinenser an, und es bildete sich eine Quasi-Regierung, um die Angelegenheiten Wohlfahrt, Erziehung, Information, Gesundheit und Sicherheit zu regeln. 1969 fand die PLO einen starken Führer in Yassir Arafat, einem gebildeten Palästinenser und Chef der Al-Fatah, einer Guerilla-Organisation. Als Vorsitzender widmete sich Arafat hauptsächlich der Sammlung von Geldern zur Unterstützung und Hilfe der Flüchtlinge und hatte mit der Bitte um Unterstützung für deren Sache weltweit Erfolg. Gleichzeitig konnte die PLO in mehr als hundert Staaten diplomatische Missionen einrichten und nutzte ihren Beobachterstatus bei den Vereinten Nationen, um eine der einflussreichsten Stimmen in internationalen Gremien zu werden. Es gab aber weiterhin Angriffe der PLO auf Israelis, sowohl in den besetzten Gebieten als auch vom Gebiet arabischer Nachbarstaaten aus.

Der nächste Exodus der Palästinenser ereignete sich 1970 aus Jordanien, als Folge eines Bürgerkrieges zwischen den mächtigen Verbänden militanter PLO-Kämpfer, die sich in Jordanien niedergelassen hatten, und den regulären Truppen König Husseins. Nachdem die Truppen des Königs die Ober-

---

* Derzeit gibt es schätzungsweise 9,4 Mill. Palästinenser; 3,7 Mill. im Westjordanland und in Gaza, 200 000 in Ostjerusalem, 1 Mill. in Israel und weiter 4,5 Mill. in anderen Staaten.

hand gewannen, ergoss sich eine neue Flut von Flüchtlingen von Jordanien in den Libanon; dort fanden die Palästinenser ein neues Gastland, das zu schwach war, sich dagegen zu wehren; und die PLO etablierte dort regierungsähnliche Organisationen und sogar eine unabhängige Miliz. In einem großen Gebiet des Libanon wurde die PLO bald so stark, dass sie die Souveränität der Gastgeber-Regierung selbst herausforderte und mit ihren Verbänden häufig grenzüberschreitende Angriffe gegen Israel durchführte.

Diese Guerilla-Überfälle hatten rasche israelische Vergeltungsschläge zur Folge, die zumeist zu Lasten der libanesischen Zivilbevölkerung gingen, die deshalb immer schlechter auf ihre Unruhe stiftenden Gäste zu sprechen war. Das Land versank in bürgerkriegsähnliche Auseinandersetzungen, und 1976 rückten syrische Truppen ein, um die Ordnung wieder herzustellen – in dem Jahr wurde ich zum Präsidenten gewählt. Ein Abkommen wurde ausgehandelt, das die PLO-Milizen auf bestimmte Gebiete beschränkte und Guerilla-Überfälle vom südlichen Libanon aus auf Israel einschränkte.

*   *   *

Die Palästinenser im Westjordanland und im Gazastreifen konzentrieren sich nach meiner Erfahrung auf ihre persönlichen Probleme unter israelischer Besatzung, aber die Palästinenser in anderen Ländern haben eine Vielzahl anderer Probleme. Ihre Einstellungen und ihr Engagement sind durch frühere Ereignisse, die ihr Leben beeinflusst haben, geformt; und heute haben nur noch wenige direkten Kontakt zu Juden oder Arabern, die noch in Palästina leben. Sie wurden 1948 und 1967 vertrieben und betrachten ihre alten Häuser immer noch als ihr Eigentum. Und viele, denen ich begegnet bin, nehmen für sich das Recht in Anspruch, alle ihnen verfügbaren Mittel anzuwenden, bewaffneten Kampf eingeschlossen, um ihre verloren gegangenen Rechte wiederzuerlangen.

Als ich 1990 mit Arafat zusammentraf, behauptete er: „Die PLO hat nie die Vernichtung Israels befürwortet. Die Zionisten haben den Slogan ‚Treibt die Juden ins Meer!' in die Welt gesetzt und ihn der PLO zugeschrieben. 1967 sagten wir, wir wollen einen demokratischen Staat, in dem Juden, Christen und Moslems zusammen leben können. Die Zionisten erwiderten, wir wollen aber nicht mit anderen Leuten, sondern nur mit Juden zusammenleben … Wir antworteten den zionistischen Juden, auch gut, wenn ihr keinen säkularen demokratischen Staat für uns alle wollt, dann gehen wir einen anderen Weg. 1974 sagte ich, wir sind bereit, unseren eigenen unabhängigen Staat auf jedem Flecken Land zu gründen, von dem sich Israel zurückzieht. Wie bei den Israelis gibt es auch bei der PLO viele unterschiedliche Stimmen, und Zuhörer interpretieren die Worte so, wie sie ihnen ins Bild passen."

Auf meine Frage nach dem Sinn und Zweck der PLO schien er verletzt, dass ich eine derartige Frage stellen konnte. Er überreichte mir ein Schriftstück, in dem stand: „Die PLO ist die nationale Befreiungsbewegung des palästinensischen

Landkarte 5

Volkes. Sie ist der institutionelle Ausdruck des palästinensischen Nationalbewusstseins. Die PLO bedeutet dem palästinensischen Volk das, was andere nationale Befreiungsbewegungen anderen Völkern bedeutet haben. Sie verkörpert das Medium, eine verweigerte nationale Identität zu behaupten und zu bestätigen, eine unterdrückte Geschichte wiederherzustellen, das Erbe unseres Volkes zu bewahren, vernichtete Institutionen wiederaufzubauen, die nationale Einheit, die durch physische Zerstreuung bedroht ist, aufrechtzuerhalten, um für die besetzte Heimat und die verweigerten nationalen Rechte zu kämpfen. Kurzum, die PLO ist die nationale Existenz als Nation." Auffallend oft erscheint der Begriff „national" in dieser kurzen Verlautbarung.

Die PLO ist eine lose geknüpfte Dachorganisation, deren Unterorganisationen durch ein gemeinsames Ziel verbunden sind, aber sie umfasst viele Gruppen, die zur Erreichung ihrer Ziele sich gern unterschiedlicher Mittel bedienen. Die PLO wird von allen arabischen Regierungen offiziell als „die einzige rechtmäßige Vertretung des palästinensischen Volkes, sowohl in der Heimat [Palästina] als auch in der Diaspora [in anderen Staaten] anerkannt. Sie spielt eine bedeutende Rolle bei den Vereinten Nationen, und viele UN-Resolutionen, die die Sache der Palästinenser unterstützen, gelten als Beweis für ihre Effektivität und die Rechtmäßigkeit ihrer Sache.*

---

* Die PLO ist die offizielle Organisation der Palästinenser, die von der internationalen Gemeinschaft anerkannt ist, und genießt Beobachterstatus bei den Vereinten Nationen. Die Palästinensische Autonomie-

Das politische Ansehen und der Einfluss der Palästinenser scheinen umgekehrt proportional zu ihren militärischen Niederlagen zu wachsen. Nachdem 1970-71 ihre Bemühungen, Jordanien als Basis für Operationen gegen Israel zu nutzen, kläglich gescheitert waren, erstarkte die PLO als die einzige Führungsmacht des palästinensischen Volkes mit einer starken Operationsbasis im Libanon. Nach Camp David und dem Friedensvertrag zwischen Ägypten und Israel fiel Ägypten als Hauptunterstützer weg, aber der PLO schien neue Lebenskraft zuzufließen, als andere arabische Staaten sich erzürnt der Sache der Palästinenser verpflichteten.

DIE ISRAELIS

Die jüdischen Erfahrungen der Vergangenheit müssen immer mitgedacht werden. Jahrhundertelang erlitten die Juden das Leid der Diaspora und immer wiederkehrende Verfolgung in fast allen Nationen, in deren Mitte sie lebten. Trotz ihrer bemerkenswerten Beiträge in allen möglichen Bereichen der Gesellschaft wurden viele Juden getötet und andere von christlichen Herrschern von Ort zu Ort vertrieben. Obwohl ihnen nicht die gleichen Rechte gewährt wurden wie den Muslimen, hatten sowohl Christen wie Juden in islamischen

---

behörde (PA oder PNA – Palestinian National Authority) wurde 1996 gegründet, ihre Führer sind in Wahlen in den besetzten Gebieten gewählt worden, wo sie ihre Jurisdiktion hat.

Ländern oft ein weit besseres Leben als die Nicht-Christen im Christentum, denn der Prophet Mohammed befahl seinen Gefolgsleuten, die gemeinsamen Ursprünge ihres Glaubens durch Abraham anzuerkennen, die Propheten zu ehren und ihre Gläubigen zu schützen. Muslimische Führer zogen Juden Christen vor, weil sie von ihnen bei der Ausdehnung ihres politischen und religiösen Einflusses weniger Konkurrenz befürchteten. Präsident Anwar al-Sadat erwähnte diesen Punkt immer wieder, als er mit dem israelischen Premierminister Menachem Begin und mir in Camp David verhandelte.

Im 19. Jahrhundert wurde der Nationalismus eine treibende Kraft in Europa; von ihm wurden auch die dort lebenden Juden beeinflusst, woraus die zionistische Bewegung entstand. In Mitteleuropa bedeutete Assimilation in eine christliche und säkulare Gesellschaft eine Bedrohung für die Juden. Aber fast Dreiviertel aller Juden lebten in Osteuropa, wo die Verfolgungen andauerten; und eben hier gedieh die Saat des Zionismus. Obwohl es die Mehrzahl der jüdischen Auswanderer im späten 19. und frühen 20. Jahrhundert in die Vereinigten Staaten zog, wurde der Wunsch nach der Schaffung eines jüdischen Staates laut – um sowohl der Unterdrückung zu entkommen als auch um eine Auslegung biblischer Prophezeiungen zu erfüllen.

Exakte Zahlen liegen zwar nicht vor, aber schätzungsweise lebten zu Beginn des 20. Jahrhunderts nicht mehr als 30 000 Juden in Palästina, umgeben von 600 000 muslimischen und christlichen Arabern. Bis 1930 war ihre Zahl dann auf mehr als 150 000 angewachsen.

Die Araber in Palästina bekämpften diese neuen Siedler politisch und militärisch*, aber abgesehen davon konnten sie sich auf wenig anderes einigen. Und so vergeudeten sie ihre Energie und ihren Einfluss durch Zank und Streit untereinander. Die Briten, die die osmanischen Türken als Herrscher über Palästina nach dem Ersten Weltkrieg abgelöst hatten, versuchten, den blutigen Auseinandersetzungen Einhalt zu gebieten, indem sie die jüdische Einwanderung ins Heilige Land einschränkten, ungeachtet verzweifelter Appelle derjenigen, die wachsender Bedrohung und rassistischer Verfolgung ausgesetzt waren. Und dann musste sich die Welt der Schrecken des Holocaust bewusst werden und der Notwendigkeit, die zionistische Bewegung und einen israelischen Staat anzuerkennen.

Offizielle britische Statistiken belegen weitere Einwanderungswellen von Juden und Nicht-Juden nach Palästina; die arabische Bevölkerung wuchs von 760 000 im Jahre 1931 auf 1 237 000 im Jahre 1945, hauptsächlich wegen besserer wirtschaftlicher Bedingungen, während im selben Zeitraum die Zahl der Juden auf 608 000 anstieg, vor allem wegen der Judenverfolgung in Europa.

---

* Der Widerstand der Araber begann erst nach 1917, also nach der Balfour-Deklaration, als ihnen „endlich" klar wurde, dass die Juden in ihrem Land einen „jüdischen Staat" gründen wollen. (d.H.)

Die britischen Truppen zogen im Mai 1948 ab, und Israel erklärte sich zum unabhängigen Staat, der fast unmittelbar von Präsident Harry Truman im Namen der Vereinigten Staaten anerkannt wurde. Gleichzeitig griffen arabische Streitkräfte aus Ägypten, dem Libanon, Syrien, Transjordanien und dem Irak gemeinsam mit den Palästinensern Israel an. Aber die einzelnen Truppenverbände waren nicht gut koordiniert, und ihre spezifischen Ziele blieben eher zweifelhaft. Die Israelis hingegen waren geeint, besser bewaffnet, hatten eine gute Führung und waren hoch motiviert, als sie um ihr Leben und für ihren neuen Staat kämpften. Der Krieg endete mit einem zwischen Israel und seinen Nachbarstaaten ausgehandelten Waffenstillstandsabkommen; Grundlage war Israels Anerkennung der Teilung des Landes (77 % israelisch, 23 % arabisch) und die Annahme, dass Jordanien das Gebiet, das wir heute als Ostjerusalem und Westjordanland kennen, kontrollieren werde. Weder die arabischen Führer noch die Weltgemeinschaft zogen ernsthaft die Schaffung eines separaten palästinensischen Staates in Betracht, als das angestammte Heimatland dieses Volkes zwischen Jordanien, Israel und Ägypten aufgeteilt wurde.

Aufgrund der anhaltenden kriegerischen Auseinandersetzungen zwischen Israel und seinen Nachbarn flohen viele Juden aus Syrien, dem Irak und anderen arabischen Staaten nach Israel, während palästinensische Flüchtlinge in alle Welt verstreut wurden. Von allen Seiten verübten Palästinenser, manchmal aber auch Truppen ihrer Gastgeberländer sporadisch, aber fortlaufend Überfälle auf Israelis, die darauf mit Vergeltungsschlägen antworteten. Der folgenreichste Krieg war der im Jahre 1967. Aus den nur sechstägigen Kämpfen ging Israel als Sieger hervor und hielt ägyptisches und syrisches Territorium und die von Jordanien kontrollierten Gebiete Palästinas besetzt.

Notgedrungen unterhält Israel eine der schlagkräftigsten Armeen der Welt und hat bisher alle Gegner besiegt. Aber keiner der Kriege hat auch nur eine der dem Konflikt zu Grunde liegenden Ursachen beseitigen können. Nach offiziellen israelischen Angaben haben seit der Staatsgründung 22 000 Israelis in militärischen Auseinandersetzungen den Tod gefunden. Bei den meisten Gefechten war die Zahl der arabischen Opfer verglichen mit den israelischen drei- bis viermal so hoch. Zudem sind sehr viele christliche und muslimische Araber entweder ins Exil vertrieben worden oder gerieten unter militärische Besatzung, wenn Israel wieder einmal noch weiteres arabisches Gebiet erobert und besetzt hat. Demzufolge wuchsen Furcht, Hass und Entfremdung auf beiden Seiten, was die endgültige Versöhnung immer schwieriger werden lässt; aber ohne Versöhnung kann es in dieser Region weder Frieden, Gerechtigkeit noch Sicherheit von Dauer geben.

Bei meinen Reisen in den Nahen Osten sind mir immer wieder Unterschiede aufgefallen bei der Beteiligung der Bevölkerung an der Gestaltung der nationalen Politik. In den arabischen Staaten mit eher autokratischer Führung ist es fast aussichtslos, von Privatpersonen eine freie Meinungsäußerung zu erhalten, selbst nicht von Wirtschaftsführern, Journalisten und Universitätsgelehrten. Nur von Israelis, die in einer Demokratie mit fast uneingeschränkter Meinungsfreiheit leben, hört man eine große Bandbreite unterschiedlicher Ansichten hinsichtlich ihrer Meinungsverschiedenheiten untereinander und mit den Palästinensern, mit anderen Arabern, mitunter auch mit Expräsidenten und angesehenen Gästen.

Während meines Staatsbesuchs in Israel im März 1979 erhielt ich die Einladung zu einer Ansprache in der Knesset. Die den Parlamentariern gestattete Freiheit der Meinungsäußerung in ihren Wortwechseln schockierte mich. Obwohl es mir gelang, meine Ansprache fast ohne Zwischenrufe zu beenden, war es für Premierminister Begin und andere schier aussichtslos, zu reden, ohne unterbrochen zu werden. Begin schienen die laufenden Unterbrechungen nichts auszumachen, nicht einmal die physische Verweisung eines besonders aggressiven Abgeordneten aus dem Plenum; offensichtlich genoss er die Wortgefechte und äußerte seinen Stolz über die ungehinderten Wortwechsel. Während eines besonders giftigen verbalen Schlagabtauschs lehnte er sich zu mir und meinte stolz: „Das ist Demokratie in Aktion."

Abgesehen von mitunter äußerst strikter militärischer Zensur findet sich die Meinungsfreiheit in allen Nachrichtenmedien und in Privatgesprächen in Israel fällt das Bedürfnis auf, jede Facette der Innen- und Außenpolitik genauestens zu beleuchten. Nur bei einigen arabischen Israelis ist zu beobachten, dass sie sich ungern frei äußern.

Die gegnerischen politischen Führer zeigen in israelischen Debatten zwar erhebliche Meinungsunterschiede, aber diese Unterschiede verblassen, wenn es um die Frage von Israels Sicherheit geht. Dann schließen sich die Reihen. Ein gemeinsamer Glaube, eine gemeinsame Geschichte, die Erinnerung an schreckliches Leid verbinden sie und verleihen ihnen eine Stärke und einen Zusammenhalt wie sonst nirgendwo im Nahen Osten, vielleicht sogar in der ganzen Welt.

Der Schlüssel für die Zukunft Israels findet sich nicht außerhalb, sondern im Lande selbst. Es ist unwahrscheinlich, dass irgendein Zusammenschluss arabischer Staaten oder selbst der äußerst starke Einfluss der Vereinigten Staaten Israel Entscheidungen aufzwingen könnte, wenn es um Ostjerusalem, das Westjordanland, die Rechte der Palästinenser oder die besetzten Gebiete geht. Die Entscheidungen werden in Israel getroffen werden im Laufe demokratischer Prozesse, die alle Israelis einbeziehen, die ihre Ansichten äußern und ihre Führer wählen können. Die Kernfragen werden hier mit größerer Vehemenz diskutiert als sonstwo auf der Welt, und die letzte Entscheidung steht noch aus. Das Ergebnis dieser Debatte wird die Zukunft Israels gestalten; von ihm hängen möglicherweise auch die Aussichten auf Frieden im Nahen Osten, vielleicht auf Frieden in der ganzen Welt ab.

Kapitel 5

— ❖ —

ANDERE NACHBARN

Abgesehen von Ägypten mit seinen Kontakten zu den Palästinensern spielen die anderen Israel benachbarten arabischen Staaten derzeit keine konstruktive Rolle in irgendeinem möglichen Friedensprozess; aber ihrem gemeinsamen Einfluss wird bei der Umsetzung eines annehmbaren Abkommens eine entscheidende Rolle zukommen. Sie können skeptischen Israelis Zusicherungen geben, dass ein solcher Frieden verlässlich und dauerhaft sein kann. Es ist hilfreich, im Überblick zu zeigen, wie syrische, jordanische, ägyptische und saudische Führer in der Vergangenheit am Konflikt beteiligt waren, wie sie die Lage beurteilen und welche Möglichkeiten sie haben, sich an denkbaren Lösungen zu beteiligen. Ich habe diese Länder, sooft es möglich war, bereist und mich darüber hinaus mit ihren Führungspersönlichkeiten entweder in den Vereinigten Staaten oder andernorts getroffen.

SYRIEN

Israel hat die Kontrolle über zuvor von ihm besetzte Teile Ägyptens und Teile des Libanon aufgegeben, aber es hält syrisches Gebiet, das die Golanhöhen umfasst, weiterhin besetzt. Gibt man das Stichwort „Golanhöhen" bei Google ein, fällt interessanterweise auf, dass man als ersten Eintrag eine Einladung an ausländische Touristen erhält, die dort lebenden israelischen Siedler zu besuchen. Mein erster Besuch dieser Hochebene fällt in das Jahr 1973, und seitdem habe ich auf Reisen nach Israel, Jordanien und Syrien die gesamte Gegend dort mehrfach besucht. 1967 eroberte Israel die Golanhöhen im Sechstagekrieg von Syrien und verabschiedete 1981 ein Gesetz, das offensichtlich besagt, dieses Gebiet stehe unter permanenter israelischer Jurisdiktion. Das stellt für Damaskus ein extremes Ärgernis dar und hat syrische Führer veranlasst, an vorderster Front gegen eine Annäherung an Israel in irgendeiner anderen Frage zu agieren. Als neu gewählter Präsident war eines meiner ersten Ziele, den syrischen Präsidenten Hafiz al-Assad zu überreden, diese negative Politik aufzugeben und gemeinsam mit mir einen umfassenden Friedensplan zu erarbeiten. Über ihn und seine Familie war wenig bekannt, aber der ehemalige Außenminister Henry Kissinger und andere, die Assad kannten, hatten ihn mir als sehr intelligent, redegewandt und äußerst freimütig in Gesprächen, selbst über die heikelsten Fragen, geschildert. Ich lud den syrischen Präsidenten zu einem Besuch nach Washington ein, aber er ließ mich wissen, er habe kein Interesse, je in die Vereinigten Staaten zu kommen. Trotz dieser harten, aber höflichen Absage bemühte ich mich, so viel wie möglich über ihn und sein Land in Erfahrung zu bringen, bevor es zu einem Treffen kam.

Ihr Misserfolg, 1949 den neuen Staat Israel zu vernichten, hatte einen Sturm der Selbstkritik in und unter den arabischen Staaten zur Folge; im Verlauf führte die Suche nach einem neuen Ansatz 1958 zu einem Zusammenschluss Syriens mit Ägypten zu der Vereinten Arabischen Republik. Nach dreieinhalb Jahren zeigte sich, dass Ägyptens Gamal Abdel Nasser die Führungsrolle dieser neuen Nation innehatte, was den syrischen Führern missfiel; deshalb lösten sie die Vereinigung. Als Verteidigungsminister gab Hafiz al-Assad gemeinsam mit anderen militärischen Führern die Schuld an der demütigenden Niederlage im Krieg von 1967 der politischen Führung. In der Folge verweigerte Assad 1970 die Anweisung seines Präsidenten, die militanten Palästinenser zu unterstützen, die in Jordanien gegen König Hussein kämpften. Als er dafür verurteilt wurde, ergriff er die Macht in einem unblutigen Staatsstreich.

Assad stand im Ruf, jedwede Missachtung seiner Macht gnadenlos zu verfolgen; er verteidigte seine Region gegen Einmischung von außen aufs äußerste und war intensiv bestrebt, Syriens Rolle als treibende Kraft im Nahen Osten auszubauen. Er war eher gewillt, ernste politische und militärische Auseinandersetzungen zu riskieren, als von diesem Prinzip abzurücken.

Unser erstes Treffen fand im Mai 1977 in der Schweiz statt, und ich erlebte Assad, wie man ihn mir beschrieben hatte – bei weitem der eloquenteste Politiker in der heiklen Frage arabischer Vorstellungen über Israel und über die Aussichten auf Frieden. Anfangs schien er etwas arrogant, zeigte aber Interesse an meinen Bemühungen, Friedensverhandlungen einzuleiten. Er bestand darauf, Friedensgespräche müssten mit den UN-Resolutionen 242 und 338 (s. Anhang 1 und 2) in Einklang sein und müssten die Russen einbeziehen. Aufs schärfste lehnte er bilaterale Gespräche zwischen Israel und arabischen Staaten ab, ebenso den Ausschluss der Sowjetunion. Syrien war von sowjetischer Hilfe in hohem Maße abhängig, aber Assad war keineswegs eine gefügige Marionette. Ich hegte die Hoffnung, er könne seine Unabhängigkeit unter Beweis stellen, wenn er mit mir zusammenarbeiten würde, um einige der existierenden Hindernisse aus dem Weg zu räumen. Meine eigenen Pläne für Friedensgespräche basierten seinerzeit auf denselben UN-Resolutionen, auf die er Wert legte.

Um die immer noch gängigen Haltungen in der arabischen Welt besser zu verstehen, selbst die eher gemäßigten in Ägypten, Jordanien und im Libanon eingeschlossen, ist es von Nutzen, Assads leidenschaftlich vorgetragene Ansichten zusammenzufassen, da sie in der westlichen Welt selten Gehör finden. Rosalynn und ich, ebenso die offiziellen Dolmetscher, fertigten sorgfältige Mitschriften der Gespräche an.

Assad betonte mir gegenüber, klare Voraussetzung für Israels Aufnahme in die Vereinten Nationen 1949 sei es gewesen, die palästinensischen Flüchtlinge entweder in ihre angestammte Heimat zurückkehren zu lassen oder sie für den Verlust ihres Eigentums voll und ganz zu entschädigen. In der Zeit vor 1967 habe Israel beständig weitere arabische Bewohner in Verletzung der UN-Vereinbarungen, die einzuhalten Israel sich verpflichtet hatte, aus dem kleinen ihnen verbliebenen Gebiet vertrieben; er behauptete darüber hinaus, Israel habe den Krieg von 1967 in die Wege geleitet, um sogar noch mehr arabisches Land zu erobern.

Er zitierte maßgebliche israelische Führungspersönlichkeiten, die verkündet hatten, dies sei nur ein Zwischenschritt in Richtung des angestrebten „Groß-Israel", und jeder von Israel begonnene Krieg, so seine Meinung, habe ihre expansionistischen Bestrebungen deutlich gezeigt. Assad war der Überzeugung, Israelis wollten keinen Frieden und würden Verhandlungen immer wieder platzen lassen, während sie sich geographisch ausdehnten. Er betonte, dass aus Prinzip kein arabischer Führer je eine Ausdehnung der israelischen Grenzen als legal anerkennen werde, ungeachtet dessen, wie sehr er sich nach Frieden sehne.

Ich versuchte, Assad davon zu überzeugen, dass die Israelis zu Frieden bereit seien, wenn die arabischen Führer auch die Bereitschaft zu direkten und glaubhaften Gesprächen zeigten. Ich beschrieb ihm das enorme Sicherheitsbedürfnis für ihren kleinen Staat und ihren Wunsch und ihr Bedürfnis, als dauerhaftes Mitglied in die Gemeinschaft der Region aufgenommen zu werden. Assad wies darauf hin, das Westjordanland mache nur 22 % des britischen Mandatsgebietes aus, in etwa ein Viertel dessen, was die Israelis erhalten hatten, und er verurteilte ihre Expansion über die syrischen Golanhöhen.

„Es ist schon seltsam, wenn man auf sicheren Grenzen auf dem Territorium eines anderen Volkes besteht. Warum sollte ihre sichere Grenze durch den Hinterhof von Damaskus verlaufen, von dort bis nach Tel Aviv ist es ziemlich weit?"

Wie um den Gedanken fortzuspinnen, fuhr er fort: „Die ganze Zeit sprechen wir über Religion. Wenn man uns Jerusalem rauben würde, würden wir Muslime unsere Seele verlieren. Es ist undenkbar, dass wir lautstark die Wiederherstellung der Grenzen von 1967 verlangen und Jerusalem ausklammern."

„Wäre es denn einfacher, wenn wir auch andere Dinge ausklammern?", fragte ich.

Er und unsere um den Konferenztisch versammelten Berater brachen in Gelächter aus. „Wenn die Israelis darauf bestehen, Ostjerusalem zu behalten, beweist das, dass sie keinen Frieden wollen; denn wir hängen genauso an Jerusalem wie sie", erwiderte er.

Ich entgegnete, andere Christen fühlten sich ebenso eng mit Jerusalem verbunden wie ich und hegten die Hoffnung, dass alle Gläubigen die Heiligen Stätten ungehindert besuchen und dort ungestört beten und Gott verehren könnten. Bevor wir unser Treffen vertagten, versprach Assad, er werde sich in einer kurzen Verlautbarung positiv zu den Friedensbemühungen äußern; dann fügte er hinzu, vor ein, zwei Jahren hätte es in Syrien den politischen Selbstmord bedeutet, über Frieden mit Israel zu sprechen.

Ich fragte ihn, warum Syrien den Libanon nie als separaten unabhängigen Staat anerkannt habe, sondern ihn offensichtlich als Teil Syriens betrachte. Assad wollte seinem westlichen Nachbarn nichts unterstellen, aber er bestand darauf, er und sein Volk würden die Unabhängigkeit des Libanon unmissverständlich anerkennen. Er gab an, ein freier und unabhängiger Libanon sei ihm lieber, und er gelobte, seine Truppen abzuziehen, „wenn die Arabische Liga und die libanesische Regierung uns darum bitten", aber offensichtlich schien er zu erwarten, es werde nie zu einer solchen Bitte kommen.

Assad beklagte, die Israelis gewährten allen Juden der Welt, ob bedürftig oder nicht, sich auf arabischem Land, das sie gewaltsam beherrschten, niederzulassen, während sie sich weigerten, heimatlose, Not leidende Araber, die aus ihrer Heimat vertrieben worden waren, in ihre Häuser und zu ihrem Grund und Boden zurückkehren zu lassen, von dem sie immer noch Besitzurkunden hätten. Er argumentierte, Israel habe zwar 1948 sein Recht auf einen eigenen Staat beansprucht, weil es ja nur die Wiederherstellung eines in Vorzeiten zerstörten Staates sei, es weigere sich aber, einen palästinensischen Staat in dieser Region anzuerkennen, in eben dieser Region, die seit Tausenden von Jahren von Palästinensern, inzwischen christlichen oder muslimischen Glaubens, bewohnt worden sei. Außerdem erkenne kein anderer Staat der Welt, die Vereinigten Staaten eingeschlossen, Israels derzeitige Ansprüche auf Land an, das es seit 1949 konfisziert habe.

Der syrische Präsident erklärte auch, die Israelis behaupteten, alle Juden der Welt bildeten ein Volk, ungeachtet der offensichtlichen Unterschiede in Identitätsbewusstsein, Sprache, Sitten und Staatsangehörigkeit, während sie den Palästinensern das Bewusstsein absprächen, einem kohärenten Volk anzugehören, obwohl sie doch ein Nationalbewusstsein, eine Sprache, eine Kultur und eine Geschichte eint. Viele Araber halten diese Unterscheidung für eine Form von Rassismus, wobei Israelis die palästinensischen Araber als minderwertig erachten, denen man grundlegende Menschenrechte verwehren könne; oft würden sie als Terroristen gebrandmarkt, nur weil sie gegen Israels Expansionsgelüste Widerstand leisteten. Er äußerte sich verächtlich über Israels Anspruch, eine echte Demokratie zu sein, und gab an, politische und soziale Gleichberechtigung gelte nur für Juden.

Was Friedensbestrebungen angehe, argumentierte Assad, Sicherheitsbedürfnisse dienten den Israelis als Vorwand, sich weiter auszudehnen, noch mehr Territorium zu besetzen und permanente militärische Außenposten zu errichten, die dann in zivile Siedlungen umgewandelt würden. Offenbar mit Blick auf die Golanhöhen fuhr er fort, dann würden Umstände geschaffen, die es erforderten, die neuen Siedlungen durch weitere Expansion zu schützen, sowie durch Verstärkung der militärischen Präsenz und durch die Vertreibung der arabischen Bewohner.

Arabisches Leben, so seine Behauptung, habe in den Augen der Israelis und ihrer amerikanischen Unterstützer einen verhältnismäßig geringen Wert, alle Palästinenser würden als Terroristen verdächtigt in dem Versuch, diese rassistische Haltung zu rechtfertigen. Eine derartige gemeinsame politische Einstellung sei die Erklärung für das israelisch-amerikanische Bestreben, den Nahen Osten auf Kosten der einheimischen Bevölkerung zu beherrschen, die doch nur ihre Freiheit wolle und das Recht, friedlich in ihren Häusern zu leben. Assad erklärte, die Weigerung der Vereinigten Staaten und Israels, mit den Palästinensern selbst direkte Friedensgespräche zu führen, blockiere Verhandlungen an sich, es sei denn, es gelinge ihnen, jeweils eine arabische Gruppierung nach der anderen auszusondern und sie mit Drohung oder wirtschaftlichen Strafmaßnahmen zu einer Zusammenarbeit nur mit Israel und den Vereinigten Staaten zu bewegen.

Assad führte an, Syrien habe seinen Friedenswillen wie folgt unter Beweis gestellt; weder Israel noch die Vereinigten Staaten hätten Ähnliches vorzuweisen:

- Es erkenne alle UN-Resolutionen hinsichtlich des arabisch-israelischen Konflikts an und halte sie ein.

- Es unterstütze die von der überwältigenden Mehrheit der Weltgemeinschaft getroffene Entscheidung, das palästinensische Volk habe wie alle anderen Völker der Welt ein Recht auf Selbstbestimmung.

- Es halte sich an das Völkerrecht, das Besatzung und Annexion von Land im Besitz anderer verbietet.

- Es habe seine Grenzen festgelegt und respektiere die international anerkannten Grenzen der anderen.

- Es biete an, die syrischen Truppen aus dem Libanon abzuziehen, wenn die libanesische Regierung darum ersuche.

Obwohl Assad in keinerlei Hinsicht die Bereitschaft zeigte, eines seiner Langzeitziele aufzugeben, verließ ich unser Treffen in der Überzeugung, er sei unabhängig und flexibel genug, seine politischen Strategien an die veränderten Zeiten und ihre Gegebenheiten anzupassen. Sogar in seiner Bitterkeit gegenüber Israel schien er die konträren Vorstellungen mit einem gewissen trockenen Humor betrachten zu können. Der Glaube, die Geschichte werde sich wiederholen und den Arabern wie seinerzeit während der Kreuzzüge letztendlich den Sieg bescheren, ermöglichte ihm offenbar geduldige Zuversicht.

Auf den folgenden Reisen nach Syrien debattierte ich viele Stunden mit Assad und lauschte seinen Analysen der Ereignisse im Nahen Osten. Sadats Ankündigung seiner Reise nach Jerusalem hatte ihn anfangs in Wut versetzt, und er hat ihm seinen „Verrat" an der arabischen Sache nie verziehen. Er glaubte, Sadat habe sich von den Israelis zu einer einseitigen

Tat verführen lassen, um ägyptisches Territorium zurückzu-
gewinnen, auf Kosten der anderen Araber. Die Syrer taten
alles Erdenkliche, um direkte Gespräche zwischen Israel und
Ägypten oder einem seiner anderen Nachbarn zu verhindern,
und dann setzten sie sich an die Spitze derer, die Ägypten
isolieren und boykottieren wollten. Sogar dem toten Sadat
wurde nicht vergeben. Die Straßen von Damaskus hallten wi-
der vom Jubelgetriller, als seine Ermordung bekannt wurde.

Assad machte Sadat und seinen Friedensvertrag mit Israel
für die späteren israelischen Angriffe auf den Libanon verantwortlich. Er behauptete, die Israelis wären nie das Risiko
ausgedehnter Vergeltungsschläge gegen die PLO eingegangen,
wenn Ägypten sich mit den anderen Arabern verbündet hätte. Wir führten hitzige Debatten. Ich erinnerte Assad daran,
dass Ägypten sein Gebiet wiedererlangt habe und seine Bevölkerung in Frieden leben könne. Ich zitierte Abschnitte aus
den Camp-David-Vereinbarungen als Beweis dafür, dass das
Rahmenwerk den Abzug Israels aus den besetzten Gebieten
verlange sowie palästinensische Selbstbestimmung und eine
friedliche Lösung der bestehenden Streitigkeiten zwischen
Israel und seinen arabischen Nachbarn.

Am Ende einer langen Begegnung blieb Assad in seinem
Büro vor einem riesigen Gemälde stehen, das die Schlacht
von Hittin im Jahre 1187 darstellte. In dieser historischen
Schlacht besiegte der muslimische Führer Saladin die christ-
lichen Eindringlinge, und das Königreich von Jerusalem der
Kreuzritter fiel. Die Araber hatten über den Westen gesiegt.

Wenn Assad von den Kreuzrittern sprach und den anderen Kämpfen um das Heilige Land, schien er wie ein moderner Saladin zu sprechen – als ob er die Pflicht habe, ausländische Mächte aus der Region zu vertreiben und gleichzeitig Damaskus als zentralen Brennpunkt der arabischen Einheit der Neuzeit zu bewahren.

Als ich Hafiz al-Assad beim Begräbnis König Husseins das letzte Mal traf, hatte er ambivalente Erfolge hinter sich. Die israelischen Truppen waren fast vollständig aus dem Libanon abgezogen, aber fünf Jahre zuvor hatten Jordanien und Israel einen Friedensvertrag abgeschlossen. Er war sehr gebrechlich – er sollte nur noch ein Jahr leben – zu kurz, um zu erleben, wie sein Sohn, Präsident Bashar al-Assad, 2005 alle syrischen Truppen aus dem Libanon abzog.

Anfang 2005 reiste ich erneut in den Nahen Osten und plante einen Besuch bei dem jungen syrischen Präsidenten in Damaskus ein. Wie gewohnt informierte ich das Weiße Haus gebührend im Voraus über meine Reiseroute und erhielt sofort einen Anruf vom Nationalen Sicherheitsberater, der mir mitteilte, für diesen Teil der Reise werde ich keine Genehmigung erhalten. Aufgrund von Streitigkeiten mit Syrien über die amerikanische Irak-Politik habe man sich entschlossen, den amerikanischen Botschafter abzuziehen und Präsident Assad zu isolieren durch ein Reiseverbot für prominente Amerikaner. Ich versuchte zu erklären, dass ich Bashar seit seinem Studium kenne und dass ich gerne meinen Einfluss geltend machen würde, irgendwelche existierenden Probleme zu lösen, wie ich es schon mit seinem Vater gehalten hatte. In einer ziemlich erregten Debatte äußerte ich auch meine Ansicht, die Weigerung, mit politischen Führern zu sprechen, die anderer Meinung sind, sei kontraproduktiv. Widerstrebend beugte ich mich der Direktive. Später erfuhr ich, Präsident Assad, der an einer Vollversammlung der Vereinten Nationen in New York teilnehmen wollte, sei das Visum verweigert worden.

Trotz dieses Versuchs, Bashar al-Assad zu demütigen und zu schwächen, hat er sechs Jahre lang in einer der heikelsten politischen Positionen der Region überlebt. Höchstwahrscheinlich hat er sich genötigt gefühlt, sich mit anti-amerikanischen Kräften im Irak, im Iran und im Libanon enger zu verbünden. Wenn es zu einem international gestützten Versuch kommt, den schwelenden Konflikt zwischen Israel und dem Libanon friedlich zu lösen, kommt Syrien vielleicht wieder eine sehr wichtige Rolle zu.

JORDANIEN

Als Rosalynn und ich im Frühling 1973 zum ersten Mal den Jordan sahen, schauten wir durch Stacheldrahtrollen vom Westjordanland aus auf die grünen Felder jenseits des Flusses. Als Gäste der israelischen Premierministerin Golda Meir wurden wir zum Übergang der Allenby-Brücke geleitet, wo wir einen langen unaufhörlich fließenden Strom von Menschen die Grenze zwischen den beiden Ländern überschreiten sahen, in beide Richtungen. Grenzkontrollen erfolgten nur stichprobenartig, und die geschäftige Szenerie hatte einen fast karnevalesken Charakter.

1983, nach meiner Präsidentschaft, kamen wir wieder zur Allenby-Brücke. Überall wimmelte es von Israelis in Uniform, und nur ein spärliches Rinnsal von Menschen passierte die Grenze. Die Schlangen der Wartenden erstreckten sich über Hunderte von Metern, eine ungeordnete Reihe von Fahrzeugen und Kampierenden vermittelte den Eindruck, als ob manche Menschen und ihre Waren schon seit Tagen hier warteten. Es herrschte eine Stimmung von wechselseitiger Spannung und Feindseligkeit.

Dieses Mal reisten wir von Israel nach Amman, nach Wochen heftigster Wortwechsel meiner Reisebegleiter mit den amerikanischen Diplomaten in beiden Ländern. Schließlich durfte ich als erster Reisender die Grenze überqueren, obwohl ich nur einen Pass vorzeigte; wenn nämlich der Ausweis erst einmal einen Stempel von einer Seite enthielt, sei es von Israel oder von einem arabischen Land, wurde er normalerweise von der Gegenseite nicht anerkannt. Als wir auf der Brückenmitte ankamen, gab es keine Grußworte zwischen den Grenzbeamten der beiden Länder, ihre Mienen waren wie versteinert.

Rosalynn und ich wurden zum königlichen Wohnsitz chauffiert, der auf einem Hügel über der Altstadt liegt. Vom

Gästehaus blickten wir über eine schroffe Schlucht auf die geschäftigen Straßen eines Viertels, in dem in den letzten Jahren neuer Wohnraum hauptsächlich für palästinensische Flüchtlinge gebaut worden war. In unserer Begleitergruppe konnten sich noch manche daran erinnern, dass der Großvater König Husseins, König Abdallah Ibn Hussein, seine Treffsicherheit im Distanzschießen mit Vorliebe in Richtung der damals unbewohnten Hügel geübt hatte.

Abdallah, ein direkter Nachfahre des Propheten Mohammed, hatte sich im Kampf gegen die Türken im Ersten Weltkrieg bewährt, wofür ihn die Briten belohnen wollten. Zuerst war er als König des Irak vorgesehen, aber dann entschieden die Briten, diese Ehre seinem Bruder Feisal zukommen zu lassen. Man brauchte einen weiteren Thron, also schuf man aus entlegenen Wüstengebieten des Mandatsgebietes Palästina ein Emirat, und Abdallah bekam seine Krone, auch wenn wenig Macht damit verbunden war. Erst 1946 erlangte Transjordanien die Unabhängigkeit, wobei der britische Botschafter dennoch Kontrolle über die Außenpolitik und einen Großteil finanzieller und militärischer Angelegenheiten erhielt.

Nach dem arabisch-israelischen Krieg von 1948 beanspruchte König Abdallah das Gebiet westlich des Jordan, das nicht zu Israel gehörte, für sein Königreich, einschließlich der Altstadt in Ostjerusalem mit seinen heiligen Stätten. Die Palästinenser akzeptierten diese Entscheidung, und so wurde es im Waffenstillstandsabkommen von 1949 zwischen Abdallah und den Israelis bestätigt. Aus Transjordanien wurde das Königreich Jordanien, das sich anstrengen musste, die beinahe 400 000 Flüchtlinge aufzunehmen, die in dem Gebiet, das inzwischen der neue Staat Israel war, Heim und Gut verloren hatten. Nur 6 % des jordanischen Gebietes lag im Westjordanland, hingegen machte dessen Bevölkerung etwa zwei Drittel der Gesamtbevölkerung aus, und ein Großteil seiner natürlichen und finanziellen Ressourcen war jetzt palästinensisch.

Etwa ein Drittel der Palästinenser in Jordanien lebten in Lagern, die anderen kamen dort unter, wo sie Unterschlupf fanden – in Kirchen, Moscheen, Zelten, Höhlen, Hütten und öffentlichen Gebäuden. Manche weigerten sich, eine dauerhafte Unterkunft zu akzeptieren, mit der Begründung, ihr eigentliches Zuhause liege in Palästina. Viele der Vertriebenen fanden keine Arbeit und waren auf Lebensmittelrationen der Hilfsorganisationen der Vereinten Nationen angewiesen. Allerdings war das Leben im Westjordanland ziemlich einträglich gewesen, deshalb war der Durchschnittspalästinenser besser genährt, verfügte über eine bessere Bildung und war politisch aktiver als seine Nachbarn in Ostjordanien. Als im April 1950 die Vereinigung vom Westjordanland mit Jordanien offiziell vom jordanischen Parlament vollzogen wurde, konnten alle Palästinenser die Staatsbürgerschaft erhalten. Viele nahmen am politischen Leben Jordaniens teil, behielten aber dennoch ihre Identität als Palästinenser.

Obwohl die Araber sich aufs äußerste einer Anerkennung des Staates Israel widersetzten, stand König Abdallah im Ruf, sich heimlich mit den Israelis zu treffen. Im Juli 1951 wurde er von einem palästinensischen Fanatiker auf dem Tempelberg erschossen, im Beisein seines Enkels Hussein Ibn Talal; und kaum zwei Jahre später – nach Vollendung seines 18. Lebensjahres – wurde der junge Mann König. Zu der Zeit war den Palästinensern die Hälfte der Sitze im Parlament und der gleiche Anteil an Spitzenpositionen in der Regierung zugesprochen worden. Der junge König drängte unaufhörlich auf die völlige Unabhängigkeit Jordaniens, und 1956 befahl er den britischen Beamten und Militärs, Jordanien zu verlassen. Das sollte die populärste Entscheidung seiner Regentschaft sein.

König Husseins größte politische Niederlage war der Sechstagekrieg 1967, als israelische Truppen Ostjerusalem und das ganze Westjordanland besetzten. Jordanien verlor fast die Hälfte seiner Bevölkerung, die Haupteinnahmequelle Tourismus durch den Verlust der heiligen Stätten Jerusalem und Bethlehem und große Flächen fruchtbaren Agrarlandes. Gleichzeitig strömten weitere 250 000 Flüchtlinge aus dem Westjordanland nach Jordanien und ließen sich östlich des Flusses nieder.

Hussein bemühte sich zwar, sie unter Kontrolle zu halten, aber Ende der sechziger Jahre benutzten die immer mächtiger werdenden Palästinenser einige der Flüchtlingslager als Kommandobasen für ihre fast unaufhörlichen Überfälle auf Israel. Viele dieser Kämpfer begrüßten die israelischen Vergeltungsschläge gegen Jordanien, weil sie u.a. das Ziel verfolgten, Hussein zu schwächen und die Monarchie durch eine Republik nach dem Vorbild der ägyptischen Republik Nassers zu ersetzen. Im September 1970 hatte sich in Jordanien ein ausgewachsener Bürgerkrieg zwischen den Guerillaverbänden und Husseins regulären Truppen entwickelt; zu eben dieser Zeit weigerte sich der damalige syrische Verteidigungsminister Assad, die jordanischen Truppen anzugreifen, und ermöglichte Hussein so den Sieg. Die Syrer zogen ab, viele Palästinenser flohen in den Libanon, die Ordnung war wieder hergestellt. Für seine Ehrlichkeit und seine Wohltätigkeit bewundert, gelang es Hussein, massive finanzielle Unterstützung durch die internationale Gemeinschaft zu erhalten, wovon ein Großteil den Palästinensern zugute kam.

Als wir ihn im dreißigsten Jahr seiner Regentschaft besuchten – er hatte den Thron 1953 bestiegen – war Hussein der dienstälteste Herrscher weltweit. Seine Kollegen unter den führenden Häuptern der Welt respektierten seine Ansichten, denn sie waren immer gemäßigt und entsprangen sorgfältiger Überlegung. Hussein verfügte über weit mehr persönliche Stärke und Einfluss, als sein schwaches Königreich zu zeigen erlaubte. Nach dem Friedensvertrag zwischen Ägypten und Israel hatte er Sadat verurteilt, aber ich hoffte, er würde die diplomatischen Beziehungen zu Ägypten wieder aufnehmen und sich mit den Palästinensern aussöhnen.

König Hussein gab zu verstehen, er erachte die dauernde Unruhe, Instabilität und Spannung in der Region als Bedrohung für sein Königreich, insbesondere wenn den Palästinensern ein Leben in Frieden und Würde verwehrt bleibe. Er befürchtete, die Bemühungen der Israelis, die besetzten Gebiete für sich zu beanspruchen, könnten weitere Flüchtlingsströme nach Jordanien zur Folge haben. Dass die Palästinenser ihre legitimen Rechte nicht zum Ausdruck bringen konnten, war seiner Ansicht nach die Ursache für alle politischen Kalamitäten dieser Region.

Wie Assad war der König stolz darauf, alle wichtigen internationalen Vorschläge zur Beendigung dieses regionalen Konfliktes unterstützt zu haben. Er und fast alle anderen arabischen Führer vergleichen immer wieder das Los der Palästinenser mit dem der Juden nach dem Zweiten Weltkrieg – ohne nationale oder persönliche Rechte, aus ihrer Heimat vertrieben, nach mehr als einer Generation immer noch unter der Unterdrückung einer militärischen Besatzung leidend. Sorgfältig ausgewählte Informationen und Bilder sollen Besuchern und Gästen zeigen, dass die jordanischen Behauptungen zutreffen: Israels Langzeitpolitik sei es, seine militärische Beherrschung des Westjordanlandes und des Gaza-Streifens zu verstärken, mit den Palästinensern um das wertvollste Territorium zu konkurrieren und ihnen das Leben so unerträglich wie möglich zu machen, um die arabische Bevölkerung aus ihrem eigenen Land zu vertreiben. Hussein wies uns explizit darauf hin, Jahr für Jahr sähen sich etwa 12 000 Palästinenser gezwungen oder würden gezwungen, ihre angestammte Heimat zu verlassen und ostwärts zu ziehen, entweder nach Jordanien oder um sich den zahlreichen umherziehenden Flüchtlingen in anderen Ländern anzuschließen.

Die Jordanier erkennen zwar an, der Vertrag zwischen
Ägypten und Israel habe dem Friedensprozess neuen Schwung
verliehen, aber ihrer Ansicht nach würden die Vorteile durch
die Neutralisierung Ägyptens und durch Israels zunehmend
beherrschende Rolle in den besetzten Gebieten wieder auf-
gehoben. Bei einem späteren Besuch teilten mir die Jordanier
mit, Ronald Reagan habe ihnen während seiner Präsidentschaft direkt und unmissverständlich zugesichert, eine Vorbedingung für den Beginn umfassender Friedensgespräche
sei das Einfrieren des israelischen Siedlungsbaus. Sie fügten
hinzu, die Israelis lehnten jedoch jede politische Entscheidung
zur Beendigung des Siedlungsbaus ab.

Der König und sein Bruder, Kronprinz Hassan, konnten
die aktuellen israelischen Statistiken zitieren, wie viel palästinensisches Land durch die israelische Militärbehörde konfisziert worden war. Nach ihrer Meinung werde dadurch der
nicht-jüdischen Bevölkerung systematisch ein gesellschaftli-
cher Wandel aufgezwungen, die Palästinenser seien gezwungen, Landwirtschaft in der Großfamilie und freien Handel
aufzugeben und schlecht bezahlte Arbeiten aller Art bei den
Israelis anzunehmen, wodurch sie immer abhängiger würden.
Sie zeigten mir Statistiken als Beweis dafür, dass die Wasservorkommen aus dem oberen Jordantal abgezweigt werden
für den nahezu exklusiven israelischen Bedarf, während es
Arabern sogar verboten sei, neue Brunnen zu bohren oder
alte tiefer zu legen, die aufgrund neu angelegter Brunnen der
Siedler in der Nachbarschaft versiegt seien. Sie verurteilten

die israelische Politik, keine ausländischen Hilfslieferungen über Amman nach dem Westjordanland oder Gaza zu gestatten für Projekte der Erziehung, des Wohnungsbaus und der Landwirtschaft.

Die meisten dieser Beschwerden hatten wir bereits von den Bewohnern des Westjordanlandes und Gazas gehört, aber jetzt zeigte man uns Farbfotos, Graphen, Statistiken und offizielle Dokumente. Es war klar, dass die königliche Familie diese Präsentationen auch anderen Gästen und dem Publikum bei internationalen Foren zeigte. Nach der Überzeugung der jordanischen Führung werde Israels Vorgehen, beträchtliche Teile der besetzten Gebiete „zu kolonisieren und schließlich zu annektieren", nicht nur den Charakter Israels von Grund auf ändern, sondern auch den Friedensvertrag mit Ägypten und die freundschaftlichen Beziehungen zu allen Nachbarn gefährden. Das werde alle aussichtsreichen Versuche beenden, die arabisch-israelischen Zwistigkeiten auf friedlichem Weg zu lösen, und schließlich zu einem äußerst verlustreichen heiligen Krieg führen, bei dem sich islamische Armeen aufgrund ihrer religiösen Überzeugungen verpflichtet sähen, die Rechte ihrer arabischen Brüder zu erkämpfen, die westlich des Jordans leben oder das Recht haben, dort zu leben.

Selbst ohne einen derartigen gewaltsamen Konflikt haben viele Jordanier das Gefühl, wenn die Lösung des Palästina-Problems scheitert, kann das zur Vernichtung ihres eigenen Staates führen. Wütend und besorgt müssen sie sich anhören, wie einige Extremisten unter den israelischen Sprechern behaupten: „Jordanien ist Palästina." Diese Bedrohung ist in den Augen der jordanischen Führung durchaus real und akut.

Nach dem Tod König Husseins im Jahre 1999 folgte ihm sein Sohn Abdallah II auf den Thron; er scheint die traditionelle Haltung seines Vaters fortzuführen, einen vorsichtigen Idealismus. Trotz seines beschränkten Einflusses findet er Anerkennung für seine persönliche Integrität und sein Engagement für einen Frieden im Nahen Osten.

ÄGYPTEN

Unsere Familie ist immer sehr gern nach Ägypten gekommen, um mit dem Boot auf dem Nil zu kreuzen, übers Land zu fahren, Altertümer zu besichtigen und politische Führungspersönlichkeiten zu treffen. Der Empfang ist immer noch sehr herzlich, aber nach Sadat ist es nicht mehr dasselbe für uns. Von den beinahe ein hundert Staatsmännern, mit denen ich als Präsident zu tun hatte, war er mir der liebste, er war mein bester Freund. Auch unsere beiden Frauen und zwei weitere Generationen unserer Familien waren eng befreundet. Nach Sadats Tod statteten wir seinem Heimatdorf eigens einen Besuch ab, als Erwiderung seines Besuchs bei uns in Plains.

Als wir uns in den frühen achtziger Jahren eines Morgens dem Eingang von Tutenchamuns Grab näherten, erblickte mich eine Gruppe israelischer Touristen und stimmte das Lied

„Hayveynu Shalom Aleichem" an – Friede sei mit Euch. Wir blieben stehen und hörten zu, und ich merkte, wie mir die Tränen kamen; ich war nicht der einzige. Ich ging zu ihnen hinüber, um mit ihnen zu sprechen, und sie bedankten sich bei mir: „Die Gelegenheit, unsere neuen Freunde in Ägypten besuchen zu können, verdanken wir Ihnen." Ich erfuhr, dass jedes Jahr 50 000 Palästinenser aus den besetzten Gebieten ungehindert nach Ägypten reisen, außerdem 33 000 Israelis nach Kairo und Alexandria kommen. Das war eine Zeit der politischen Schönwetterlage, und die israelischen Touristen und die Ägypter, die wir zu Hause und auf den Märkten trafen, freuten sich und waren dankbar für die zu erwartende Epoche des Friedens und der Freundschaft.

Auf einer Rundreise durch Ägypten in einem Privatflugzeug erhielt ich die Sondergenehmigung, von den üblichen Routen abzuweichen, und so landeten wir beim Berg Sinai, wo nach der Bibel Moses die Zehn Gebote empfangen hatte. Wir kletterten zum St. Katharinenkloster hinauf, das sich seit mehr als 1450 Jahren an die Nordflanke des zerklüfteten Berges schmiegt – das älteste ununterbrochen bewohnte christliche Kloster der Erde. Für Sadat war dieser „Berg Gottes" ein Symbol des Friedens, und er hätte dort gern einen Schrein für alle monotheistischen Religionen errichten lassen. Sein Traum wurde nie verwirklicht.

In meinen zahlreichen Gesprächen mit Sadat äußerte ich mich oft besorgt über die wachsende Isolation Ägyptens von den anderen arabischen Staaten, aber für meine Sorgen hatte er nur Spott übrig. Er war überzeugt, seine kühne Initiative sei der Ausdruck der Friedenshoffnungen seines Volkes, und er war sich ebenso sicher, dass die meisten anderen arabischen Nachbarn Israels denselben Wunsch hätten, zumindest die Bevölkerung. Er kritisierte die Führer dieser Staaten öffentlich mit klaren Worten für ihre feige Kurzsichtigkeit, als sie seinem Beispiel nicht folgen wollten.

Mit seiner Ansicht, die Bestrafung Ägyptens werde keinen Erfolg haben, sollte Sadat Recht behalten. Auf Dauer konnten die anderen Araber Ägypten nicht ausschließen oder ignorieren, Ägypten mit seiner schlagkräftigen Armee, seiner zentralen Lage, seinem alten Kulturerbe, seiner heterogenen Bevölkerung von 47 Millionen, seinen zahlreichen „Gastarbeitern" im Ausland und der Bereitschaft seiner Führung, kühne neue Pläne zu erproben. Ein Professor der Universität Tel Aviv sagte mir, die Haltung der Araber während des versuchten Boykotts erinnere ihn an eine alte Schlagzeile der Londoner *Times* „Nebel über dem Kanal – Europa isoliert!"

Es kam wiederholt zu Aufrufen, Sadat zu ermorden, aber der ägyptische Präsident ließ sich davon nicht beeindrucken, sondern verfolgte stetig und unbeirrbar sein großes Ziel – Frieden. Er erhielt den Friedensnobelpreis, und die amerikanische Zeitschrift *Time* wählte ihn sogar zum Mann des Jahres; aber dann wurde er am 6. Oktober 1981 ermordet. Präsident Husni Mubarak gab sich zwar große Mühe, die Friedensvereinbarungen seines Vorgängers zu respektieren, aber sein Interesse galt mehr der Innen- und Wirtschaftspolitik seines Landes und dem Bestreben, gemeinsam mit seinem Team, Ägypten wieder zu einer arabischen Führungsmacht zu machen.

Wenn man sie hartnäckig auffordert, ihrem Nachbarn Israel doch weiter freundlich zu begegnen, geben viele Ägypter zur Antwort: „Welchem Israel?" Mit wachsender Sorge verweisen sie auf die besetzten Gebiete, die füllten sich mehr und mehr mit „kleinen neuen Gettos bewaffneter Israelis, die die Araber um sie herum als Feinde betrachten". Für sie stellen die wachsenden Siedlungen ein großes hinderliches Übel dar, das den Hass nährt, den Sadat mit seinem Friedensvorhaben glaubte, beenden zu können. Für Präsident Mubarak und andere ägyptische Führungspersönlichkeiten ist der zentrale Friedensvertrag zwischen Ägypten und Israel nur ein Teil von vielen in den umfassenden Camp-David-Vereinbarungen; Ägypten versprach, das Gesamtpaket zu respektieren, solange Israel, wie zu erwarten gewesen wäre, auch die Teile der Vereinbarungen erfüllen würde, die die Rechte der Palästinenser betreffen sowie den Abzug des Militärs und der israelischen Verwaltung aus dem Westjordanland und alle weiteren besonderen Punkte der Vereinbarungen.

Ein endgültiger Beschluss der politischen Führung in Israel, die besetzten Gebiete zu behalten und den ägyptisch-israelischen Friedensvertrag von 1979 zu annullieren, wäre ein tödlicher Schlag für einen dauerhaften Frieden in der Region. Damit wäre das Nahostproblem wieder am Nullpunkt angelangt – mit einem isolierten Israel, umgeben von verbündeten, unversöhnlichen arabischen Feinden, die sich rüsten und geduldig auf ihre Chance warten, zum tödlichen Schlag auszuholen.

LIBANON

Bis zum jüngsten Gewaltausbruch zwischen dem Libanon und Israel hatte die Lage im Libanon nur einen geringen Stellenwert im Dauerkonflikt zwischen Israelis und Palästinensern, aber es ist hilfreich, einen Blick in die Vergangenheit zu werfen, um die Ursachen des Konfliktes zu verstehen und die Aussichten auf Frieden abzuschätzen.

Religiöse und politische Spaltung und deren Überbrückung ist schon seit langem ein ernstes Problem im Libanon, denn bei seiner Schaffung am Ende des Ersten Weltkriegs, als er unter französischer Kontrolle stand, bildeten die Christen die Mehrheit, aber seitdem wächst der muslimische Einfluss. Aufgrund der gebirgigen Topographie konnten die verschiedenen Religionsgemeinschaften relativ isoliert voneinander existieren und ihre Identität und Autonomie über Jahrhunderte bewahren, sogar während der osmanischen Herrschaft. Die in der französischen Mandatszeit entwickelte Verfassung sah für die Wahl des Präsidenten eine Zweidrittel-Mehrheit der Nationalversammlung vor, und es gab ein ungeschriebenes Gesetz: Der Präsident war maronitischer Christ, der Premierminister Sunnit und der Sprecher des Parlaments

Schiit. Andere Regierungsämter wurden zwischen Drusen, Griechisch-Orthodoxen und Griechisch-Katholiken aufgeteilt. Trotz schrecklicher Kriege, politischer Umstürze und des Zuwachses der muslimischen Bevölkerungsgruppe, die schon jetzt die Mehrheit bildet, hat sich an diesen politischen Arrangements nach „Konfessionen" nichts verändert.

Loyalität gegenüber Familie und Religionsgemeinschaft ist stärker als die Verpflichtung zu nationaler Einheit, und Erinnerungen an Ungerechtigkeiten und vorangegangene Konflikte werden von den Betroffenen über lange Zeit hinweg genährt und haben immer wieder zu gewalttätigen Vergeltungs- und Racheakten geführt. Politische und religiöse Fraktionen haben unabhängige Milizen aufgestellt, die sich immer wieder Unterstützung von ausländischen Mächten holten, die sich dann in ihrem Namen einmischten. Die muslimischen Türken haben die Drusen begünstigt, die Franzosen kamen den maronitischen Christen zu Hilfe, die Russen haben die Russisch-Orthodoxen unterstützt, die Syrer haben sich verschiedentlich mit diversen Seiten verbündet, und die Israelis und Maroniten haben eine enge militärische Allianz.

Mitglieder der militanten Hisbollah sind sowohl mit dem Iran als auch mit Syrien eng verbunden. Es gibt wenige Völker in der Neuzeit, die so viel unter der Einmischung so unterschiedlicher ausländischer Mächte gelitten haben wie die Libanesen.

Es war mir eigentlich nicht möglich, die verschiedenen, wechselnden Bündnisse im Libanon immer im Gedächtnis zu

behalten, während meiner Amtszeit wies ich die CIA schließlich an, in die wöchentlichen Informationsberichte eine zu-
sammenfassende Übersicht über die politischen und religiösen
Organisationen, ihre momentanen Führer, ihre Größe und
Schlagkraft, ihre Miliz sowie gegebenenfalls ausländische
Verbindungen und die jüngsten Veränderungen ihres Status
aufzunehmen. Nur so war es mir möglich, die Nachrichten
aus diesem unruhigen Land besser zu verstehen.

Die libanesischen Führer nehmen seit langem für sich in
Anspruch, eine neutrale Außenpolitik – zwischen Ost und
West, zwischen Israel und Syrien – zu verfolgen. Damit hatten sie nicht immer Erfolg, aber zumindest haben die libanesischen Regierungen in ihrer Gesamtheit nie eine Bedrohung
für ihre Nachbarn dargestellt.

1975 brach ein Bürgerkrieg aus, in dem Christen gegen
Palästinenser und andere Muslime kämpften in der Ausein-
andersetzung um wirtschaftliche und politische Vorteile. Der
syrische Präsident Assad schickte Truppen in das umkriegte
Land, um die Ordnung wieder herzustellen. Das wurde von
den Regierungsmitgliedern im Libanon, die alle wichtigen
Gruppierungen repräsentierten, begrüßt und gebilligt, ebenso
von Israel, den Vereinigten Staaten und später auch von der
Arabischen Liga. Obwohl die zwei Staaten offiziell unabhängig sind, werden sie von syrischen führenden Politikern gern
als „ein Land und ein Volk" angesehen. Als ich bei meinen
Besuchen in Damaskus syrische Landkarten studierte, fand
ich keine internationale Grenze eingezeichnet, und sogar die

beiden Regierungen befolgten nicht die üblichen protokollarischen bilateralen Gepflogenheiten der Diplomatie. Assad wehrte sich gegen jede Andeutung, seine Truppen seien „Eindringlinge", nicht einmal „ausländische Truppen". Er bestand darauf, er und seine Streitkräfte betrachteten ihre Anwesenheit im Libanon als vorübergehend.

Unter ihrem Anführer Arafat stellte die PLO eine starke Kraft im Libanon dar und verübte weiterhin grenzüberschreitende Anschläge gegen Israel. Im Juni 1982 marschierte die israelische Armee mit einem massiven Aufgebot an Streitkräften in den Libanon ein und stieß bis nach Beirut vor, das eingeschlossen wurde mit dem Ziel, die PLO aus dem Libanon zu vertreiben. Erklärter Anlass für die Invasion war die Ermordung des israelischen Botschafters in London durch die PLO, obwohl sich kurz darauf eine andere Gruppe zu dem Anschlag bekannte. Auch als einfacher Bürger war ich zutiefst beunruhigt über diese Invasion. Ich wandte mich an führende israelische Politiker, die an den Camp-David-Vereinbarungen beteiligt gewesen waren, und äußerte besorgt, dieser Angriff sei ein Verstoß gegen diese Vereinbarungen. Die bestürzende Antwort aus verlässlicher Quelle lautete: „Wir hatten grünes Licht aus Washington." Der Nationale Sicherheitsbeauftragte von Präsident Reagan stritt jede offizielle Billigung der Invasion ab, aber ein stummer inoffizieller Segen hatte wohl ausgereicht.[*]

---

[*] Die Ereignisse von 2006 zeigen, dass sich die Geschichte zu wiederholen scheint.

Die Bombardierung libanesischer Städte durch Israel forderte große Opfer unter der Zivilbevölkerung, was zu massivster Kritik führte, auch in Israel. Bashir Gemayel, ein christlicher Maronit und mit Israel verbündet, war der gewählte Präsident des Libanon, und auf Druck aus Washington zogen sich die Israelis in den Südlibanon zurück, während amerikanische und europäische Truppen nach Beirut kamen, um den erzwungenen Abzug Arafats und einiger Tausend seiner PLO-Truppen zu überwachen. Kurze Zeit darauf verließen die friedenssichernden Truppen Beirut wieder, die Krise schien beigelegt. Aber dann wurde Präsident Gemayel ermordet, und die israelischen Streitkräfte kehrten nach Beirut und in die Vorstädte zurück. Wenige Tage später wurden in den Flüchtlingslagern Sabra und Shatila, die von den Verbündeten Israels kontrolliert wurden, mehr als 1 000 Nicht-Kombattanten, Palästinenser und libanesische Muslime, massakriert. Der israelische Verteidigungsminister Ariel Scharon wurde dafür verantwortlich gemacht. Amerikanische, britische, französische und italienische Truppen kehrten nach Beirut zurück.

Die israelischen Truppen um Beirut wurden fast pausenlos von Libanesen angegriffen, die von Syrien unterstützt wurden; es gab hohe Verluste. Im September 1983 zogen sich die Israelis wieder in den Südlibanon zurück, denn ein Kriegsziel war erreicht: Die PLO-Truppen waren aus dem Süden und aus Beirut vertrieben, wodurch Israels Nordgrenze sicherer wurde. Amerikanische *Marines,* die in der Gegend des Beiruter Flughafens stationiert waren, kamen zunehmend unter Beschuss der libanesischen Milizen in den benachbarten Bergen; die amerikanischen Streitkräfte schlugen zurück: Kriegsschiffe feuerten mit ihren Geschützen und die auf Flugzeugträgern vor der Küste stationierten Kampfflugzeuge bombardierten aus der Luft.

In eben diese Zeit fiel eine meiner Libanonreisen, ich wollte Präsident Amin Gemayel, den Nachfolger seines Bruders Bashir, treffen. Wir saßen im Empfangssaal im Obergeschoss des Präsidentenpalastes, der kurz zuvor bombardiert worden war, und ich konnte in der Entfernung Explosionen hören, deren Erschütterungen ich mitunter sogar fühlen konnte. Mein Gastgeber war die Ruhe selbst, und auch ich gab vor, ruhig zu sein. Als ich mich nach dem Ort der Gefechte erkundigte, traten wir auf den Balkon und erkannten, dass sie sich in der Gegend des Flughafens konzentrierten, einige Kilometer weit weg. Gemayels größte Hoffnung war irgendeine Form von Waffenstillstand, der international überwacht werden sollte. Ich erkundigte mich nach Assads Behauptung, er werde auf Wunsch die syrischen Truppen abziehen, worauf Amin ruhig antwortete: „So verstehe ich das auch." Nach kurzem Zögern fügte er hinzu, eine derartige Veränderung brauche seine Zeit und müsse gut vorbereitet sein.

Die militärische Gruppierung *Hisbollah* (Partei Gottes) gründete sich 1982 im Libanon, um Widerstand gegen die israelische Besatzung zu leisten. Sie besteht in der Mehrheit aus schiitischen Muslimen, und die Organisation wird sowohl von Syrien als auch vom Iran unterstützt. Der Anführer ist Hassan Nasrallah, ein Anhänger des iranischen Ayatollah Khomeini, der die Revolution gegen den Schah anführte. Sie besteht aus einem Kern von etwa 700 Milizionären, kann aber im Ernstfall auf bis zu 20 000 Kämpfer zurückgreifen. Ihr ziviler Flügel genießt im Libanon großes Ansehen, vor allem wegen seiner humanitären Arbeit. Ihre politischen Kandidaten haben 14 der 128 Parlamentssitze inne; die schiitische Schwesterpartei *Amal* 15 Sitze. Bei den Wahlen von 2005 konnten diese zwei Parteien im Südlibanon 80 % der Stimmen gewinnen.

Im April 1983, einen Monat nach meinem Besuch in Beirut, wurden bei einem Bombenattentat auf die amerikanische Botschaft 63 Menschen getötet, und kurz danach starben bei einer Explosion in der Kaserne der amerikanischen *Marines* 241 Soldaten. Diese Attentate, dazu die Abschüsse von amerikanischen Jets, die von den Flugzeugträgern aus operierten, durch Milizen in den Bergen bei Beirut, entfachten in Amerika massive Kritik an unserer Politik der Präsenz im Libanon, und das hatte einen raschen Abzug der amerikanischen Truppen zur Folge. Damit erwies sich Assad offenbar als „König der Berge". Er verkündete, die Araber hätten gerade ihren wichtigsten Sieg über die Vereinigten Staaten errungen. Alle libanesischen Gruppierungen müssten sich jetzt Syrien zuwenden.

Mit amerikanischer Billigung unterhielt Israel eine beachtliche militärische Präsenz im Südlibanon, aber sein Bemühen, die militärische Kraft der Hisbollah zu vernichten, blieb ohne Erfolg. Im April 1996 griff Israel einen bekannten Außenposten der Vereinten Nationen in Qana an, in dem sich 800 Schutz suchende Libanesen aufhielten. Über 100 Zivilisten wurden getötet, und der internationale Aufschrei über libanesische Opfer sowie die Abnutzungserscheinungen der eigenen Truppen waren die treibende Kraft hinter Israels Beschluss im Mai 2000, sich nach beinahe achtzehnjähriger Besatzung fast vollständig aus dem Libanon zurückzuziehen, nur die Shebaa-Farmen blieben besetzt.

Die Libanesen sind zwar nicht stark genug, sich selbst zu verteidigen, aber die Nation hat ihre Widerstandskraft bewiesen. Ihr Traum ist es, zu einer Schweiz des Nahen Ostens zu werden, die sich weder in Konflikte hineinziehen lässt noch anderen Kombattanten einen Exerzierplatz bietet und mit allen anderen Nationen die Vorteile guter Beziehungen genießt. Die libanesische Regierung wirft Israel vor allem vor, dass es zahlreiche libanesische Gefangene nicht freilässt und dass es im Dreiländereck Libanon, Syrien und Israel weiterhin ein Territorium namens Shebaa-Farmen besetzt, das Libanon für sich beansprucht. Israel besteht darauf, es sei syrisches Gebiet, wodurch sich die Besatzung rechtfertigen ließe.

Dieses Problem ist äußerst wichtig, und man muss die Hintergründe kennen, um es zu verstehen. Nach 1924 galten die Shebaa-Farmen als libanesisches Territorium, aber Syrien eroberte das Gebiet in den fünfziger Jahren und kontrollierte es, bis Israel es 1967 zusammen mit den Golanhöhen besetzte. Die Bewohner waren Libanesen und Grund und Boden gehören zum Libanon; der Libanon hat die syrische Herrschaft über das Gebiet nie anerkannt. Zwar hat Syrien in der Vergangenheit Anspruch darauf erhoben, aber inzwischen lautet die offizielle Haltung, es sei Teil des Libanon. Diese Haltung unterstützt die Behauptung der Araber, Israel besetze immer noch libanesisches Territorium.

Durch den Abzug aller anderen ausländischen Truppen wuchs der internationale Druck auf Syrien, gleichfalls abzuziehen. 2004 verabschiedete der Sicherheitsrat der Vereinten Nationen Resolution 1559, die dies zum Ziel hatte und darüber hinaus die Entwaffnung der Hisbollah und anderer militanter Gruppierungen. Dadurch kam es zu verstärktem Druck auf Syrien, was wiederum möglicherweise zur Ermordung des damaligen Premierministers Rafik Hariri führte, einem Sunniten; bei dem Anschlag auf ihn im Februar 2005 starben 20 Menschen. Syrien bestritt zwar die Verantwortung für das Verbrechen, aber Hariri war für seine vehemente Kritik an der syrischen Einflussnahme auf die libanesische Regierung bekannt. Es kam zu Massendemonstrationen, und die Syrer zogen auch die restlichen Truppen ab. Saad Hariri, Sohn des ermordeten Premierministers, wurde zum Regierungschef gewählt. Zur Erleichterung vieler stand der Libanon nicht mehr im Rampenlicht, das Hauptaugenmerk der Welt konnte sich auf andere Schauplätze des Nahen Ostens richten. Diese Träume sollten im Juli 2006 ein plötzliches Ende erfahren, wie in Kapitel 16 beschrieben.

SAUDI-ARABIEN

Obwohl es kein direkter Nachbarstaat Israels ist, kommt Saudi-Arabien in jedem dauerhaften Friedensabkommen für die Region eine wichtige Rolle zu. Es ist ein wohlhabender Staat mit reichen Ölreserven, Hüter der Heiligen Stätten des Islam, es unterhält diplomatische Beziehungen mit fast allen Staaten und spielt eine maßgebliche Rolle in der Arabischen Liga; sein stabilisierender Einfluss war schon immer ausschlaggebend. Als Präsident habe ich von führenden saudischen Politikern immer intensive Unterstützung für meine Friedensinitiativen erfahren, wenn auch privater Natur, denn die offiziellen Verlautbarungen klangen oft anders.

Für viele Westler bleibt Saudi-Arabien ein fremdartiges Land, das Erinnerungen an „1001 Nacht" wach werden lässt. Es ist geographisch isoliert, wird von Hunderten von Prinzen regiert, die im Reichtum schwimmen, und seit der Zeit von König Abdul Aziz und Präsident Franklin Roosevelt genießt es enge politische Beziehungen zu den Vereinigten Staaten.

Die großen Städte fanden wir äußerst interessant, aber als Rosalynn und ich 1983 König Fahd Ibn Abd el Aziz einen Besuch abstatteten, gewannen wir Einblicke, die unsere Ansichten maßgeblich beeinflussten. Er hielt gerade wie üblich Audienz für seine Untertanen in einer entlegenen Wüstenregion, etwa 200 km nördlich von Riad. In einer eigens errichteten Zeltstadt versammelten sich die Clanchefs, um ihren König zu sehen und ihm die Angelegenheiten ihres Stammes vorzutragen und ihn um Güter und Dienste für deren Mitglieder zu bitten. Während ich bei der Männergesellschaft blieb, wurde Rosalynn rasch zu den saudischen Frauen komplimentiert, die in einem separaten Lager außer Sichtweite hinter Dünen untergebracht waren. Meine Bekanntschaft mit Fahd reichte Jahre zurück, als Präsident hatte ich mich mit ihm sowohl in Washington als auch in Saudi-Arabien beraten. Damals war er der äußerst einflussreiche Kronprinz, dem sein Halbbruder König Khaled viele ausländische Verpflichtungen übertragen hatte.

Die Monarchen sicherten erfolgreich die Stabilität im Königreich, und ihre Strategie, interne Differenzen durch enge Konsultationen beizulegen bzw. klein zu halten, bestärkte ihre Führungsrolle ungemein. Außerdem sorgten sie bedachtsam für die Verteilung eines Teils des Nationaleinkommens aus der Ölförderung und zogen Vorteil aus ihrer besonderen Aufgabe als Hüter der heiligen Stätten des Islam. Als Gegengewicht zu ihrer Absolutherrschaft demonstrierten sie eine eindrucksvolle Nähe zu ihren Untertanen. Bei meiner ersten Reise nach Saudi-Arabien verriet mir König Khaled, jeden Tag seien seine Türen für Dutzende von Männern geöffnet, die ihn sehen und sprechen wollen, und jede Woche gebe es Empfänge für die Frauen der Familien, bei denen sie ihm persönlich ihre Probleme und Anliegen vortragen können. Er unternahm ausgedehnte Fahrten durch sein Wüstenreich, im Gefolge eine Karawane von Zugmaschinen mit einem kompletten fahrbaren Krankenhaus, und empfing persönlich alle,

die medizinische Behandlung benötigten. Auf meine Nach-
frage, ob diese administrativen Aufgaben nicht übermäßig
zeitraubend seien, antwortete er, das Königreich könne nicht
überleben, wenn seine Führung sich der Verpflichtung entzie-
he, dem Volk diese persönlichen Dienste zu erweisen.

Für die Saudis steht der Wunsch nach Stabilität in der Region an allererster Stelle. Ihre Hauptverpflichtung sehen sie
darin, das Gefühl der brüderlichen Gemeinschaft unter den
Arabern zu erhalten, insbesondere gegenüber den Palästinensern, die in ihren Augen schwer zu leiden haben. Der Konflikt
zwischen Israel und den Palästinensern ist für sie eines der
gravierendsten Hindernisse für dauerhaften Frieden in der
Region. Zweifellos teilen die saudischen Führer den Groll der
Araber auf Israel, das sich Land aneignet und beherrscht, das
zuvor von ihren muslimischen Brüdern bewohnt und regiert
wurde, aber die saudischen Könige haben der Lösung des
Dauerkonfliktes durch friedliche Verhandlungen ihre Unterstützung zugesagt, wenn dadurch nicht die Grundrechte der
Palästinenser gefährdet werden. Nach Meinung der Saudis
steht der im März 2002 von der Arabischen Liga gebilligte
Vorschlag (s. Anhang 6) des damaligen Kronprinzen und jetzigen Königs Abdullah in vollem Einklang mit der *Road Map
for Peace** des internationalen Quartetts: Israel wird in den
Grenzen von 1967 anerkannt.

---

* Das Quartett besteht aus den Vereinigten Staaten, Russland, den Vereinten Nationen und der EU und hat einen Plan zur Lösung des Konfliktes zwischen Israel und den Palästinensern veröffentlicht.

Viele unter uns erkennen leider nicht, dass die vorsichtige Herangehensweise der Saudis an strittige Angelegenheiten durchaus berechtigt ist: Sie mögen noch so wohlhabend und angesehen sein, aber ihre Bevölkerung ist relativ klein, ihre militärische Macht beschränkt und sie sind von potenziell gefährlichen Nachbarn umgeben. Ihre Führungskraft basiert auf der Fähigkeit, Kompromisse auszuhandeln und Konsens zwischen unabhängigen, unbeständigen Führern einer gespaltenen arabischen Welt zu erzielen. An dieser Stelle möchte ich noch anfügen, dass die Saudis und viele andere den Einfluss der Vereinigten Staaten bei weitem überschätzen, weshalb sie nie richtig verstehen, dass wir unseren Freunden im Nahen Osten nicht einfach „die gewünschten oder erwarteten" Dienste erweisen können, wenn dem unser Eigeninteresse im Wege steht.

Die saudische Führung kann eine maßgebliche und positive Rolle im Nahen Osten spielen, wann immer ihr Einfluss den Ausschlag in Richtung Frieden und Stabilität in der Region ermöglicht und die Alternative dazu Krieg und andauernde politische Unruhe wären. Zumindest die amerikanische politische Führung hat bisher gern über die gravierenden Menschenrechtsverletzungen in Saudi-Arabien hinweggesehen, die wir bei anderen Staaten verurteilen würden.

Kapitel 6

DIE REAGAN-JAHRE
1981 – 1989

Während meiner Amtszeit im Weißen Haus war ich intensiv mit dem Nahen Osten befasst, aber auch danach beobachtete ich in den folgenden Jahren genau die Entwicklung dort und unternahm mehrere Reisen, um mich mit politischen Führungspersönlichkeiten, Akademikern und einfachen Bürgern zu unterhalten und zu beraten. Diese Tätigkeit war Teil des Programms der Carter-Stiftung (*Carter Center*), einer von meiner Frau Rosalynn und mir gegründeten Organisation, um Probleme und Fragen anzugehen, die wir für unser Land, aber auch für andere Länder für äußerst wichtig erachten. Mittlerweile betreibt unsere Stiftung Projekte in 65 Ländern, darunter 35 in Afrika, die sich mit Fragen der Gesundheit,

Landwirtschaft, der Förderung von Demokratie und der Sicherung von Frieden beschäftigen.

Ich entdeckte, dass sich die Lage im Heiligen Land dramatisch veränderte. Wenige Monate nach meinem Abschied vom Weißen Haus verübten die Israelis einen Luftangriff auf einen irakischen Atomreaktor und zerstörten ihn, erklärten die Golanhöhen für „annektiert" und trieben im ganzen Westjordanland und Gaza ihr Siedlungsprojekt voran. Diese Aktionen wurden in der ganzen arabischen Welt verurteilt, und die israelische Bevölkerung war geteilter Meinung, ob diese militante Politik sinnvoll sei.

1982 drangen die Israelis in den Libanon ein, und innerhalb eines Jahres wurden die PLO und ihre Führung gezwungen, das Land zu verlassen. Im folgenden Jahrzehnt wurden die Mitglieder dieser Organisation in viele arabische Länder verstreut, aber sie waren weiterhin bemüht, weltweit diplomatische Beziehungen zu knüpfen. Und sie konnten sich wieder als das politische Symbol für die Selbstbestimmung der Palästinenser behaupten.

Die Vereinigten Staaten unternahmen wenig hinsichtlich eines umfassenden Friedensabkommens, aber Präsident Reagan, der seine Nahostpolitik klar und deutlich formulieren wollte, rief mich an und bat mich, seinen Mitarbeitern bei dieser Erklärung behilflich zu sein. Seine Ansprache sollte seine volle Unterstützung der Umsetzung der Camp-David-Vereinbarungen einschließen, und nur zu gern steuerte ich folgenden Teil der Rede bei:

Unsere Einstellung basiert unvermindert fest auf dem Prinzip, der Konflikt zwischen Israelis und Palästinensern solle durch Verhandlungen gelöst werden, bei denen Land gegen Frieden getauscht wird. Dieser Tausch ist in der Resolution 242 des UN-Sicherheitsrates enthalten, die wiederum mit allen Unterpunkten Bestandteil der Vereinbarungen von Camp David wurde. Die UN-Resolution 242 stellt in ihrer Gesamtheit den unverrückbaren Grundstein der amerikanischen Friedensbemühungen für den Nahen Osten dar.

Die Vereinigten Staaten sind der Auffassung, dass der in Resolution 242 geforderte Rückzug – im Tausch gegen Frieden – für alle Grenzen gilt, das Westjordanland und Gaza eingeschlossen.

Präsident Reagan wusste, dass die Stabilität im Nahen Osten nur möglich war, wenn Israel mit seinen Nachbarn einen dauerhaften Frieden schließen konnte, und das wäre wiederum nicht möglich, wenn die besetzten Gebiete weiterhin besetzt und kolonisiert würden.

Unser Team im *Carter Center* verfolgte weiter die miteinander verbundenen Ereignisse im Nahen Osten, immer mit dem Ziel, den stockenden Friedensprozess am Leben zu erhalten. Zwei Ereignisse schwächten energische und dauerhafte Bemühungen der Vereinigten Staaten um einen Frieden im Nahen Osten. 1986 musste die Führung im Weißen Haus zu ihrer Bestürzung erfahren, dass israelische Unterhändler den

Vereinigten Staaten dabei geholfen hatten, Waffen in den Iran zu schmuggeln, im Austausch gegen amerikanische Geiseln, die im Libanon festgehalten wurden, wobei die Erlöse des Waffenhandels nach Nicaragua zur Unterstützung der Contra-Revolution flossen. Und Ende 1987 führte der verstärkte Siedlungsbau unter der Likud-Regierung immer öfter zu Zusammenstößen zwischen Juden und Arabern und die immer härteren Maßnahmen gegenüber Protestierenden führten zum Ausbruch eines organisierten Aufstandes der Zivilbevölkerung. Er wurde unter dem Namen *Intifada* bekannt. Dieser Aufstand war unabhängig, ausdauernd und ungestüm und wurde in erster Linie von palästinensischen Jugendlichen getragen. Sowohl für die Israelis wie für die PLO kam er völlig überraschend.

Meine erste Israelreise nach meinem Abschied aus dem Weißen Haus zeigt, wie sehr sich die Gegebenheiten und Meinungen geändert hatten im Vergleich zu meinem Besuch als Gouverneur zehn Jahre zuvor und dem während meiner Präsidentschaft in den späten siebziger Jahren. Bei unserer Ankunft in Israel im Frühjahr 1983 statteten Rosalynn und ich der Holocaust Gedenkstätte *Yad Vashem* unseren dritten Besuch ab. Dort wurde uns für die Verhandlungen in Camp David gedankt, die zum Frieden mit Ägypten geführt hatten. Wenige Minuten später fuhr ich zum Amtssitz von Premierminister Begin im Parlamentsgebäude.

Ich war darauf gefasst, dass meine persönlichen Beziehungen zu israelischen Politikern, insbesondere zu Premierminister Begin, jetzt, wo ich als Privatmann kam, irgendwie anders sein würden. Obwohl sein Land und meines in vielen Vorstellungen und politischen Zielen übereinstimmten, waren er und ich am Verhandlungstisch häufig aneinander geraten. Es war kein Geheimnis, dass Begin und ich sehr unterschiedliche Auffassungen hinsichtlich der Interpretation der Camp-David-Vereinbarungen und Israels jüngster Invasion in den Libanon hatten, die wir öffentlich auch deutlich äußerten. Leider führte diese Kontroverse auch zu einigen persönlichen Unstimmigkeiten.

Jetzt saßen wir uns wieder gegenüber und, wie es schon immer meiner Gewohnheit entspricht, äußerte ich ganz offen meine Meinung zu einigen eher strittigen Punkten. Als erstes gratulierte ich Begin zu der Art und Weise, wie er die schwierigen Punkte des Friedensvertrags hinsichtlich des Truppenabzugs und der Räumung der Siedlungen im ägyptischen Sinai erfüllt hatte. Dann, er saß mir gegenüber, ohne mich anzuschauen, erklärte ich erneut, warum wir der Ansicht waren, er habe die während der Friedensverhandlungen eingegangene Verpflichtung nicht erfüllt, die israelischen Truppen aus dem Westjordanland abzuziehen und keine neuen Siedlungen zu bauen. Ich äußerte auch meine Enttäuschung darüber, dass er den Palästinensern in den besetzten Gebieten überhaupt keinerlei nennenswerten Grad von Unabhängigkeit gewährt oder Verantwortung übertragen hatte. Und ich drängte ihn, den Ägyptern und Jordaniern gegenüber klar und eindeutig zu erklären, dass Israel die Grundelemente der UN-Resolution 242 respektieren werde; das seien Verpflichtungen, die er und ich unseren Völkern gegenüber eingegangen seien.

Ich machte eine Pause und erwartete, dass der Premierminister mir gleich wie gewohnt mit klaren Worten die israelische Politik darlegen werde. Aber er antwortete nur kurz, zu meiner Überraschung ganz beiläufig, und machte mir deutlich, unsere Unterhaltung sei beendet. Ich wusste nicht, ob ich ihn mehr als üblich verärgert hatte, ob er seine Argumente für Gespräche mit amerikanischen Politikern, die gerade zu Besuch waren, aufheben wollte oder ob er zu beschäftigt war. Höchstwahrscheinlich war es eine Kombination aller drei Gründe.

Der Raum, in dem wir saßen, war klein und spärlich möbliert und lag in einer der unteren Etagen. Das Gespräch war kühl, distanziert und nicht sehr produktiv. Als ich ging, bemerkte ich, der Raum nebenan war groß, gut beleuchtet, attraktiv – und er war leer. Ironischerweise stand an der Tür die Zimmernummer 242.

Rosalynn und ich verbrachten einige Tage in Israel und den besetzten Gebieten und trafen uns mit Führungspersönlichkeiten und Privatleuten. Das Land war nicht mehr das, wie wir es zehn Jahre zuvor erlebt hatten. Das Gefühl der Einmütigkeit unter den jüdischen Bürgern und die entspannte Zuversicht von 1973 waren verschwunden. Trotz des militärischen Triumphs im Libanon fragten sich viele Israelis besorgt, ob die Flamme des Sieges nicht zu Asche geworden sei. Die militärische Überlegenheit, die für die Verteidigung des

Landes lebenswichtig war, konnte doch nicht bedeuten, dass Israel seine Nachbarn unterwarf. Die Erfolge waren sowohl finanziell wie menschlich sehr teuer erkauft, und nach jedem Krieg und einem kurzen Zwischenspiel des Friedens waren beide Seiten wieder in den Abgrund einer neuen Runde der Gewalt gestürzt.

Jetzt waren überall Männer und Frauen in Uniform zu sehen, und die Spannung zwischen verschiedenen Bevölkerungsgruppen war offensichtlich. Der Strom von Besuchern aus Jordanien von einst war zu einem Rinnsal verkommen, und Besucher aus Ägypten gab es so gut wie kaum, trotz des Friedensvertrages, der für offene Grenzen und freien Handel gesorgt hatte. Sogar die optimistischen Amtsträger hatten offensichtlich wenig Hoffnung, dass es je ein dauerhaftes Abkommen geben werde, das Frieden und Stabilität bringen würde. Mit einiger Berechtigung wuchs bei den Israelis sogar die Skepsis gegenüber der Haltung aller ausländischen Regierungen. Zwischen den politischen Vorstellungen der Vereinigten Staaten und Israels waren merkliche Differenzen entstanden, das zeigte sich deutlich, als Israel Friedensvorschläge von Außenminister George Shultz entschieden zurückwies; und der jüngsten Rede von Präsident Reagan, in der er die unveränderte Nahost-Politik unseres Landes bekräftigte, die von einem Rückzug der israelischen Truppen aus den besetzten Gebieten ausging, erging es nicht besser.

Außenminister Yitzhak Schamir äußerte beispielsweise bei einer öffentlichen Rede im Namen der Likud-Koalition, er glaube nicht, dass Israel etwas mit dem Kern des Nahost-Konflikts zu tun habe, und es sei eher unwahrscheinlich, dass sich die Lösung des arabisch-israelischen Konflikts nennenswert auf die Stabilität in der Region auswirke. Er redete die Bedeutung der Palästina-Frage klein und betrachtete die Juden als die natürlichen Herrscher in Israel, im Westjordanland und in Gaza, die das Recht und die Verpflichtung haben, dieses Gebiet zu besiedeln. Das eigentliche Heimatland für die palästinensischen Araber finde man in Jordanien, und die Grenzen Israels aus der Zeit vor 1967 seien ohne jede Bedeutung. Ariel Scharon ging sogar noch weiter, indem er den Sturz König Husseins zu Gunsten eines palästinensischen Regimes in Jordanien forderte, sogar wenn an dessen Spitze Yassir Arafat stehen sollte. Dann sagte er noch, das östliche Jordantal „ist unser, wenn auch noch nicht in unserer Hand, genauso wie einst Ostjerusalem vor dem Sechstagekrieg".

Offiziell ließen sie zwar weiterhin verlauten, alle Friedensgespräche sollten im Rahmen der Vereinbarungen von Camp David stattfinden, aber die meisten Mitglieder von Begins Regierungspartei Likud haben die Zugeständnisse, die er in den intensiven Verhandlungen mit Präsident Sadat und mir gemacht hatte, nie anerkannt. Sowohl Israel als auch Ägypten hatten die Punkte des Friedensvertrags hinsichtlich des Sinai respektiert und umgesetzt, aber die originäre Substanz der Vereinbarungen bezüglich der besetzten Gebiete aufgegeben oder maßgeblich verändert. Der ehemalige israelische Außenminister Abba Eban meinte: „Leider wird deutlich, dass die Politik der israelischen Regierungen sehr weit von Camp David entfernt ist; wenn ein Likud-Sprecher die Vereinbarungen zitiert, kommt er mir vor wie Casanova, der das Siebte Gebot zitiert."

Mein wichtigster Kontaktmann in Israel war Ezer Weizman, und wir telefonierten oft und gern miteinander und besuchten uns gegenseitig. Als wir sie in ihrem wunderschönen Haus in der alten Römerstadt Caesarea Maritima mit Blick über die Bucht besuchten, luden Ezer und seine Frau Reuma ein paar Nachbarn ein, unter anderem um uns zu zeigen, wie weit manche der gebildeten und ziemlich wohlhabenden Israelis sich bewusst von allem distanzierten, was mit den Palästinensern im Westjordanland zu tun hat. Er war aus dem Likud ausgeschlossen worden, weil er immer wieder die Verstöße seiner Partei gegen die Friedensvereinbarungen verurteilte, bei deren Ausarbeitung er beteiligt gewesen war. Er überlegte, eine neue Partei zu gründen, die von ihm, Moshe Dayan und anderen geführt werden sollte, die ebenfalls mit uns in Camp David mitgearbeitet hatten. Er nahm kein Blatt vor den Mund und war in politischer Hinsicht völlig unabhängig, deswegen erregte er starke Ablehnung, aber auch Bewunderung. 1993 wurde er zum Präsidenten gewählt. Bis zu seinem Tod blieb er mein engster Freund im Heiligen Land und eine unschätzbare Quelle für Informationen und Ratschläge.

In den verschiedenen Kriegen zwischen Israel und seinen Nachbarn waren schätzungsweise 100 000 Menschen gestorben, zudem wurden unzählige christliche und muslimische

Araber entweder vertrieben oder kamen unter militärische Besatzung und Verwaltung, als immer mehr ihres Landes dauerhaft besetzt wurde. Diese gewaltsame Vertreibung verstärkte die Ängste, den Hass und die Entfremdung auf beiden Seiten und ließ eine Aussöhnung immer schwieriger werden. Keiner der Kriege hat eine der zwei grundlegenden Ursachen des Dauerkonfliktes beseitigt, die da waren – Land und palästinensische Rechte.

Während meines Besuchs in Jerusalem bekam ich auch höchstpersönlich einen Geschmack davon, wie sehr sich das Verhältnis zwischen Juden und Palästinensern seit meinen früheren Reisen gewandelt hatte. Wie gewohnt stand ich früh auf und begann meine Joggingrunde um die Altstadt, in Ostjerusalem und Umgebung – eine faszinierende Route mit antiken Stätten und steilen Hängen. Ich wurde von einem Agenten des amerikanischen Geheimdienstes und zwei jungen israelischen Soldaten begleitet, die darauf bestanden, an der Spitze zu laufen. Von unserem Hotel aus ging es zum Jaffa-Tor, dann bogen wir nach Norden ab entlang der alten Stadtmauer. Als wir Richtung Osten die Jerichostraße entlangtrabten, erblickte ich ein Grüppchen älterer Männer, die am Straßenrand saßen und Zeitung lasen. Der Gehweg war so gut wie leer und breit genug, dass wir ohne weiteres vorbeilaufen konnten. Aber einer der Soldaten wandte sich nach rechts und schlug den verdutzten Männern ihre Zeitung ins Gesicht. Einige Zeitungsseiten fielen flatternd zu Boden. Ich hielt an und entschuldigte mich bei den alten Männern, aber sie konnten mich nicht verstehen. Dann erklärte ich den Soldaten, sie könnten mich ruhig alleine laufen lassen, jedenfalls dürften sie niemanden mehr so aggressiv behandeln. Widerwillig gaben sie ihr Einverständnis, bestanden aber darauf, man könne ja nie wissen, was sich hinter einer Zeitung verberge. Das machte unsere unterschiedliche Perspektive aufs schärfste deutlich.

Die Dispute über die Innenpolitik zwischen Israelis waren hitziger und bissiger, als ich es früher erlebt hatte, und ich konnte nicht sagen, welche Art von Regierung sich die Menschen eigentlich wünschten. Sogar diejenigen, die liebend gern die militärische Besatzung beenden, den Palästinensern das Recht auf einen eigenen Staat gewähren, die Bedingungen der UN-Resolution 242 und der Camp-David-Vereinbarungen erfüllen und Verhandlungen ohne offensichtlich unannehmbare Vorbedingungen beginnen wollten, hatten große Schwierigkeiten, irgendwelche glaubwürdigen Zeichen der Ermutigung seitens der politischen Führer im Lager der Araber und Palästinenser zu entdecken. Manche führenden Politiker in Israel und den arabischen Ländern äußerten sich beunruhigt darüber, dass die amerikanische Nahostpolitik in den letzten Jahren aus einer Serie unlogischer Hakenschläge bestanden habe, außerdem fehle es an Entschiedenheit, bereits geschlossene Abkommen um- und durchzusetzen.

Es wurde immer klarer, dass es zwei Israels gab. Das eine betraf die alte Kultur und die moralischen Werte des jüdischen Volkes, niedergelegt in den Heiligen Schriften, mit denen ich von Kindesbeinen an vertraut war, und das die junge Nation repräsentierte, wie die meisten Amerikaner sie sich vorstellten. Das andere existierte in den besetzten palästinensischen Gebieten und verfolgte eine Politik, die von der Weigerung bestimmt war, die grundlegenden Menschenrechte der dort lebenden Bevölkerung zu respektieren. Sogar die größten Optimisten waren überzeugt, dass auf beiden Seiten die Militanten unvermeidlich aktiver werden würden – mit der Ausweitung der Siedlungen konkurrierten die Juden mit den Arabern um dieselben Hügel, Weiden, Felder und Wasservorkommen.

Kapitel 7

MEINE BESUCHE BEI PALÄSTINENSERN

Bei meinen ziemlich regelmäßigen Reisen in den Nahen Osten während der ersten zehn Jahre nach meinem Abschied aus dem Weißen Haus wollte ich insbesondere mehr über das palästinensische Volk erfahren – wie die Palästinenser lebten, was sie beschäftigte, wie sie auf das Leben unter einer langjährigen politischen und militärischen Besatzung reagierten und wie wohl ihre Vorschläge für ein friedliches Verhältnis zu Israel aussähen. Ich traf eine repräsentative Auswahl unterschiedlicher Stimmen. In Kairo, Amman, Riad, Beirut, Damaskus, Rabat und in amerikanischen Akademikerkreisen hörte ich mir an, wie sie den Nahostkonflikt sahen, wie sie und die Flüchtlinge, für die sie sich verantwortlich erklärten, davon betroffen waren.

Ich hatte zwar öffentlich gefordert, die Palästinenser müssten ihren eigenen Staat erhalten, schon wenige Wochen nach meinem Amtsantritt, und hatte mich während der Verhandlungen in Camp David für den rechtlichen und politischen Status der Palästinenser eingesetzt, aber erst bei diesen späteren Reisen machten Rosalynn und ich ausgedehnte Besuche bei palästinensischen politischen Führungspersönlichkeiten und einfachen Familien in den besetzten Gebieten. Unsere Hauptkontaktstelle war das Orient-Haus, das offizielle Büro der PLO in Ostjerusalem; dort erhielt ich Informationen und Ratschläge von Faisal Husseini, Hanan Ashrawi und Mubarak Awad, einem christlichen Palästinenser, der sich der Gewaltlosigkeit verschrieben hatte. Auch amerikanische Diplomaten halfen beim Arrangieren von Begegnungen und der Planung der Reiseroute. Im Westjordanland und in Gaza verbrachten wir so viel Zeit wie möglich mit Palästinensern aus allen Schichten, in kleinen und großen Ortschaften und auf dem Land. Die eloquentesten waren Rechtsanwälte, die mit der Verteidigung der Rechte der Palästinenser vor den israelischen Militärgerichten viel zu tun hatten. Es gab auch einige Universitätsprofessoren, aber auch viele Bauern und andere Dorfbewohner. Alle wollten über ihr eingeschränktes Leben in den besetzten Gebieten sprechen.

Die meisten Palästinenser waren Muslime, aber es gab auch überraschend viele Christen; und ich unterhielt mich mit vielen Priestern und Pastoren über ihre Gemeindearbeit. Die Gewalt, die sie erlebten, beunruhigte sie, ebenso die wirt-

schaftliche und politische Unterdrückung, die die Regierungs-
mitglieder ausübten, die oft den ultrakonservativen religiösen
Parteien in Israel angehörten, denen fast exklusive Kontrolle
über alle Formen des Gottesdienstes gewährt wurde.

Die Begegnungen fanden an den verschiedensten Orten
statt, in Privathäusern, öffentlichen Gebäuden, Krankenhäu-
sern, leeren Klassenzimmern, Hinterräumen von Geschäften
oder Lagern, in Kirchen und Moscheen. Fast immer brachten
diejenigen, die gesprächsbereit waren, ein paar Angehörige
oder Freunde mit. Bevor die Unterhaltung sich ernsteren Themen widmete, tranken wir Mokka, Tee oder Cola und knab-
berten Süßigkeiten oder Gebäck, sprachen über das Wetter
oder meine Eindrücke. Anfangs war normalerweise eine
deutliche Zurückhaltung zu spüren, umstrittene oder sehr
spezifische Themen anzusprechen. Aber die Zurückhaltung
legte sich rasch, und es entwickelte sich eine lebhafte Diskussion, an der sich oft Zuschauer und sogar Kinder beteiligten.
Bei den größeren Treffen gab es normalerweise einige Leute,
die Arabisch und Englisch sprachen und sich manchmal um
die Rolle des Übersetzers stritten.

Auf Rat amerikanischer Regierungsstellen trafen wir besondere Gesprächspartner, wir luden Gruppen anerkannter
führender politischer Köpfe der Palästinenser in das amerikanische Konsulat in Jerusalem ein, von wo aus unser Land die
Beziehungen mit dem Westjordanland regelte.

Diese Runden waren etwas förmlicher, aber ebenso auf-
schlussreich. Die Teilnehmer trugen ihre Ansichten vor, wie

ein Anwalt ein Memorandum abfassen würde: sorgfältig, konstruktiv, schlüssig, häufig mit beigefügten Dokumenten, um ihren Fall zu belegen.

In all diesen Treffen war ich bemüht, meine eigenen Ansichten darüber zu äußern, wie wichtig und notwendig es ist, die Gewalt zu beenden und die Kommunikation zwischen Palästinensern, Israelis und Amerikanern zu verbessern. Meine Darlegung der Vereinbarungen von Camp David und die Grundlagen der amerikanischen Politik in der Palästinafrage schien manchen neu zu sein, und offensichtlich hing es weitestgehend von der Interpretation der PLO dieser Punkte ab, ob sie diese akzeptieren konnten. Manche äußerten ihre Hoffnung, Arafat möge seine Zustimmung geben.

Diese Fragen bezüglich einer allgemeinen Friedensvereinbarung machten nur einen kleinen Teil unserer Gespräche aus. Die Palästinenser wollten vor allem ihre derzeitigen Beschwerden auflisten. Bei einem Besuch in Gaza waren wir zu Gast bei einer angesehenen Familie, die mit Landwirtschaft, Geschäften und internationalem Handel zu tun hatte. Wir erfuhren, dass sich einer ihrer Söhne vor kurzem kritisch über die israelische Besatzung geäußert hatte. Fünf Lastkraftwagen des Vaters, beladen mit Orangen, waren auf der Fahrt nach Jordanien fünf Tage an der Allenby-Brücke aufgehalten worden – bis die Früchte verdorben waren. Diese Ladung stellte einen großen Teil der gesamten Jahresernte dar. Der Vater zeigte uns die noch nicht vollständig entladenen Laster und sagte, er wolle versuchen, die verdorbenen Orangen als Viehfutter zu verschenken.

Einige zeigten uns die Ruinen ihrer Häuser, die die Israelis mit Bulldozern und Dynamit zerstört hatten; die Begründung lautete, die Häuser stünden zu dicht an israelischen Siedlungen oder auf Grundstücken, die die israelische Regierung benötige, oder dass irgendein Angehöriger ein Sicherheitsrisiko darstelle.

Laut *B'Tselem,* einer israelischen Menschenrechtsorganisation, die diesen Vorwürfen nachging, verlieren für jede Person, die der Teilnahme an Angriffen auf Israelis beschuldigt wird, im Durchschnitt zwölf Familien ihr Haus, wobei in fast der Hälfte dieser zerstörten Häuser noch nie eine Person gelebt hatte, die der Verwicklung in einen Akt der Gewalt gegen Israel verdächtigt wurde, nicht einmal des Steinewerfens.

Im Widerspruch zu dem Argument der israelischen Armee vor dem Obersten Gerichtshof, dass nur in Ausnahmefällen die Menschen keine Vorwarnung erhielten, zeigen die Statistiken von *B'Tselem,* dass solche Warnungen in weniger als 3 % der Fälle erfolgten. Abgesehen von den Zerstörungen als Strafmaßnahme hatte Israel noch mehr palästinensische Häuser bei „Lichtungs-Operationen" niedergewalzt, außerdem Häuser, die nach israelischen Angaben ohne Genehmigung erbaut waren. Diese Zerstörungsaktionen fanden alle auf palästinensischem Grund und Boden statt. *B'Tselems* Schlussfolgerung: „Israels Politik der Zerstörung als Bestrafung stellt einen schwerwiegenden Verstoß gegen das humanitäre

Völkerrecht dar und ist somit ein Kriegsverbrechen. Durch verschiedene legalistische Verrenkungen hat das israelische Oberste Gericht eine gerichtliche Untersuchung dieser Frage vermieden und dient so der widerrechtlichen Politik Israels als williges Werkzeug.«

Rosalynn besuchte das größte Krankenhaus in Gaza und erfuhr von den Ärzten, sie hätten enorme Schwierigkeiten, Schwerverletzte angemessen zu transportieren. Sie zeigten ihr eine Reihe Krankenwagen, die ein europäischer Staat gestiftet hatte, und sagten, sie könnten nicht eingesetzt werden. Es hieß, die israelischen Beamten verweigerten Nummernschilder, weil die Karosserie zwölf Zoll (etwa 30 cm) zu lang sei. Als mir Rosalynn das berichtete, versprach ich, nach meiner Rückkehr nach Jerusalem bei Verantwortlichen Fürsprache einzulegen. Meine Bitte wurde mit der Begründung abgelehnt, es gebe ein ernsthaftes Sicherheitsrisiko, weil der Schmuggel nach und aus Gaza floriere und die Maße aller Fahrzeuge aufs strengste überwacht werden müssten. Die Palästinenser könnten keine Sondergenehmigung erhalten, wenn die Maße von dem Standard abwichen, der von den Offizieren vor Ort vorgegeben werde, auch nicht, wenn es sich um Krankenwagen handelt.

Viele Palästinenser betonten, dass ihnen die grundlegendsten Menschenrechte verwehrt würden. Sie könnten sich nicht friedlich versammeln oder uneingeschränkt reisen. Ihr Besitz sei nicht sicher, man müsse fürchten, dass er aufgrund einer Vielzahl juristischer Tricks konfisziert werde. Die Israelis brandmarken das ganze Volk als Terroristen, und selbst harmlose Äußerungen des Missfallens hätten schärfste Strafen durch die Militärbehörde zur Folge. Sie trugen vor, ihre Leute würden verhaftet und ohne Anklage lange Zeit inhaftiert; es werde gefoltert, um Geständnisse zu erzwingen, viele würden hingerichtet, und bei Verfahren wären die Ankläger oft gleichzeitig auch die Richter. Ihre eigenen Rechtsanwälte dürften sie nicht vor Gerichten in Israel verteidigen, Widerspruch einzulegen sei sehr kostspielig, Verfahren würden verschleppt und seien normalerweise aussichtslos.

Sie gaben an, jede Demonstration gegen israelische Übergriffe oder Misshandlungen hätten Massenverhaftungen zur Folge. Auch Steine werfende Kinder, unbeteiligte Passanten, Angehörige von Demonstranten und Leute, denen nachgesagt werde, sie äußerten sich verächtlich über die Besatzung, würden verhaftet. Einmal in Haft bestünde wenig Hoffnung auf ein faires Verfahren, oft werde der Besuch von Angehörigen oder eines Rechtsbeistandes verwehrt. Wenn die Anklage dann vorgelegt werde, seien die vorgeworfenen Vergehen normalerweise sehr allgemein formuliert, etwa „Störung des Friedens", und die Haftstrafe oft unbegrenzt. Die meisten der Häftlinge säßen in zivilen Gefängnissen ein. Sie wiesen darauf hin, dass durch die Politik, Tausende von Gefangenen inhaftiert zu halten, fast jede einzelne Familie betroffen sei, was ein Hauptgrund für wachsenden Hass sei.

Ich drängte sie, die schwerwiegendsten Fälle versuchsweise vor den Obersten Gerichtshof zu bringen, und versuchte, sie zu überzeugen, dass sie eine faire Anhörung erhalten würden und so vielleicht für Präzedenzfälle sorgen könnten, die ähnlichen Fällen nutzen konnten. Einer der Anwälte erwiderte: „Das haben wir probiert, und es war sehr kostspielig. Es bringt einfach nichts. Hier haben wir nicht das amerikanische System, wo das Urteil eines höheren Gerichts von den unteren Gerichten als Vorbild genommen wird. Hier haben wir ein System mit zivilen Richtern und ein zweites mit militärischen. Die meisten unserer Fälle, egal, worum es sich handelt, kommen vor das Militärgericht. Dort sind dieselben Leute unsere Ankläger, Richter und Beisitzer. Für uns sind sie alle gleich. Wenn das Urteil eines zivilen Gerichtes zu unseren Gunsten ausfällt, was selten genug vorkommt, um beispielsweise ein kleines Stück Land zu schützen, dann gilt das nicht als Präzedenzfall. Durch einen administrativen Beschluss oder Erlass denkt man sich ein neues Prozedere aus, um dieselben israelischen Ziele auf andere Art und Weise zu erreichen. Außerdem", fuhr er fort, „ wir können die Fälle unserer Mandanten aus dem Westjordanland nicht vor ein israelisches Gericht bringen. Wir haben keine Lizenz, um dort zu praktizieren."

Darauf ich: „Warum nehmen Sie dann keinen israelischen Anwalt?" Er antwortete: „Das machen wir auch manchmal, aber es gibt nur wenige, die unsere Fälle übernehmen. Und die sind schon mit ihren eigenen arabischen Mandanten aus Israel mehr als überarbeitet. Ein oder zwei jüdische Knesset-Abgeordnete haben versucht zu helfen, vor allem die liberalsten."

Abgesehen von den Arabern, die die Israelis ausgesucht hatten, um sie bürokratische Angelegenheiten erledigen und politische Begünstigungen gewähren zu lassen, waren die Palästinenser, denen wir begegneten, überzeugte Anhänger der PLO. Nur selten bekamen wir direkte Kritik an der PLO zu hören, aber ein Anwalt beklagte sich, dass Arafat – sie nannten ihn stets Abu Ammar – und anderen PLO-Führern „der Kampf um politische Macht und Geld wichtiger ist als das Leid der Palästinenser unter der militärischen Besatzung". Als Hauptschuldigen nannten sie Israel, aber fast ebenso oft die Vereinigten Staaten. Sie kritisierten unser Land für die Finanzierung der Siedlungen in den besetzten Gebieten und für die Unterstützung militärischer Aktionen gegen arabische Länder.

Die führenden palästinensischen Politiker waren sich mit anderen einig, dass der schlimmste Fall unaufhörlicher Übergriffe und Missstände Hebron sei, etwa 32 km südlich von Jerusalem gelegen; dort befinden sich die Gräber der biblischen Patriarchen Abraham, Isaak und Jakob. Etwa 450 extrem militante Juden haben sich im Herzen der Altstadt niedergelassen und werden von mehreren Tausend Soldaten geschützt. Schwer bewaffnet versuchen die Siedler, die Palästinenser von den heiligen Stätten zu vertreiben, oft werden die, die sie für „unbefugte Eindringlinge" halten, verprügelt. Sie dehnen ihr Wohngebiet aus, indem sie Nachbarhäuser konfiszieren, und provozieren mutwillig Zusammenstöße. Wenn das passiert, verhängt die Armee lange Ausgangssperren über alle 15 000 palästinensischen Einwohner von Hebron, so dass sie ihr Haus nicht verlassen dürfen, um beispielsweise zur Schule zu gehen, Einkäufe zu erledigen oder am normalen Leben einer städtischen Gemeinschaft teilzunehmen. Die Palästinenser geben an, der unverhohlene Zweck der Belästigungen und Beschränkungen sei es, Nicht-Juden aus dem Gebiet zu verdrängen. Laut einem Bericht der Vereinten Nationen wurden in und um die Stadt mehr als 150 israelische Checkpoints eingerichtet.

Diese Palästinenser waren überzeugt, dass einige führende israelische Politiker versuchten, durch massivste Belästigungen Muslime und Christen zu massenhafter Auswanderung aus den besetzten Gebieten zu zwingen. Sie sagten, dass alle von Palästinensern produzierten Waren oder landwirtschaftlichen Produkte nicht in Israel verkauft werden dürften, wenn sie in Konkurrenz zu israelischen Produkten stehen, deshalb müsste jeder Überschuss entweder verschenkt, vernichtet oder nach Jordanien exportiert werden. Obst, Blumen und leichtverderbliches Gemüse der politisch aktiven Familien würden an der Allenby-Brücke oft so lange aufgehalten, bis sie verderben. In manchen Gegenden werde den Bauern nicht gestattet, eingegangene Obstbäume in den Plantagen zu ersetzen. Was sie am meisten schmerzte, war die Zerstörung von Tausenden uralter Olivenbäume, die die Israelis einfach umhackten. Ein Dauerproblem war die Wasserversorgung. Jedem israelischen Siedler steht fünfmal mehr Wasser zu als seinem palästinensischen Nachbarn, der aber den vierfachen

Preis für die Gallone zahlen muss. Sie zeigten uns Fotos von israelischen Swimmingpools direkt neben palästinensischen Dörfern, zu denen das Wasser in Tankwagen gebracht werden muss, wo es dann eimerweise verteilt wird. Die meisten Siedlungen auf den Hügeln umfassen relativ kleine Flächen, deshalb lassen sie die unbehandelten Abwässer einfach in die darunter gelegenen benachbarten Felder und Dörfer fließen.

Lehrer und Eltern gaben an, ihre Schulen und Universitäten würden häufig geschlossen, Lehrer verhaftet, Buchläden verplombt, Bibliotheksbücher zensiert, und Schüler und Studenten müssten oft sehr lange Zeit auf der Straße oder zu Hause bleiben, weil sie keine Arbeit finden. Sie gaben an, jeder ernsthafte Streit zwischen diesen arbeitslosen, wütenden jungen Leuten und Militärpersonen könne dazu führen, dass Bulldozer in den Ort geschickt würden, um Häuser zu zerstören. Wie nicht anders zu erwarten, gaben die Palästinenser an, sie bedauerten alle Akte der Gewalt, und machten geltend, Gewaltakte würden gleichermaßen auch von militanten Siedlern initiiert, nicht nur von Arabern, aber Siedler würden dafür selten verhaftet oder bestraft, wenn überhaupt.

Worüber sie sich besonders bitter beklagten, war, dass Hilfssendungen aus dem arabischen Ausland und sogar Gelder, die die amerikanische Regierung für humanitäre Zwecke schickte, von den israelischen Behörden einbehalten und zu Gunsten von Israelis verwendet würden, sogar für den Bau jüdischer Siedlungen in palästinensischen Ortschaften. Sie machten geltend, dass die Regierung Gelder der *US-Agency for International Development* (USAID), die für ein Zentrum für behinderte Kinder in Gaza bestimmt waren, einbehalten hätte sowie andere Gelder aus arabischen Ländern für Bildungseinrichtungen und den Aufbau von Geflügelfarmen in einigen ärmlichen Gegenden des Westjordanlandes. Diese Berichte beunruhigten mich, und ich wollte überprüfen, ob sie zutrafen, und falls dies der Fall war, von den israelischen Behörden eine Erklärung verlangen. Vor meiner Abreise hatte ich eine längere Sitzung mit unseren eigenen Diplomaten in Tel Aviv und Jerusalem sowie mit Israelis, die für die Angelegenheiten in den besetzten Gebieten zuständig waren. Aus israelischer Sicht, so erfuhr ich, sei das Leben eben unter einer militärischen Besatzung natürlich und unvermeidlich nicht das gleiche wie in einer freien Demokratie, und strenge Beschränkungen seien unerlässlich, um Gewalttaten vorzubeugen.

Was die „Belästigungen" von Aktivisten betreffe, wurde mir gesagt, komme es an der Allenby-Brücke am Grenzübergang nach Jordanien oft zu langen Verzögerungen, aber die seien keineswegs beabsichtigt, um bestimmte Familien zu bestrafen. Diese Situation sei die unvermeidbare Folge, wenn der Warenverkehr zwischen zwei Ländern ohne normale diplomatische Beziehungen oder Wirtschaftsbeziehungen nicht reibungslos verläuft. Es gebe in der Tat Listen von Unruhestiftern, und Sendungen dieser Familien würden intensiver kontrolliert, was manchmal zum Verderb der Waren führe. Es stimme auch, dass israelische Produkte aller Art beim Vertrieb innerhalb der Gebiete Vorrang genössen. Israelische

Beamte sagten, die Zerstörung eines arabischen Hauses mit Dynamit oder Bulldozern sei ein seltenes, durchaus beabsichtigtes Ereignis, über das im Vorfeld informiert werde; sie werde als wirksame Abschreckungsmaßnahme eingesetzt für Erwachsene, die ungesetzliche Akte durch jüngere Familienmitglieder vielleicht erlauben oder dazu ermutigen.

Die meisten Repliken waren offen und direkt, ausgenommen einer bezüglich der Einbehaltung ausländischer Hilfsgelder. Es wurde geltend gemacht, die konfiszierten Gelder hätten möglicherweise abgezweigt werden können, um arabischen Terrorismus zu finanzieren, und die Kontrolle müsse so eingehend sein, um Missbrauch zu verhindern, der den Frieden gefährden könne. Sie gaben auch zu, dass ein Überschuss an Geflügel, Orangen, Blumen, Trauben, Oliven sowie andere Agrarprodukte aus dem Westjordanland und Gaza die israelische Landwirtschaft schädigen könne, das mache Sorgen. Es sei auch wenig sinnvoll, ausländische Gelder dafür zu verwenden, die Produktion solcher Agrarprodukte zu fördern. Man sagte mir, einige *USAID*-Gelder, auch wenn sie vom amerikanischen Kongress für wohltätige Projekte bestimmt seien, würden von der israelischen Regierung einbehalten, um nötigenfalls „Fehlausgaben" zu verhindern, aber diese einbehaltenen Gelder würden nicht für den Bau israelischer Siedlungen in den besetzten Gebieten verwendet.

Die Israelis erklärten, in jedem Fall der Konfiszierung von Land gebe es eine juristische Basis – oder es werde für Sicherheitszwecke benötigt. „In einigen Schlüsselfällen seien

„administrative Definitionen" dazu genutzt worden, Gerichtsbeschlüsse zu umgehen oder zu modifizieren. Später wurde ich von Meron Benvenisti eingehender informiert; er ist Israeli, war stellvertretender Bürgermeister von Jerusalem und widmet nun seine Zeit voll und ganz einer genauen Analyse der israelischen Politik in den besetzten Gebieten. Mit Karten und Tabellen erklärte er, israelische Landnahme erfolge durch viele verschiedene Methoden: durch direkten Kauf, durch Beschlagnahme für „Sicherheitszwecke für die Dauer der Besatzung", durch den Anspruch staatlicher Kontrolle über Land, das ehemals von der jordanischen Regierung kontrolliert wurde, durch „Inbesitznahme" aufgrund sorgfältig ausgewählter „arabischer Sitten und Gebräuche" oder uralter Gesetze – oder es zu Staatsland zu erklären, weil es nicht bewirtschaftet wird oder nicht ausdrücklich als Eigentum einer palästinensischen Familie registriert wurde. Da Nichtbewirtschaftung oder Nichtnutzung eine Voraussetzung für die Umwandlung in Staatsland ist, wurde es 1983 offizielle Politik, den Palästinensern unter Androhung von Haft zu verbieten, diese Areale als Weide, Plantage oder Felder zu nutzen. Große Areale, erst für „Sicherheitszwecke" enteignet, wurden dann zivile Siedlungen. Das waren offensichtlich die Gründe einiger Beschwerden und Klagen, die ich gehört hatte.

Fälle, in denen es um solche Fragen des Landbesitzes ging, waren vor palästinensischen Gerichten nicht zugelassen; sie wurden jetzt vom israelischen Zivilgouverneur entschieden. Seit 1980, als der Likud an der Regierung war, hatte die Be-

schlagnahme arabischen Grund und Bodens sehr stark zugenommen; der Bau von Siedlungen im Westjordanland war
eines der Hauptziele der Regierung geworden. Benvenisti
fügte hinzu, während die Zahl der Siedler im Westjordanland
bisher relativ klein gewesen sei, bedeuteten die neue Politik
und der gegenwärtige Trend, dass weitere Annektierung großer Areale der besetzten Gebiete wahrscheinlich ausgemach-
te Sache sei. Es stimme, dass palästinensische Anwälte nicht
vor israelischen Gerichten agieren dürften, vor denen aber
die meisten Fälle über Landbesitz verhandelt werden; aber
er versicherte mir, es gebe israelische Anwälte, die einige Palästinenser vertreten. Am häufigsten werde als Paradebeispiel
ein Knesset-Abgeordneter genannt, der in dieser Hinsicht als
Radikaler gelte.

Ich arrangierte ein Treffen mit Aharon Barak, einem der
Helden von Camp David, der später Vorsitzender am Obersten Gerichtshof geworden war. Wir trafen uns in einer Hotel-
bar, und ich ging die Beschwerdeliste über Misshandlungen
von Palästinensern durch und erwähnte auch die Orangenlas-
ter und Krankenwagen. Barak erklärte sofort, es zieme sich
juristisch nicht für ihn, sich zu individuellen Fällen zu äußern,
aber die Richterschaft habe einen äußerst engen Spielraum,
einerseits die Angemessenheit von Entscheidungen unter den
spezifischen Bedingungen einer militärischen Besetzung, andererseits der Schutz der Rechte der Bevölkerung im Westjordanland und Gaza. Urteile seien vergleichbar mit einem
Hochseilakt.

Zudem könnten Gerichte nur die Fälle verhandeln, die ihnen vorgebracht würden. Er gab zu, für betroffene Palästinenser sei es nicht einfach, ihren Weg durch die verschlungenen juristischen Pfade zu finden, aber das Oberste Gericht habe immer versucht, den zivilen Fällen, die ihm vorgelegt wurden, Gerechtigkeit zuteil werden zu lassen.

Auf meine Frage, ob nach seiner Meinung die Palästinenser fair behandelt werden, entgegnete der oberste Richter, er behandle jeden einzelnen Fall, der ihm im Obersten Gericht vorgelegt werde, fair und gerecht, aber ihm fehle die Macht, die Umsetzung der rechtlichen Entscheidung in die Wege zu leiten. Ich fragte ihn, ob er sich dafür verantwortlich fühle, die allgemeine Lage zu untersuchen, worauf er entgegnete, mit der Entscheidung der ihm vorgebrachten Einzelfälle sei er voll und ganz ausgelastet. Barak erklärte, bezüglich der besetzten Gebiete gebe es rechtliche Sonderbestimmungen, und gab zu, dass viele der heikleren Fälle den Militärgerichten übertragen würden. Als ich ihn nach seiner persönlichen Einschätzung der Lage im Westjordanland und Gaza befragte, erwiderte er, er sei schon seit vielen Jahren nicht mehr dort gewesen und habe auch nicht vor, dorthin zu fahren. Ich gab zu bedenken, wenn seine Entscheidungen das Leben der Bevölkerung in den besetzten Gebieten beeinflussen, sollte er doch mehr über die Lebensbedingungen dort wissen. Lächelnd gab er zur Antwort: „Ich bin Richter, kein Ermittler."

Bei einem meiner späteren Besuche in Jerusalem, und zwar 1990, baten einige christliche Führer dringend, mich treffen zu dürfen, was ich ablehnte, weil mein Zeitplan es nicht zuließ. Als sie darauf beharrten, gestand ich ihnen schließlich ein abendliches Treffen zu, aber erst nach meiner letzten Verabredung an diesem Abend. Zu später Stunde, nach Mitternacht, kamen zu dem Empfang zu meiner Überraschung Hüter der drei Heiligen Stätten in Begleitung von Kardinälen, Erzbischöfen, Patriarchen sowie führende Vertreter anderer Konfessionen: u.a. Griechisch-Orthodoxe, Römische Katholiken, Armenier, Kopten, Äthiopische Orthodoxe, Maroniten, Anglikaner, Lutheraner, Baptisten. Sie beklagten sich über die nach ihrer Ansicht immer schlechter werdende Behandlung und ungerechtfertigten Beschränkungen durch die israelische Regierung, und jeder einzelne berichtete von Vorfällen, die ihn beunruhigten.

Als ich danach Premierminister Yitzhak Rabin traf, versicherte er mir, es gebe von offizieller Seite keine Absicht oder Neigung, Christen zu diskriminieren. Er fuhr mit der Erklärung fort, für die Bildung einer Mehrheitsregierung sei es erforderlich, die Unterstützung kleinerer, sehr religiöser Parteien zu gewinnen, und die stellten als Hauptbedingung die Forderung, vom Militärdienst befreit zu werden, Sonderzuschüsse für wohltätige Dienste und Vollmacht in allen religiösen Angelegenheiten zu erhalten. Nach seiner Ansicht hatte er in dieser Hinsicht offenbar keinerlei Einfluss, und zum ersten Mal begriff ich, warum es zu einem derartigen Exodus von Christen aus dem Heiligen Land kam.

Kapitel 8

DIE JAHRE UNTER GEORGE H.W. BUSH

Im Juli 1988, als König Hussein beschloss, Jordaniens administrative Rolle im Westjordanland zu verringern, und Yassir Arafat erklärte, die PLO akzeptiere mehrere UN-Resolutionen, die Israels Existenzrecht innerhalb der Grenzen von 1967 anerkennen, schienen sich die Aussichten auf Frieden zu verbessern. Arafat schwor öffentlich dem Terrorismus als Mittel zur Erreichung der Ziele der PLO ab und erklärte sich bereit, nach der Schaffung eines unabhängigen palästinensischen Staates normale Beziehungen zu Israel aufzunehmen. Aufgrund dieser Erklärungen begannen amerikanische Diplomaten Sondierungsgespräche mit Verantwortlichen der PLO.

Mit der Glasnost-Politik des sowjetischen Präsidenten Mikhail Gorbatschow kam es zum Ende des Kalten Krieges, damit wurde eine Kooperation der beiden Supermächte möglich, und gleichzeitig verloren Syrien und andere arabische Staaten ihren stärksten politischen und militärischen Unterstützer in Moskau und zeigten größere Bereitschaft, die Spannungen in der Region abzubauen. Die arabischen Führer nahmen im Mai 1989 Ägypten wieder in die Arabische Liga auf, und im gleichen Jahr gestatteten die UDSSR Hunderttausenden sowjetischer Juden die Ausreise nach Israel.

Außenminister James Baker verstand, dass es wichtig war, die Spannung im Nahen Osten abzubauen, und im Mai 1990 verkündete er bei der Jahresversammlung der *AIPAC*, der mächtigsten pro-israelischen Lobby-Vereinigung, die Grundvoraussetzungen für Frieden: „Jetzt ist es an der Zeit, ein für allemal Abschied von der unrealistischen Vision eines Groß-Israel zu nehmen … der Annektierung abzuschwören, den Bau von Siedlungen zu beenden. Geht auf die Palästinenser zu als Nachbarn, die politische Rechte verdienen."

Diese Erklärungen wirkten sich im Nahen Osten sehr positiv aus. Als ich beispielsweise nach Damaskus reiste, informierte mich Präsident Assad, er sei bereit, mit Israel über den Status der Golanhöhen zu verhandeln. Er schlug vor, beide Seiten sollten sich von der internationalen Grenze zurückziehen, und eine kleine Truppe ausländischer Beobachter und elektronische Sensoren sollten die neutrale Zone überwachen. Auf meine Frage, ob beide Staaten sich gleich weit zurückziehen sollten, erwiderte er, wegen der Geländegegebenheiten könnten sich die syrischen Truppen weiter zurückziehen. Er gestattete mir, diese Vorschläge Washington und den Israelis vorzutragen, was ich drei Tage später in Jerusalem auch tat. Im Folgemonat traf ich Yassir Arafat und andere führende Politiker der PLO in Paris, wo sie alle die Vereinbarungen von Camp David als Basis für weitere Verhandlungen mit den Israelis akzeptierten.

Wie gewohnt erstattete ich im Weißen Haus und im Außenministerium Bericht über diese Gespräche, aber zu jener Zeit schien Washington wenig interessiert.

Erst nach Beendigung des Golfkrieges gegen den Irak im Frühjahr 1991 zeigte die amerikanische Regierung dauerhafte Führungskraft im nahöstlichen Friedensprozess, als Baker mehrere Reisen in die Region unternahm. Dieser Neuanfang ermöglichte im Oktober 1991 eine Friedenskonferenz in Madrid, gemeinsam einberufen von den Vereinigten Staaten und der Sowjetunion; Teilnehmer waren neben Israel einige arabische Staaten, darunter Jordanien, der Libanon und Syrien, außerdem Palästinenser aus den besetzten Gebieten. In der Folge fanden unter der Schirmherrschaft der Vereinigten Staaten mehr als ein Dutzend Runden bilateraler Gespräche statt, die Friedensvereinbarungen zwischen Israel und den direkten Nachbarn zum Ziel hatten. Die Gespräche zwischen Israel und den Palästinensern zielten auf ein fünfjähriges Interimsabkommen ab, mit der Hoffnung auf Verhandlungen über Fragen des Endstatus. Obwohl die Bemühungen in Madrid zu keinen spezifischen Lösungen der strittigen Probleme führten, verminderte die Bereitschaft der Teilnehmer, überhaupt miteinander zu sprechen, die Spannungen in der Region und gaben der Hoffnung auf Erfolge in der Zukunft neuen Auftrieb. Dennoch war Israel die Enteignung von palästinensischem Land wichtiger als Frieden, was das Weiße Haus zu einer offiziellen Erklärung veranlasste: „Die Vereinigten Staaten haben sich in der Vergangenheit dagegen ausgesprochen und werden es künftig auch weiterhin tun, dass die 1967 besetzten Gebiete besiedelt werden. Dieser Siedlungsbau stellt ein Hindernis für den Frieden dar." Aus dem Außenministerium steuerte Außenminister Baker bei: „In meinen Augen gibt es kein größeres Hindernis für den Frieden als den Siedlungsbau, der nicht nur fortgesetzt, sondern beschleunigt wird." Als weiteren Beweis für seine Entschlossenheit forderte Präsident George H.W. Bush das Einfrieren sowohl der Errichtung wie der Planung von Siedlungen, insbesondere im Hinblick auf einen großen Komplex zwischen Jerusalem und Bethlehem. Als er schließlich damit drohte, einen Teil der täglichen Hilfsgelder von $ 10 Millionen zuzüglich Darlehensgarantien der Vereinigten Staaten zurückzuhalten, willigte die israelische Regierung ein, und die Zuschüsse und Garantien wurden bewilligt, allerdings abzüglich einer Summe von $ 400 Millionen, das entsprach dem Betrag, den die Israelis schon für die Siedlungen ausgegeben hatten. Später, nachdem Präsident Bush aus dem Amt ausgeschieden war, entdeckte ich, dass dieses große Siedlungsprojekt rasch zu Ende gebracht wurde.

Die politische Führung in Israel wechselte mehrmals in dieser Zeit, wobei nach der Bildung einer nationalen Einheitsregierung die Führung abwechselnd Labour und Likud zustand. Nach dem Wahlsieg im Juni 1992 gelang es Labour unter der Führung von Yitzhak Rabin, eine Koalition ohne Beteiligung von Likud zu bilden, Premierminister wurde Rabin. Daraufhin gab Israel zu erkennen, dass es seine Differenzen mit den Palästinensern, mit Syrien und seinen anderen arabischen Nachbarn beilegen wolle; die Reaktion der Araber war überraschend.

Kapitel 9

DIE VEREINBARUNGEN VON OSLO

In jener Zeit, in der unter Rabins Regierung guter Wille zu spüren war, kam es ohne Beteiligung der Vereinigten Staaten mit Hilfe des norwegischen Außenministers Johann Holst sowie Terje Larsen und ihren beiden Ehefrauen zu äußerst geheimen Friedensgesprächen zwischen der israelischen Regierung und der PLO. Der israelische Außenminister Schimon Peres und sein Stellvertreter Yossi Beilin trafen sich mehr als ein Dutzend Mal mit dem Team von PLO-Chef Yassir Arafat, das von Mahmud Abbas (Abu Mazen) und Ahmed Qurei (Abu Ala) geleitet wurde, meistens in Oslo. In den ersten Monaten des Jahres 1993 hielten mich beide, Peres und Arafat, über diese Bemühungen auf dem Laufenden.

Im August 1993 war ich gerade im Nordjemen, als ich von Arafat dringend um ein Treffen in Sanaa gebeten wurde. Ich flog mit dem Hubschrauber in die Hauptstadt und traf den PLO-Chef, der fast außer sich war vor Aufregung. Er berichtete, die Friedensgespräche seien erfolgreich gewesen, und die Israelis seien auf dem Weg in die Vereinigten Staaten, um die Clinton-Regierung über die Ergebnisse zu informieren. Das wichtigste Ergebnis, so Arafats Betonung, sei, dass die Vereinbarungen die Schaffung einer palästinensischen nationalen Verwaltungsbehörde (*Palestinian National Authority – PNA*) vorsahen sowie die Wahl eines Präsidenten und einer Nationalversammlung.

Wenige Wochen später erhielten Rosalynn und ich eine Einladung zu der Unterzeichnungszeremonie im Weißen Haus. Präsident Bill Clinton hatte den Vorsitz, und Premierminister Rabin und PLO-Vorsitzender Arafat sollten eine öffentliche Friedenserklärung abgeben. Ich wurde zu einem Ehrenplatz neben anderen wichtigen Politikern geleitet, und meine Frau saß wenige Reihen hinter mir. Zu meiner Überraschung und Verlegenheit entdeckte ich, dass die Norweger Holst und Larsen weit hinten unter den Zuschauern saßen und dass ihre maßgebliche Rolle bei diesen Friedensbemühungen mit keinem Wort erwähnt wurde.

Alles in allem sahen die Vereinbarungen von Oslo einen stufenweisen Abzug der israelischen Truppen aus dem Westjordanland vor, die Schaffung einer palästinensischen Regierungsbehörde, Wahlen und eine fünfjährige Interimsperiode, in der die schwierigeren Kernfragen und Detailfragen verhandelt werden sollten. Rabin, Peres und Arafat erhielten zwar gemeinsam den Friedensnobelpreis für ihre historische Leistung, aber die Radikalen beider Seiten erhoben vehement Widerspruch.

Als Teil der Vereinbarungen sandte der PLO-Vorsitzende Arafat im September 1993 Premierminister Rabin einen Brief, in dem er unmissverständlich im Namen der PLO Israels Existenzrecht in Frieden und Sicherheit anerkannte, die Resolutionen 242 und 338 des UN-Sicherheitsrates akzeptierte, sich zu einer friedlichen Lösung des Konfliktes verpflichtete, dem Terrorismus sowie anderen Gewaltakten abschwor und bekräftigte, alle Artikel der PLO-Charta, die Israel das Existenzrecht absprechen, seien ungültig, und versprach, diese Verpflichtungen dem Palästinensischen Nationalrat vorzulegen, damit die Charta dementsprechend geändert werden könne.

Israel erkannte die PLO zwar als einzige Vertretung der Palästinenser in Friedensverhandlungen an und versprach Fortschritte in den kommenden fünf Jahren, aber Arafat gelang es nicht, für den Zeitplan des israelischen Truppenabzuges aus den besetzten Gebieten spezifische Zusagen erhalten. Letztendlich sicherten ihm die Vereinbarungen von Oslo nur zu, eine Art palästinensischer Regierung zu schaffen und an die Macht zu kommen, um palästinensische Angelegenheiten im Westjordanland und Gaza zu administrieren. Die Israelis wollten weit mehr und haben es auch erreicht.

Man muss sich vor Augen halten, dass sich der Status der Israelis im Westjordanland und Gaza 1987 mit der Intifada dramatisch gewandelt hatte. Früher konnten sich israelische Juden im Westjordanland nahezu vollkommen frei bewegen, und für den Schutz war nur ein geringes Aufgebot an Militär erforderlich – insgesamt etwa 10 000 Soldaten in allen besetzten Gebieten. Die relativ harmonische Verwaltung der lokalen Angelegenheiten durch angesehene palästinensische Würdenträger war schon 1981 von Ariel Scharon durch einige so genannte „village leagues" ersetzt worden, sie setzten sich oft aus mitunter ausgestoßenen und geächteten Palästinensern zusammen, die bereit waren, für die Israelis zu arbeiten. Gefahr und Zwietracht bestimmten die Atmosphäre. Ab 1988 konnte kein Israeli das Gebiet ohne palästinensische Begleitung und im Voraus eingeholter Zusicherung freier Fahrt befahren, und 180 000 israelische Soldaten wurden stationiert, um die Siedler zu schützen und für Ruhe und Ordnung zu sorgen. Mit den Vereinbarungen von Oslo wollte Israel erreichen, dass Arafat und die PLO Verantwortung für die lokale Verwaltung übernehmen, ungehindert internationale Hilfsgelder, die den Palästinensern verfügbar gemacht würden, zu empfangen und zu verteilen (und eventuell einen Teil einzubehalten/abzuzweigen).

Nach Oslo betonte Premierminister Rabin, die Vereinbarungen, für die er geehrt worden war, hätten die strikten Auflagen, die Menachem Begin in Camp David akzeptiert hatte, beseitigt:

Wir selbst haben von den Palästinensern – zumindest von jenen, mit denen man derartige Abmachungen treffen sollte – dieses Zugeständnis erhalten, ohne irgendwelche amerikanische Zusagen wie in den Vereinbarungen von Camp David. Jüdische Siedlungen unterstehen künftig exklusiv israelischem Recht; die Palästinensische Autonomiebehörde wird keine Befugnisse über sie haben. Die israelischen Truppen werden auf Positionen verlegt [redeployed] werden, über die wir alleine entscheiden, die Vereinbarungen von Camp David verlangten dagegen den Abzug [withdrawal] der israelischen Truppen. In den von uns erzielten Vereinbarungen haben wir die Formulierung „Abzug der israelischen Truppen" nicht akzeptiert, ausgenommen bezüglich des Gaza-Streifens. Hinsichtlich aller anderen Orte gibt es nur den Begriff „Verlegung" [redeployment] … Ich ziehe es vor, dass in Gaza die Palästinenser selbst für Ruhe und Ordnung zu sorgen haben. Die Palästinenser werden das besser besorgen, denn sie werden keine Anrufung des Obersten Gerichts zulassen und werden Menschenrechtsorganisationen daran hindern, die Lage dort zu kritisieren, indem sie ihnen den Zutritt verweigern. Sie werden sich nach ihren eigenen Methoden regieren und, das ist äußerst wichtig, die israelischen Soldaten von ihrer Last befreien, das zu tun, was sie tun mussten.

Der größte Nutzen, den Israel aus den Vereinbarungen von Oslo zog, war das Abschütteln der formalen Verantwortung für die Lebensbedingungen und Wohlfahrtsdienste für die rasch anwachsende Bevölkerung, die aber immer noch vollständig von der israelischen Armee beherrscht wurde.

Premierminister Rabin schloss in der Folge rasch einen Friedensvertrag mit Jordanien und erklärte sich zu Verhandlungen mit den Syrern bereit. Und im Mai 1994 trafen er und Arafat ein Abkommen bezüglich des Gaza-Streifens sowie Jerichos und Umgebung. Es umfasste vier Hauptpunkte: Vereinbarungen bezüglich der Sicherheit, zivile Angelegenheiten, rechtliche Angelegenheiten und wirtschaftliche Beziehungen; außerdem das Versprechen, die israelischen Truppen aus einigen Ortschaften abzuziehen, darunter Gaza und Jericho, sowie eine Übertragung bestimmter ziviler Zuständigkeiten von der israelischen Zivilbehörde auf palästinensische Behörden. Es gab noch die Verpflichtung, Wahlen abzuhalten, um den Palästinensern die Bildung einer Regierung zu ermöglichen. Die Hoffnung auf weitere Fortschritte in Richtung Frieden nach den Vereinbarungen von Oslo zerschlug sich auf dramatische Weise, als Rabin im November 1995 von einem israelischen religiösen Fanatiker aus der Siedlerbewegung ermordet wurde. Er erklärte, Ziel seiner Tat sei die Unterbrechung des Friedensprozesses.

Dass der gute Wille von Oslo nicht ganz verschwunden war, zeigte sich zwei Monate später, das lässt sich im folgen-

den Auszug aus Präsident Clintons Memoiren „*My Life*"
nachlesen:

> Shimon Peres besuchte mich das erste Mal nach seinem
> Amtsantritt als Premierminister und sicherte mir er-
> neut zu, Israel beabsichtige, Gaza, Jericho und weitere
> größere Städte sowie 450 Dörfer im Westjordanland
> den Palästinensern bis Weihnachten zu übertragen
> und wenigstens 1 000 palästinensische Gefangene vor
> den bevorstehenden Wahlen zu entlassen.

Kapitel 10

DIE PALÄSTINENSISCHEN WAHLEN 1996

Zu den wichtigsten Verpflichtungen der Carter-Stiftung zählt die Förderung der Demokratie in Staaten, die das erste Mal vor der Aufgabe stehen, Wahlen abzuhalten, oder deren Regierungspartei so mächtig (oder so korrupt) ist, dass Kandidaten der Opposition zögern, sich aufstellen zu lassen. Wir haben keine Befugnisse über die jeweilige Bevölkerung, aber wir werden tätig, wenn uns Regierungen, politische Parteien und nationale Wahlkommissionen um unsere Mitarbeit bitten. Da unsere Zeit und Mittel begrenzt sind, bieten wir unsere Dienste nur an, wenn wir davon überzeugt sind, dass unsere Anwesenheit für die Durchführung freier und fairer Wahlen erforderlich ist. Die Teams der Carter-Stiftung haben bereits mehr als 60 Wahlen überwacht, zu den drei interessantesten, wichtigsten und herausforderndsten zählen die palästinensischen.

Andere PLO-Führer hatte ich zwar ab 1983 schon in Ägypten und Syrien getroffen, aber zu meiner ersten Begegnung mit Yassir Arafat kam es erst im April 1990 bei einem Parisbesuch. Rosalynn begleitete mich, um Notizen zu machen. Arafat umgab eine vielköpfige Entourage seiner wichtigsten führenden Politiker; er war überraschend freundlich und offensichtlich dankbar für die Gelegenheit, palästinensische Probleme direkt mit einem prominenten Amerikaner zu diskutieren. Seine Mitarbeiter begegneten ihm mit großer Achtung, aber Arafat zögerte, wesentliche oder heikle Fragen klar zu beantworten, bevor er nicht die Möglichkeit hatte, zwischen den konkurrierenden Flügeln seiner Organisation Konsens zu erzielen. Er bedauerte, die Vereinbarungen von Camp David abgelehnt zu haben, und gab zu, nicht alle Unterpunkte im Detail untersucht zu haben, u.a. den Abzug der israelischen militärischen und politischen Kräfte aus den besetzten Gebieten. Er kannte meine Forderung nach einem palästinensischen Heimatland, betonte, dass ein demokratischer Prozess an erster Stelle stehen müsse, und bat mich eindringlich um meine Hilfe, sicherzustellen, dass die Palästinenser ihre eigene Regierung wählen konnten. Ich versprach, wenn es so weit wäre, dass Wahlen in irgendeiner Form organisiert werden könnten, würden die Carter-Stiftung und ich uns intensiv engagieren – das israelische Einverständnis vorausgesetzt. Ich drängte ihn, sein Versprechen von Oslo einzulösen, die PLO-Charta abzuändern und das Existenzrecht Israels anzuerkennen, aber seine Antwort blieb vage.[*]

Der palästinensische Führer war noch nie in direktem Kontakt mit israelischen führenden Politikern gewesen, aber er wusste über die unterschiedlichen Flügel, die um die Führung in Jerusalem kämpften, gut Bescheid. Meine Notizen zeigen, dass er sich speziell nach Premierminister Shamir und einigen jüngeren Politikern erkundigte, u.a. nach Yossi Beilin (der später bei der Genfer Initiative mitarbeitete) und nach Ehud Olmert (er wurde später Premierminister). Zwar hatte ich nur die inoffizielle Billigung von Außenminister James Baker für mein Treffen, das rein privaten Charakter haben sollte, aber wir entschieden uns, eine in letzter Minute ausgesprochene Einladung von Präsident François Mitterand in den Élysée Palast anzunehmen. Das stellte sich als Ereignis mit breiter Berichterstattung in den Medien heraus, was mir nicht ganz recht war, Arafat aber sehr gelegen kam.

Nach dieser ersten Begegnung blieb ich mit den führenden palästinensischen Politikern weiter in Kontakt, und als Israel seine Einwilligung zu den Wahlen des Präsidenten und des Legislativrates gemäß den Vereinbarungen von Oslo gab, wiederholte Arafat seine Bitte um Unterstützung an die Carter-Stiftung. Wir übernahmen diese Verantwortung zusammen mit einer Organisation, mit der wir häufig zusammenarbeiteten, dem *National Democratic Institute* (NDI),

---

[*] Parisbesuch 1990, Oslo war in 1993. Hier irrt sich Carter! (d.H.)

einer gemeinnützigen Organisation, die sich der Stärkung der Demokratie widmet. Das war eine höchst interessante Erfahrung, die die Probleme und Herausforderungen im Heiligen Land plastisch erleben ließ. Als wir im Januar 1996 eintrafen, war nicht zu verkennen, dass die Israelis im Westjordanland und Gaza alle Aspekte der Existenz der Palästinenser fast vollständig kontrollierten, insbesondere bezüglich politischer und wirtschaftlicher Aktivitäten. Die besetzten Gebiete waren von israelischen Siedlungen überzogen, ein Netz von Schnellstraßen verband sie miteinander und mit Jerusalem, wobei den Palästinensern untersagt war, einige der wichtigsten Straßen zu nutzen oder sogar zu überqueren. Zudem behinderten mehr als 100 israelische Checkpoints permanent die Straßen, die für palästinensischen Verkehr noch offen waren; diese Behinderungen betrafen nicht nur Fahrzeuge, sondern auch Fußgänger.

Nach einem Treffen mit anderen Mitgliedern des Beobachterteams hatte ich Sitzungen mit amerikanischen Diplomaten, palästinensischen Meinungsforschern, politischen Kandidaten und Mitgliedern der Wahlkommission. Ich erfuhr, dass die Kommission erst vier Wochen zuvor gebildet worden war und dass den Kandidaten nur drei Wochen für die Wahlkampagne blieben. Dabei hatten sich für die 88 Sitze 700 Kandidaten qualifiziert; 6 Sitze waren für Christen reserviert und ein Sitz für die Samariter. Für das Amt des Präsidenten hatten sich nur Arafat und eine ziemlich unbekannte Frau namens Samiha Khalil qualifiziert.

Es gab viele Probleme, die ich mit Premierminister Peres und General Uri Dayan besprach, der für die Sicherheit im Westjordanland und Gaza verantwortlich war. Sie sicherten mir zu, dass die Hauptcheckpoints geöffnet sein würden, israelische Soldaten würden die Wahllokale nicht betreten und die Wähler würden nicht eingeschüchtert. In Ostjerusalem hatte ich viele Plakate gesehen, die den Arabern androhten, sie würden ihre Personalausweise, Wohngenehmigungen und Ansprüche auf soziale Dienstleistungen verlieren, wenn sie zur Wahl gingen. Israelische Politiker teilten mir mit, diese Drohungen stammten von einer militanten religiösen Gruppierung, und versprachen, sie würden so weit wie möglich entfernt. Das größte Problem betraf Ostjerusalem; für die Palästinenser (und für die internationale Gemeinschaft) ist es besetztes Gebiet, die Israelis betrachten es dagegen als integralen Bestandteil ihres Staates.

Die Kernfrage hinsichtlich der Wahlen war, ob die in Ostjerusalem lebenden Palästinenser als Einwohner Jerusalems wählen sollten oder als im Ausland wohnende Briefwähler, deren Wahlscheine außerhalb des umstrittenen Gebiets ausgezählt werden sollten. Von den etwa 200 000 arabischen Einwohnern würden nur etwa 4 000 Wahlberechtigungskarten erhalten, zur Stimmabgabe standen ihnen nur fünf Postämter zur Verfügung, von denen vier äußerst klein waren. Von den insgesamt etwa 120 000 registrierten Wahlberechtigten könnten diejenigen, die entschlossen genug waren und geeignete Transportmittel fanden, möglicherweise einen Weg aus Jerusalem heraus in nahe gelegene Wahllokale in den Vorstädten und Nachbarorten finden, den Ölberg, Ramallah, Bethanien und Bethlehem eingeschlossen. Das war ein sehr heikles politisches Problem, und ein Scheitern seiner Lösung würde die Durchführung der Wahl gefährden.

Rosalynn und ich trafen Arafat in Gaza-Stadt, wo er mit seiner Frau Suha und der kleinen Tochter wohnte. Das Baby, das einen hübschen rosafarbenen Anzug trug, kam bereitwillig auf meinen Schoß, und ich ergötzte es mit denselben Spielchen, mit denen ich bei unseren Kindern und Enkeln Erfolg gehabt hatte. Es wurde viel fotografiert, und dann bat der Fotograf Arafat, er solle seine Tochter einmal auf den Arm nehmen. Als er sie aufhob, brach sie in lautes Gebrüll aus und streckte ihre Händchen nach mir aus, was dem Präsidentschaftskandidaten die gut gemeinte Ermahnung einbrachte, er solle mehr Zeit zu Hause verbringen, um vertrauter mit seinem eigenen Kind zu werden. Als wir dann mehr Zeit für ernstere Dinge hatten, kritisierte ich Arafat unmissverständlich für die Verhaftung von Journalisten und Menschenrechtsaktivisten, aber er zeigte sich nicht schuldbewusst und behauptete, sie hätten Zwistigkeiten zwischen Christen und Muslimen provoziert. Ich drängte ihn, die PLO-Charta abzuändern, der Gewalt abzuschwören und Israel anzuerkennen, aber er machte geltend, das sei schon während des Friedensprozesses von Oslo erfolgt. Ich drängte ihn auch, dem neu gewählten Legislativrat maximale Autonomie zu gewähren, was er versprach, wobei er mir noch mitteilte, die erste Sitzung werde kurz nach Ramadan stattfinden (dem jährlichen islamischen Fastenmonat, der an diesem Wochenende beginnen sollte).

Auf Arafats Bitte traf ich dann Mahmud al-Zahar und andere führende Politiker der *Hamas*, einer militanten islamischen Gruppierung, die gegen die Anerkennung Israels ist, Gewaltakte begeht und zunehmend mit Arafats säkularer *Fatah* konkurriert. Ich bat sie eindringlich, die Wahlergebnisse anzuerkennen und auf Gewalt zu verzichten. Sie versprachen, die Wahlen nicht zu behindern und in der Zukunft auf Gewalt zu verzichten, „falls und wenn Israel die Unterdrückung beendet." Sie teilten mir mit, sie beabsichtigten, an kommenden Kommunalwahlen teilzunehmen, aber am Legislativrat wollten sie sich nicht beteiligen.

Bevor die Wahlen beginnen konnten, musste für das akute Problem der Stimmabgabe in Ostjerusalem eine Lösung gefunden werden. Schließlich handelten wir einen Kompromiss aus: Der Schlitz würde sich ganz oben an der Vorderwand der Wahlurne befinden! Palästinenser könnten behaupten, sie hätten ihren Stimmzettel als Wähler vor Ort vertikal eingeworfen, während die Israelis behaupten könnten, die Umschläge seien horizontal wie Briefe in Briefkästen gesteckt worden.

Am Wahltag fuhren Rosalynn und ich von einem Wahllokal zum nächsten, und unsere Beobachter nahmen Beschwerden an und lösten so viele Probleme, wie es uns möglich war.

Anfangs kamen in Ostjerusalem nur wenige Wähler und um die Eingänge waren jeweils um die 50 israelische Polizisten positioniert, mitunter sogar im Innern der Postämter, und machten demonstrativ Videoaufnahmen vom Gesicht jedes einzelnen Palästinensers, der in der Schlange darauf wartete, seine Stimme abzugeben. Zwei einheimische Beobachter, die zum größten Postamt kamen und ihre Berechtigungsausweise vorzeigten, wurden verhaftet; einer wurde auf der Fahrt ins Gefängnis geschlagen.

Diese Nachricht verbreitete sich in ganz Jerusalem wie Lauffeuer. Am Hauptcheckpoint, den die Palästinenser auf ihrem Weg zur Wahl außerhalb der Stadt passieren mussten, teilte mir ein junger Offizier mit, er habe Befehl, alle Namen aufzuschreiben. Ich rief General Dayan an, um über diese Probleme zu berichten, und die Checkpoints wurden geöffnet; aber erst gegen Mittag hatte sich die Zahl der Polizisten an den Postämtern in Ostjerusalem verringert und waren auch die letzten Videokameras weggesteckt. Dayans Argument war, sie sollten rechtsgerichtete Israelis abschrecken, gewalttätig zu werden, aber es war offensichtlich, dass dadurch die palästinensischen Wähler abgeschreckt wurden, und letztendlich warfen nur etwa 1 600 der Ostjerusalemer Wähler ihren Stimmzettel in die Wahlurnen (oder Briefkästen) in der Stadt.

Im Laufe des Tages sammelte und analysierte unser Beobachterteam Berichte von etwa 250 Wahllokalen. Insgesamt hatten ungefähr 75 % aller Wahlberechtigten ihre Stimme abgegeben; in Gaza waren es mehr als 85 %. Nur in zwei von den 1 696 Wahllokalen außerhalb Jerusalems gab es Probleme. Drei Palästinenser wurden an einem Checkpoint bei

Jenin von israelischen Polizisten erschossen, aber 60 % der Menschen gingen in dieser Kommune zur Wahl. Die Teilnahme und der Enthusiasmus der Frauen sollte die größte Überraschung für uns sein. In Gaza und fast überall, wo man sonst kaum Frauen in der Öffentlichkeit zu sehen bekam, strömten sie in Scharen in die Wahllokale.

Yassir Arafat erzielte 88 % der Stimmen und Mitglieder seiner Fatah und ihr nahestehende Unabhängige gewannen etwa 75 % der Sitze im Legislativrat. Nach der Wahl wiederholte ich meine dringende Bitte, er möge die Unabhängigkeit des gewählten Rates respektieren, der Hamas und anderen ein ehrliches Angebot machen, an künftigen Wahlen teilzunehmen, einen baldigen Termin für Kommunalwahlen ansetzen und für rasche Änderung der PLO-Charta sorgen. Es waren auch einige starke Unabhängige gewählt worden, u.a. Hanan Ashrawi, Christin und Sprecherin aus Ramallah, die großen Einfluss besaß. Alle lachten, als Arafat mir mitteilte, in dem Rat würden etwa 15 Frauen vertreten sein, und dann hinzufügte: „Aber Hanan allein zählt schon für zehn."

Es war offensichtlich, dass Grundlage für die Freilassung von beinahe 5 000 Gefangenen aus israelischer Haft und mögliche Fortschritte bezüglich einer dauerhaften Lösung der strittigen Fragen glaubhafte Aktionen auf beiden Seiten sein mussten. Premierminister Peres gab bekannt, allen Mitgliedern des Palästinensischen Nationalrates werde die Reise ins Westjordanland und nach Gaza gestattet, um die Änderung der PLO-Charta vornehmen zu können. Das waren gute

Nachrichten, denn viele der aktiveren Mitglieder der Fatah hatten schon seit langem keine Genehmigung für Reisen innerhalb ihres eigenen Landes erhalten, weil sie von den Israelis als Terroristen angesehen wurden. Der neue Präsident verlegte seinen Amtssitz nach Ramallah und führte seinen Kampf fort, vollständige palästinensische Kontrolle über das Westjordanland und Gaza zu erringen, die immer noch von Israel besetztes Territorium waren.

Die Qualität der Wahlen stimmte uns Beobachter alle zufrieden, stellte sie doch nichts weniger als ein überwältigendes Mandat dar, nicht nur für die Bildung einer palästinensischen Regierung, sondern auch für die Aussöhnung zwischen Israelis und Palästinensern. Sie riefen uns aber auch erneut ins Bewusstsein, wie viele äußerst heikle und schwierige Probleme noch zu lösen waren.

Kapitel 11

—◆—

CLINTONS
FRIEDENSBEMÜHUNGEN

Die zwei verheerenden von palästinensischen Terroristen verübten Selbstmordattentate im März 1996, wenige Wochen
nach den palästinensischen Wahlen, erwiesen sich als fatal für
den Friedensprozess. 32 israelische Zivilisten starben. Diese
Anschläge verhalfen wahrscheinlich dem Likud-Kandidaten
Benjamin Netanjahu, einem Falken, zum Sieg über Shimon
Peres. Der neue Führer Israels versprach, niemals Land gegen
Frieden einzutauschen. Außenminister Ariel Sharon erklärte,
die Vereinbarungen von Oslo seien „nationaler Selbstmord",
und rief dazu auf: „Alle müssen sich aufmachen, loslaufen
und so viele Bergkuppen wie möglich besetzen, um die Siedlungen zu auszuweiten, denn alles, was wir uns jetzt nehmen,

wird uns gehören ... Alles, was wir nicht besetzen, wird ihnen zufallen." Diese Politik beschleunigte Israels festen Zugriff auf die besetzten Gebiete und entfachte weitere Gewalt seitens der Palästinenser.

Da Arafat jetzt der offiziell gewählte Führer war, bemühte sich Bill Clinton intensiv und ausdauernd, Israelis und Palästinenser zu einer vernünftigen Annäherung zu bringen. Im Oktober 1998 wurde in Wye-Plantation, Maryland, eine Gipfelkonferenz einberufen, auf der einige Vereinbarungen getroffen wurden; sie betrafen die Verlegung israelischer Truppen, Sicherheitsarrangements, die Freilassung von Gefangenen und die Wiederaufnahme von Verhandlungen über einen dauerhaften Status, aber wenige Wochen danach beschloss das israelische Kabinett die Vertagung der Umsetzung des Memorandums von Wye River.

Selbst nachdem im Mai 1999 der Labourmann Ehud Barak zum Premierminister gewählt worden war, zeigte die israelische Regierung weiterhin eine hartnäckige, verweigernde Haltung bezüglich der umfassenden Umsetzung der Vereinbarungen von Oslo und der maßgeblichen UN-Resolutionen 242 und 338, während die Palästinenser auf deren Beibehaltung in allen Punkten als Basis für einen dauerhaften Frieden beharrten. Trotz dieser widrigen Umstände arrangierten die Vereinigten Staaten eine Reihe von Friedensgesprächen: in Sharm el-Sheikh, auf der Luftwaffenbasis Bolling und schließlich im Juli 2000 in Camp David; dieses Treffen dauerte vierzehn Tage.

Landkarte 6

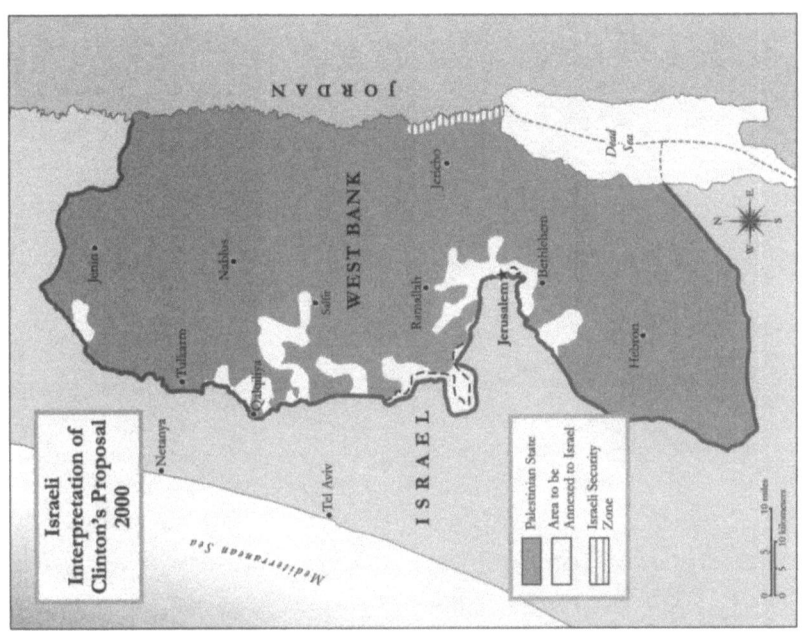

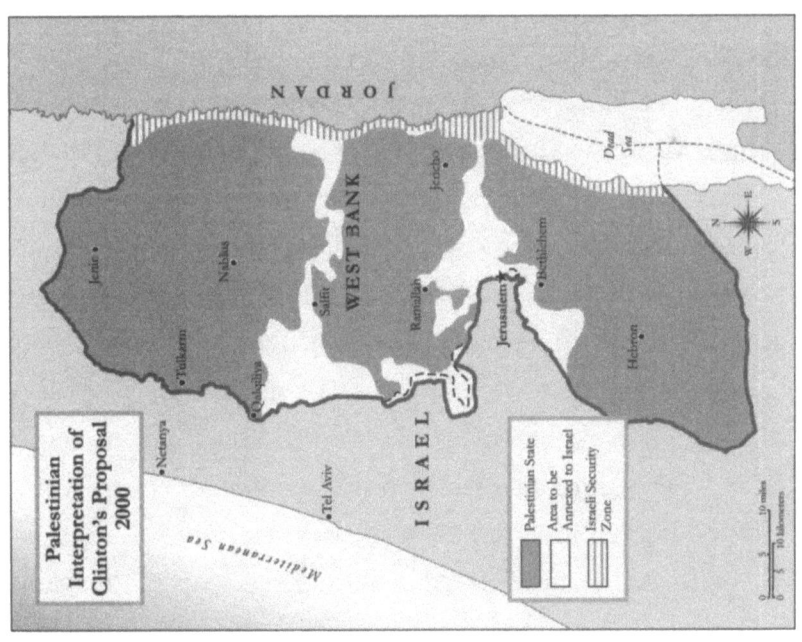

Im September 2000 begab sich Ariel Scharon mit Premierminister Baraks widerwilliger Billigung auf den Tempelberg, in seinem Gefolge mehrere Hundert Polizisten. Dort stehen der Felsendom und die al-Aksa Moschee, und dort erklärte er, die islamischen heiligen Stätten würden dauerhaft unter israelischer Kontrolle bleiben. Viele Israelis beschuldigten den ehemaligen obersten Militär, absichtlich Öl ins Feuer bereits feindseliger Emotionen gegossen zu haben, um stürmische Reaktionen zu provozieren und somit jeglichen Erfolg auf weiterführende Friedensgespräche zu verhindern.

Bereits frustriert über Israels fehlenden Willen, die Vereinbarungen von Oslo umzusetzen, reagierten die Palästinenser auf dieses provokative Ereignis äußerst heftig. Es kam zu einem weiteren gewalttätigen Aufbegehren, das dann den Namen 2. Intifada erhielt.

Später, in den letzten Monaten seiner Amtszeit in Washington, machte Präsident Clinton seinen allerletzten Vorschlag, wie er es nannte: 80 % der Siedler sollten im Westjordanland bleiben dürfen, Israel sollte die Kontrolle über das Jordantal behalten sowie ein Frühwarnsystem im Westjordanland installieren und zusätzlich die Möglichkeit haben, mit Truppen einzumarschieren, falls die Sicherheitslage das erfordere. Der neue palästinensische Staat sollte entmilitarisiert sein, internationale Truppen sollten die Sicherheit an den Grenzen gewährleisten und für Abschreckung sorgen, der palästinensische Luftraum sollte unter palästinensischer Kontrolle stehen, abgesehen von Sonderabmachungen, um

Israels Bedürfnisse nach Training und Operationen zu befriedigen.

In Jerusalem würden die arabischen Viertel unter palästinensischer und die jüdischen unter israelischer Verwaltung stehen, Palästinenser hätten Souveränität über den Tempelberg, Israel über die Klagemauer und die „heilige Stätte", deren Teil sie ist. Palästinensische Flüchtlinge sollten nur nach dem Westjordanland und Gaza zurückkehren dürfen. Entscheidende Bedingung war, dass mit diesen Vereinbarungen, falls es zur Ratifzierung kommen sollte, **alle** Forderungen der UN-Resolutionen, die den Nahen Osten betreffen, als erfüllt gelten. Premierminister Baraks Antwort war nicht eindeutig, später teilte er mit, Israel habe 20 Seiten Vorbehalte. Auch Präsident Arafat lehnte den Vorschlag ab.

Während sich Präsident Clinton mühte, den Frieden voranzubringen, wuchs die Zahl der israelischen Siedlungen in den besetzten Gebieten um 90 %; der größte Zuwachs erfolgte unter Premierminister Ehud Barak. Ende 2000 war die Zahl der israelischen Siedler im Westjordanland und Gaza auf 225 000 angewachsen. Das beste Angebot an die Palästinenser – von Clinton, nicht von Barak – lautete, Abzug von 20 % der Siedler – 180 000 wären in 209 Siedlungen verblieben, die etwa 10 % der besetzten Gebiete einnehmen, einschließlich von Arealen, die „gepachtet" werden sollten, sowie Ostjerusalems und Teilen des Jordantals.

Die Angaben in Prozentzahlen sind irreführend, da sie normalerweise nur den tatsächlichen Fußabdruck der Siedlungen darstellen. Es gibt nämlich um jede Siedlung eine Zone mit einem Radius von etwa 400 m, die Palästinenser nicht betreten dürfen. Außerdem weitere große Areale, die konfisziert oder für ausschließlich israelische Nutzung reserviert wären: Schnellstraßen, die die Siedlungen miteinander und mit Jerusalem verbinden, und „Lebensadern", die die Siedlungen mit Leitungen für Wasser, Abwasser, Elektrizität und Kommunikationsverbindungen versorgen. Deren Breite reicht von 500 m bis zu 4 000 m, und Palästinenser dürften diese nicht nutzen, viele dieser Korridore dürften sie nicht einmal überqueren. Dieses Wabennetz von Siedlungen und ihren Verbindungskorridoren zerstückeln das Westjordanland in mindestens zwei unverbundene große Gebiete und zahllose Fragmente, häufig unbewohnbar oder nicht einmal erreichbar, und die israelische Kontrolle über das Jordantal verwehrt den Palästinensern direkten Zugang zur Ostgrenze nach Jordanien. In Palästina gibt es insgesamt etwa 100 militärische Checkpoints; sie blockieren mitunter die Zufahrtsstraßen der Ortschaften und die Verbindungsstraßen, dazu kommen unzählige andere Straßen, die dauerhaft durch riesige Betonklötze oder Erdwälle abgesperrt sind.

Dass irgendein palästinensischer Führer derartige Bedingungen annehmen und dies überleben könnte, ist ein Ding der Unmöglichkeit. Trotzdem hatten offizielle Verlautbarungen aus Washington und Jerusalem Erfolg damit, Yassir Arafat die ganze Last der Verantwortung für das Scheitern aufzubürden. Im Heiligen Land ging die Gewalt weiter.

Pro Forma gab es immer noch Verpflichtungen zu den in Oslo vereinbarten Friedensgesprächen über den „Endstatus", in denen die Fragen zu Jerusalem, Flüchtlingen, Siedlungen, Sicherheitsabkommen, Grenzen sowie Beziehungen zu und Kooperation mit Nachbarländern gelöst werden sollten. Im Januar 2001 fand eine erneute Gesprächsrunde im ägyptischen Taba statt, zu der Zeit, als George W. Bush sein Amt antrat. Teilnehmer waren u.a. der Präsident des palästinensischen Legislativrates und der israelische Außenminister. Später wurde behauptet, die Palästinenser hätten ein „großzügiges Angebot" seitens Premierminister Barak abgelehnt, in dem Israel nur 5 % des Westjordanlandes behalten hätte. Tatsache ist, dass es ein derartiges Angebot nie gegeben hat. Barak sagte später: „Mir war klar, dass es keine Aussicht gab, in Taba eine Einigung zu erzielen. Deshalb bestimmte ich, es gibt eigentlich keine Verhandlungen, keine Delegation und deshalb keine Dokumentation. Auch dürfen keine Amerikaner im Raum anwesend sein. Was in Taba stattgefunden hat, waren allein nicht bindende Kontakte zwischen hochrangigen Israelis und hochrangigen Palästinensern."[*]

Die Wahl von Ariel Scharon zum Premierminister zwei Monate danach beendete diese Bemühungen, eine Annäherung zu erzielen.

---

[*] Trotz dieses offiziellen Dementis fanden in Taba wesentliche Gespräche statt, die dann Basis der später ausgearbeiteten Genfer Initiative wurden, die in Kapitel 13 beschrieben wird.

Landkarte 7

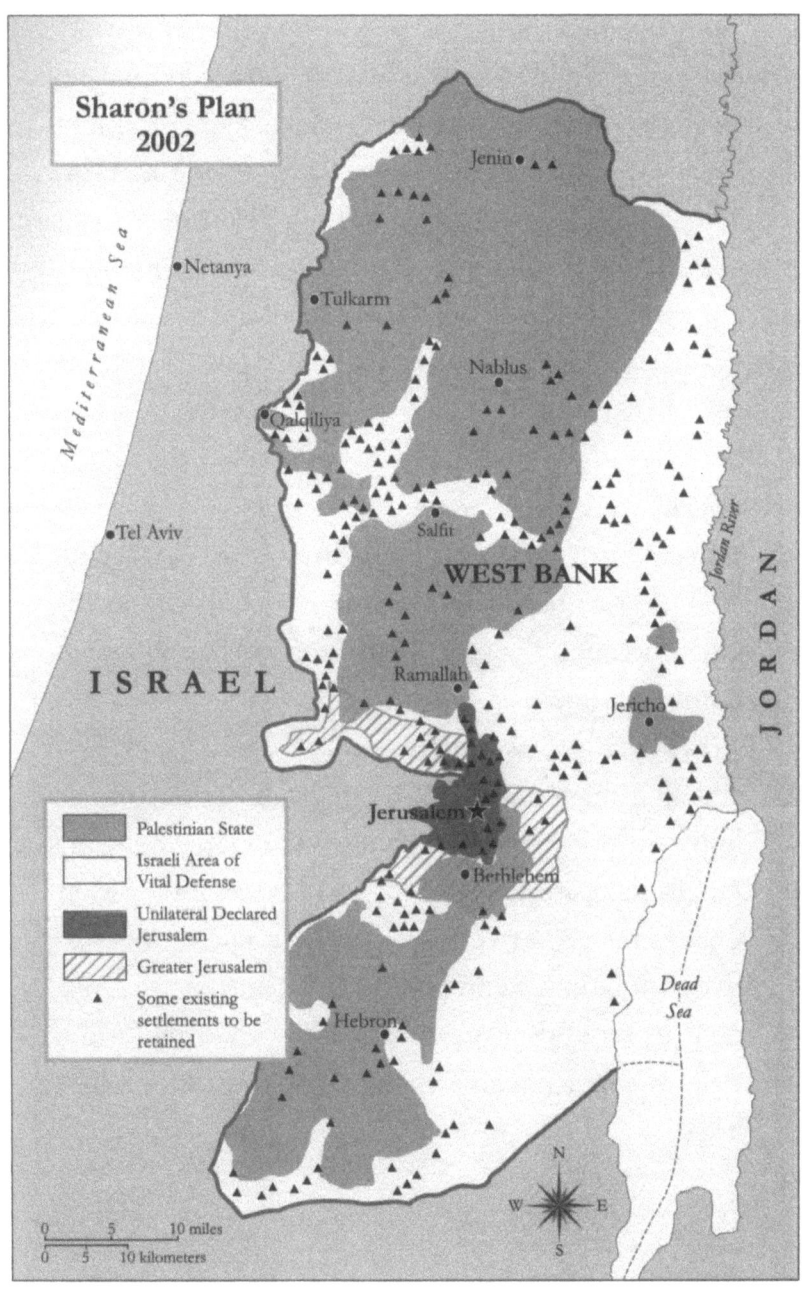

Sharon's Plan
2002

Mediterranean Sea

•Netanya

Jenin•

Tulkarm

Nablus

•Qalqiliya

•Tel Aviv

Salfit

WEST BANK

Jordan River

JORDAN

I S R A E L

Ramallah

Jericho•

Jerusalem ★

•Bethlehem

Palestinian State

Israeli Area of
Vital Defense

Unilateral Declared
Jerusalem

Greater Jerusalem

▲   Some existing
settlements to be
retained

Hebron

Dead
Sea

N
W   E
S

0   5   10 miles
0   5   10 kilometers

Eine Verlautbarung der Regierung bekräftigte zwar Israels Wunsch und Hoffnung, Frieden zu schließen, erklärte aber, alle Fehlschläge bei den Verhandlungen seien durch den andauernden und eskalierenden palästinensischen Terror verursacht, der von der palästinensischen Autonomiebehörde unterstützt werde. Als prominenteste Sprecherin der Palästinenser, die sich für Menschenrechte und die Förderung des Friedens einsetzt, entgegnete Dr. Hanan Ashrawi auf die israelischen Behauptungen:

„Bislang waren sie damit erfolgreich, einerseits den Friedensprozess wegen ihrer Mentalität in Geiselhaft zu halten; andererseits haben sie entsetzliche Gewalt entfesselt durch Provokationen wie Granatbeschuss, Bombardierung, Häuserzerstörung, Entwurzelung von Bäumen, Vernichtung von Ernten, Ermordung politischer Führer, durch Absperrungen, die alle Palästinenser zu totaler Bewegungslosigkeit verdammen – wie in einem Gefängnis. Und dann wundern sie sich auch noch, dass einige Palästinenser mit Gewalt reagieren! Und dann wollen sie auch noch das Recht zugesprochen bekommen, gegen eine eingesperrte Bevölkerung gewaltsam vorzugehen. Anschließend machen sie Gewaltlosigkeit seitens der Palästinenser zur Vorbedingung für die palästinensische Seite, damit sie zu Gesprächen zugelassen werden, von einem eigenen Staat ganz zu schweigen."

Kapitel 12

━ •◆• ━

DIE JAHRE UNTER
GEORGE W. BUSH

Bald nach George W. Bushs Amtseinführung im Januar 2001 wurden in Israel Wahlen abgehalten. Ariel Scharon wurde in der unruhigen Stimmung der neuen Intifada zum Premierminister gewählt, weil er für sein aggressives Vorgehen gegen Palästinenser nur zu bekannt war. Er war vehement gegen die Vereinbarungen von Oslo und legte große Betonung auf seine vorrangige Verpflichtung, Angriffe auf Zivilisten und Soldaten mit aller Gewalt zu erwidern – beides kam in den besetzten Gebieten immer wieder vor.

Im Laufe dieser 2. Intifada nahm die Gewalt immer mehr zu; mehr als 1 000 Palästinenser und beinahe 200 Israelis wurden getötet. Und dann, Ende März 2002, fast gleichzeitig, ereigneten sich drei Dinge von wesentlicher Bedeutung. Am 27. März verübte ein Selbstmordattentäter einen Anschlag, bei dem er dreißig Israelis mit in den Tod riss. Die Opfer feierten gerade das Passah-Fest im Park Hotel in der Küstenstadt Netanya. Die führenden Häupter der Welt, darunter amerikanische Politiker und der Generalsekretär der Vereinten Nationen, reagierten prompt und verurteilten diesen Terrorakt.

Am nächsten Tag verabschiedeten 22 Staaten auf dem Gipfeltreffen der Arabischen Liga in Beirut nach einer langen Debatte eine Resolution, die der saudische Kronprinz Abdullah (wenig später wurde er König) eingebracht hatte. Sie bot Israel normale Beziehungen mit allen arabischen Staaten an, wenn Israel die UN-Resolutionen 242 und 338 erfüllt. Auf die Frage nach der Definition von „normalen Beziehungen" antworteten die Saudis: „Wir stellen uns Beziehungen zwischen den arabischen Staaten mit Israel vor, die identisch sind mit den Beziehungen zwischen den arabischen Staaten untereinander und mit allen anderen Staaten." Sie erklärten weiter, die Formulierungen „alle besetzten Gebiete" und „die Rückkehr von Flüchtlingen" seien absichtlich vage genug, um die Möglichkeit offen zu halten, diese Angelegenheiten durch Verhandlungen zwischen Israel und den Palästinensern respektive den Syrern und Libanesen zu regeln.

Das Weiße Haus erwiderte: „Präsident George W. Bush bittet andere führende Politiker, auf den Gedanken des Kronprinzen aufbauend, die Sache des Friedens in dieser unruhigen Region anzugehen."

Am folgenden Tag, dem 29. März, umzingelte ein massiver israelischer Armeeverband den Komplex der palästinensischen Autonomiebehörde in Ramallah, in dem Präsident Arafat seinen Amtssitz hat, und zerstörte ihn. Einige wenige Räume blieben intakt. Mit der Beschuldigung, Arafat unterstütze die Initifada, informierte Premierminister Scharon die Mitglieder seines Kabinetts darüber, er wolle Arafat verhaften und aus den besetzten Gebieten deportieren. „Die einzige Verpflichtung, die wir eingegangen sind", verkündete Polizeiminister Uri Landau, „ist, ihn nicht zu töten." Außenminister Colin Powell forderte Scharon auf, „die Konsequenzen seines Handelns" zu bedenken und zivile Opfer gering zu halten; und später votierten die Vereinigten Staaten für eine Resolution des UN-Sicherheitsrates, die von Israel den Abzug aus Ramallah forderte, das Israel 1995 als von Palästinern selbst verwaltet erklärt hatte. Israel ignorierte die Resolution.

Arabische Diplomaten beschuldigten Scharon, er sabotiere absichtlich die arabische Friedensinitiative, und der saudische Kronprinz Abdullah nannte den Angriff des Premierministers auf Arafat „einen brutalen, abscheulichen, unzivilisierten, unmenschlichen und grausamen Akt". Bis auf ein kurzes Zwischenspiel sollte Arafat bis zu den letzten Tagen seines Lebens in diesen engen Räumen eingesperrt bleiben. Er hatte so gut wie keinen Kontakt zu seinen eigenen Leuten und äußerst geringe Möglichkeiten, seine verbliebene Autorität auszuspielen, trotzdem machten ihn die Israelis für jeden einzelnen Gewaltakt in den besetzten Gebieten verantwortlich.

Auf massiven internationalen Druck hin, einen Ausweg aus dieser desolaten Sackgasse zu finden, verkündete Präsident George W. Bush im Juni 2002 die Zweistaatenlösung für den israelisch-arabischen Konflikt – das erste Mal, dass ein amerikanischer Führer die künftige palästinensische Regierung als möglicherweise souverän angesprochen hatte. Der Präsident schloss jedoch jede weitere Beteiligung des einzigen gewählten Führers der Palästinenser, Yassir Arafat, an diesem Prozess aus und erklärte: „Der Frieden erfordert eine neue, andersgeartete palästinensische Führung, damit der palästinensische Staat das Licht der Welt erblicken kann." Die Palästinenser wurden für den ausbleibenden Fortschritt Richtung Frieden verantwortlich gemacht, und Präsident Bush und Premierminister Scharon erklärten, jede Reaktion ihrerseits auf irgendeinen Akt der Gewalt sei gleichzusetzen mit dem weltweiten Krieg gegen Terrorismus.

Die einzigen Forderungen der Amerikaner an die Israelis lauteten, sie sollten sich auf die militärischen Positionen von vor September 2000 zurückziehen, als Scharons Besuch auf dem Tempelberg zum Ausbruch der Gewalt geführt hatte, keine weiteren Siedlungen in den besetzten Gebieten bauen und irgendwann in der Zukunft Abmachungen aushandeln, um die UN-Resolution 242 endlich zu erfüllen, wenn denn die Palästinenser ihre Fähigkeit bewiesen hätten, jeden gewaltsamen Widerstand in den besetzten Gebieten zu beenden. Prompt akzeptierte Ariel Scharon die Elemente des Vorschlags, die palästinensische Gewalt betrafen.

Die Palästinenser machten geltend, dass die beinahe 200 000 israelischen Besatzungssoldaten nicht in der Lage seien, **jeden** potenziellen Gewaltakt zu verhindern, und es sei ihrem eingeschlossenen und isolierten Präsidenten nicht möglich, vollkommenen Frieden zu garantieren, insbesondere wenn nur wenigen Mitgliedern der Sicherheitsdienste Seitengewehre oder Kommunikationsausrüstung gestattet seien.

Da Arafat für Bush und Scharon nicht als Gesprächspartner in Frage kam, wurde im März 2003 Mahmud Abbas (Abu Mazen) zum ersten Premierminister der palästinensischen Autonomiebehörde gewählt. Abbas war als das „Gesicht der palästinensischen Mäßigung" bekannt; er war der Chefarchitekt der Vereinbarungen von Oslo. Seine Wahl wurde sowohl von Israel wie von den Vereinigten Staaten sehr unterstützt. Auch Arafat äußerte sich zustimmend und sagte, dieser Wechsel bedeute eigentlich die Bestätigung seiner eigenen Reformbestrebungen. Aber tatsächlich führte diese Entwicklung nicht zu echten Friedensgesprächen mit Israel, nur zu einem Gerangel zwischen Abbas und Arafat über die Kontrolle über die Sicherheitskräfte.

Im April 2003 verkündete der Generalsekretär der Vereinten Nationen, Kofi Annan, eine *„road map for peace"* zur Lösung des israelisch-arabischen Konflikts, und zwar im Namen der Vereinigten Staaten, der Vereinten Nationen, Russlands und der EU (dem so genannten Quartett). Annan sagte:

„Eine derartige Abmachung, zwischen den Parteien ausgehandelt, wird als Ergebnis die Schaffung eines unabhängigen demokratischen palästinensischen Staates haben, der Seite an Seite mit Israel sowie allen anderen Nachbarn in Frieden und Sicherheit lebt. Das Abkommen wird die Besatzung beenden, die 1967 begann; seine Basis sind die Leitsätze der Konferenz von Madrid und das Prinzip Land gegen Frieden, die Resolutionen des Sicherheitsrates der Vereinten Nationen 242, 338 und 1397, bisher von den Parteien getroffene Vereinbarungen sowie die arabische Friedensinitiative, die vom saudischen Kronprinz vorgeschlagen und auf der Gipfelkonferenz der Arabischen Liga in Beirut verabschiedet wurde."

Die Palästinenser akzeptierten die *Roadmap* in ihrer Gesamtheit, aber die israelische Regierung gab vierzehn Einwände dagegen sowie Vorbedingungen bekannt, von denen einige endgültige Friedensgespräche im Prinzip verhindern würden (Anhang 7 enthält die vollständige Liste). Die israelischen Bedingungen beinhalten u.a.:

1. Die totale Auflösung **aller** militanten palästinensischen Untergruppierungen, die Einsammlung und Zerstörung **aller** illegalen Waffen,

2. ein Ende der Hetze gegen Israel – aber die *Roadmap* kann nicht verlangen, dass Israel Gewalt und Hetze gegen Palästinenser beenden muss,

3. Israels Kontrolle über Palästina, einschließlich Ein- und Ausreise aller Personen, Ein- und Ausfuhr aller Güter und Waren, Kontrolle über den Luftraum und das elektro-magnetische Spektrum (Funk, Fernsehen, Radar etc.),

4. die Aufgabe jeglicher Form des Rückkehrrechtes der Flüchtlinge,

5. keine Debatte über israelische Siedlungen in Judäa, Samaria und Gaza oder den Status der Palästinensischen Autonomiebehörde und ihrer Institutionen in Jerusalem,

6. keinen Bezug auf die Kernpunkte der UN-Resolution 242.

Im Endeffekt haben alle diese Bedingungen praktisch zur Folge, dass die *Roadmap* umstritten ist und nur zwei Ergebnisse hat: Israel ist in der Lage, sie für seine Verzögerungstaktik einzusetzen mit einer endlosen Serie unerfüllbarer Vorbedingungen, während es fortfährt mit Plänen, seine einseitigen Ziele zu verwirklichen, und die Vereinigten Staaten können den Eindruck vermitteln, in einem so genannten „Friedensprozess" zu vermitteln, von dem Präsident Bush schon verkündet hat, während seiner Amtszeit werde er nicht zum Abschluss kommen.

Im Juni 2003 wurde in Akaba, Jordanien, ein Nahost-Gipfel abgehalten, zu dem der jordanische König Abdallah eingeladen hatte und an dem Präsident Bush, Premierminister Scharon und Premierminister Abbas teilnahmen; dort sollte allgemein über schrittweise Fortschritte gemäß der *Roadmap* debattiert werden. Einige Wendungen in den Schlussverlautbarungen, die ich kursiv hervorgehoben habe, waren äußerst interessant. Der israelische Premier Ariel Scharon sagte:

> „Die israelische Regierung und das israelische Volk begrüßen die Gelegenheit zur Wiederaufnahme direkter Verhandlungen gemäß der Etappen der *Roadmap*, *wie von der israelischen Regierung angenommen …* Wir können unseren palästinensischen Partnern auch versichern, dass wir verstehen, wie wichtig ein zusammenhängendes Territorium im Westjordanland für einen lebensfähigen palästinensischen Staat ist. Die israelische Politik im Westjordanland, *über die direkt mit den Palästinensern verhandelt werden muss*, wird diese Tatsache widerspiegeln …
> Wir akzeptieren das Prinzip, dass das Ergebnis der Verhandlungen nicht vorweggenommen werden kann, durch *keine einseitigen Handlungen irgendeiner Partei.*"

Präsident Bush antwortete: „Auch ich freue mich, mit Premierminister Abbas zusammen zu sein. Er repräsentiert die Sache der Freiheit und Eigenstaatlichkeit des palästinensischen Volkes. Ich unterstütze diese Sache nachdrücklich ... Zudem hat Premierminister Scharon erklärt, dass *keine einseitigen Handlungen* einer der beiden Seiten das Ergebnis künftiger Verhandlungen vorwegnehmen können oder sollen.«

Im Oktober trat Abbas mit der Begründung zurück, Israel und die Vereinigten Staaten hätten ihn nicht in ernsthafte Friedensbemühungen einbezogen und es habe innerhalb der PLO gewissen Widerstand gegen seine Rolle gegeben.

Die anfänglich gemachten Vorschläge und der Zeitplan der *Roadmap* sind zwar größtenteils ignoriert oder aufgegeben worden, aber die Erklärung über die Grundelemente einer dauerhaften Zweistaatenlösung für den israelisch-palästinensischen Konflikt haben die Mitglieder des Quartetts beibehalten, u.a. die Beendigung der 1967 begonnenen Besatzung und die vollständige Umsetzung der maßgeblichen UN-Resolutionen.

Das internationale Quartett ist sich im Klaren darüber, dass Israel einen dauerhaften und umfassenden Frieden braucht. Der wird aber erst möglich, wenn Israel die Bedingungen der *Roadmap* akzeptiert und die Kolonisierung des Landes, das international als palästinensisch anerkannt ist, aufgibt und wenn die Palästinenser als Gegenleistung Israels Existenzrecht akzeptieren, eine Existenz ohne Bedrohung.

Kapitel 13

·◆·

DIE GENFER INITIATIVE

Da nach dem Amtsantritt von Ariel Scharon und George W. Bush gemeinsame Friedensgespräche ins Nirgendwo führten, fuhr eine Gruppe von Israelis und Palästinensern fort, die Ergebnisse der Gespräche von Taba auszubauen. Die Aktivisten dieser Bemühungen waren der ehemalige stellvertretende Premierminister Beilin und der ehemalige palästinensische Minister für Information und Kultur, Yassir Abed Rabbo. Im Oktober 2001 erhielt ich einen Anruf von Beilin, einem erfahrenen Politiker, der seit langem an der Spitze der Friedensbemühungen stand, sowohl bei den Verhandlungen von Oslo als auch bei jenen der jüngsten Vergangenheit. Er hatte sich mit seinen Mitstreitern in Ägypten und in der PLO beraten, die vorschlugen, mich um Hilfe zu bitten bei der Beilegung einiger Differenzen, die bei den Verhandlungen zwischen Israelis und Palästinensern aufgetaucht waren.

Noch im selben Monat traf ich mich mit Beilin, und er berichtete mir über die laufenden Bemühungen, bezüglich der drei schwierigsten Fragen eine Einigung zu erzielen: Siedlungen sowie endgültige Grenzen, das Recht der Palästinenser auf Rückkehr und Jerusalem. Endziel war die Veröffentlichung eines Friedensvorschlags, erarbeitet ohne die offizielle Genehmigung der israelischen oder palästinensischen Regierung. Er sollte fair, ausgewogen und potenziell für beide Seiten annehmbar sein. Bei einer derartigen inoffiziellen Angelegenheit fühlte ich mich nicht verpflichtet, die übliche Genehmigung aus Washington für meine Beteiligung einzuholen.

Beilin und ich tauschten uns regelmäßig aus, und etwa ein Jahr später hatte ich das Gefühl, dass es bald so weit sei, der Welt etwas zu berichten. Wir glaubten, dass die Mehrheit der Israelis und Palästinenser ein umfassendes Abkommen begrüßen würden, selbst wenn es beträchtliche Konzessionen bezüglich Siedlungen und anderer wesentlicher Probleme bedeutete. Die langwierigen Gespräche hatten in essentiellen Punkten eine Annäherung erzielt, u.a. einen möglichen Grenzverlauf, der auf Luftaufnahmen beruhte; diese Grenze würde das international anerkannte Gebiet des Staates Israel weit genug ins Westjordanland ausdehnen, um etwa die Hälfte der dort lebenden Siedler aufzunehmen. Vernünftige Vorschläge für eine gemeinsame Nutzung Jerusalems und ein begrenztes Rückkehrrecht für Palästinenser waren weitere Ergebnisse.

Obwohl es immer noch viel zu tun gab, versprach ich, bei der Bekanntgabe und Werbung behilflich zu sein, wenn

Landkarte 8

Geneva
Initiative
2003

Nazareth•

Jenin•

Netanya•

Mediterranean Sea

Nablus
•

Tel Aviv•

WEST BANK

Jordan River

JORDAN

Ramallah
•

Jerusalem★

N
W ✦ E
S

ISRAEL

•Hebron

*Dead
Sea*

Gaza•

**GAZA
STRIP**

Rafah

•Beersheba

EGYPT

NEGEV

0   10   20 miles
0   10   20 kilometers

Green Line

Annexed to Israel

Annexed to
Palestinian Areas

die endgültige Fassung der Vereinbarung vorlag. Im Oktober 2002 erfuhr ich, dass mir der Friedensnobelpreis verliehen worden war, und ich schlug vor, die bevorstehenden Zeremonien in Oslo und Stockholm wären die Gelegenheit, den Friedensvorschlag im Rampenlicht der Aufmerksamkeit der Welt zu enthüllen.

Die schwedische Regierung lehnte diese Bitte von Beilin und Rabbo jedoch ab wegen der potenziell kontroversen Natur der Sache, auch dürften die Ereignisse um die Nobelpreise nicht mit anderen Dingen vermischt werden. Da noch Bedarf an weiteren Gesprächen bestand, beauftragte ich den Leiter des Programms Konfliktlösung der Carter-Stiftung, mit den Unterhändlern zusammenzuarbeiten.

Der endgültige Entwurf lag mir im Oktober 2003 vor, und ich erläuterte den Vorschlag in einem Zeitungskommentar. Im Dezember trug ich dann bei einer feierlichen Veröffentlichungszeremonie in Genf die Grundgedanken des Vorschlags vor; das zahlreich erschienene Publikum bestand aus Israelis, Palästinensern und einflussreichen Führungspersönlichkeiten aus der ganzen Welt.

Die Initiative sieht für Israel sichere Grenzen und umfassende Anerkennung durch die arabische Welt vor sowie einen souveränen, zusammenhängenden, lebensfähigen Staat für die Palästinenser, der von der Weltgemeinschaft anerkannt ist. Um einige Details anzuführen: Die Grenze würde in der Hauptsache dem Grenzverlauf von 1967 folgen, aber mit einem wechselseitigen Gebietsaustausch, so dass Israel einige seiner größten Siedlungen, die jüdischen Viertel und Vorstädte in Ostjerusalem und das jüdische Viertel der Altstadt behalten könnte. Eine internationale religiöse Behörde würde die großen heiligen Stätten kontrollieren, wobei der Tempelberg offiziell unter palästinensischer Souveränität und die Klagemauer und das jüdische Viertel der Altstadt unter israelischer stünde. Israel würde einseitig entscheiden, wie viele palästinensische Flüchtlinge nach Israel zurückkehren dürfen, andere Flüchtlinge sollten nach Palästina kommen dürfen oder angemessen entschädigt werden, damit wäre die Resolution 194 der Vollversammlung der Vereinten Nationen erfüllt.[*]

Es handelt sich zwar um ein inoffizielles Dokument, das noch modifiziert werden muss, falls und wenn offiziell ernsthafte Friedensgespräche geführt werden, aber die Genfer Initiative lässt die Möglichkeit eines vernünftigen und wechselseitig akzeptablen Abkommens erkennen. Sehr viele Israelis und Palästinenser wünschen eine dauerhafte Zweistaatenlösung, auf den allbekannten Kriterien fußend, die schon in der *Roadmap* des Quartetts formuliert sind und auch mit der Genfer Initiative vereinbar sind. Eine Umfrage des *James Baker Institute* ergab, dass die Genfer Initiative von der Mehrheit der Israelis und Palästinenser gebilligt wird, trotz des heftigen Widerstandes einiger führender Spitzenpolitiker.

---

[*] Der vollständige Text der Genfer Initiative findet sich auf www.peacenow.org

Premierminister Tony Blair, Präsident Jacques Chirac, Präsident Bill Clinton und etwa achtzig weitere angesehene Persönlichkeiten und Nobelpreisträger aus der ganzen Welt, darunter Nelson Mandela, Lech Walesa und John Hume, drückten öffentlich ihre Zustimmung aus. Es ist besonders bedeutsam, dass die Genfer Initiative den anscheinend fatalen (möglicherweise beabsichtigten) Makel der *Roadmap* überwindet: den Prozess des schrittweise Vorgehens, der allzu leicht verzögert oder abgebrochen werden kann, so dass die entscheidenden Verhandlungen endlos vertagt werden könnten. Scharon verurteilte die Genfer Initiative, und das Weiße Haus hüllte sich in Schweigen, aber Außenminister Colin Powell äußerte sich positiv und traf sich mit den Chefunterhändlern, um sich persönlich zu informieren. Arafat war mit dem Vorgehen einverstanden, aber die Endfassung fand nicht seine Billigung, und die militanten Gruppierungen der Palästinenser verurteilten, dass der Vorschlag das uneingeschränkte Recht der vertriebenen Araber auf Rückkehr nach Israel und in das Westjordanland aufgibt.

Die Vorschläge von Genf zeigten in Israel beträchtliche Wirkung und leisteten vielleicht einem dramatischen Wandel in der Politik Vorschub. Ein Jahr zuvor in Akaba hatte Premierminister Ariel Scharon in seiner Schlusserklärung einseitige Schritte abgelehnt, im Widerspruch dazu billigte das israelische Kabinett im Juni 2004 einen Plan zur Räumung des Gaza-Streifens, ohne Konsultation mit den Palästinensern. Die Vereinigten Staaten begrüßten diesen Plan und die

meisten Palästinenser waren damit einverstanden. 8 000 israelische Siedler lebten unter 1,3 Millionen Palästinensern und
kontrollierten 40 % der landwirtschaftlich nutzbaren Fläche
und mehr als die Hälfte der Wasservorkommen. Um ihre Anwesenheit zu verteidigen, waren 12 000 Soldaten stationiert.

Kapitel 14

DIE PALÄSTINENSISCHEN WAHLEN VON 2005

Yassir Arafat starb im November 2004, und nach palästinensischem Recht musste sein Nachfolger innerhalb weniger Wochen gewählt werden. Wieder wurde die Carter-Stiftung gebeten, die Wahlen zu überwachen, in Zusammenarbeit mit dem *National Democratic Institute*.

Am 6. Januar 2005 traf ich in Jerusalem ein. Mein erstes Treffen war mit Premierminister Scharon, der mir sofort verriet, er sei zuversichtlich, genügend Stimmen in der Knesset zusammenzubekommen, um den Widerstand gegen den Abzug aus Gaza zu brechen. Nach seiner Einschätzung seien 30 % der Siedler bereit, freiwillig zu gehen (mit großzügiger finanzieller Entschädigung), die anderen würden Widerstand leisten, eine kleine Zahl vielleicht sogar gewaltsamen Widerstand. In erster Linie sollte die Umsiedlung in die südliche Negevwüste erfolgen, wo auch seine eigene Farm liegt. Wir tauschten Erinnerungen an unsere gemeinsamen Erfahrungen der vergangenen letzten Jahre aus, und ich dankte ihm für seine positive Einflussnahme auf Premierminister Begin während der Verhandlungen zu Friedensvereinbarungen, die ich während meiner Präsidentschaft geführt hatte. Er sagte zu, dass die Checkpoints während der palästinensischen Wahlen zwar von israelischen Soldaten bemannt sein würden, aber der Verkehr würde nicht beeinträchtigt und die Truppen würden von den größeren Städten abgezogen. Da ich seit drei Jahrzehnten Scharon in Aktion erlebt hatte, zweifelte ich nicht daran, dass er seine Versprechen halten würde.

Obwohl unser Team vollkommen neutral gegenüber den konkurrierenden Kandidaten blieb, hofften wir doch, dass die Wahl auf einen gemäßigten und angesehenen Kandidaten fiel, so dass der seit langem stockende Friedensprozess rasch wieder aufgenommen werden konnte. Ich bat Scharon eindringlich, in der Frage der Wahlgenehmigungen für die Palästinenser in Ostjerusalem mehr Flexibilität zu zeigen, aber er entgegnete, die Vorkehrungen von 1996 blieben in Kraft. Er erinnerte mich daran, dass ich persönlich bei der Aushandlung der Regelung mitgearbeitet hätte, und fügte hinzu, kein palästinensischer Meinungsforscher und kein einheimischer Beobachter dürften die Postämter betreten, die ausschließlich von israelischen Beamten besetzt sein würden. Auch jegliche „störende" Wahlkampftätigkeit sei verboten. Tatsächlich wurde am nächsten Tag ein Präsidentschaftskandidat, der bei einer kleinen Menschenmenge in der Nähe des Löwentors um Stimmen warb, verhaftet.

Für internationale Beobachter, die überall in den besetzten Gebieten umherfuhren, war offensichtlich, dass die Palästinenser wenig Bewegungsfreiheit hatten und deshalb in ihren Aktivitäten eingeschränkt waren – eine Situation, die sich wohl kaum ändern würde, solange sie von Soldaten und Mauern umgeben waren und ihr Land von israelischen Siedlern besetzt war. In der Zeit vor dem Wahltag trafen wir uns wie gewohnt mit führenden Kandidaten und Mitgliedern der Wahlkommission. Ihre eigenen Vorbereitungen stimmten sie zuversichtlich, aber sie befürchteten, es könne zu Gewaltausbrüchen kommen, falls israelische Beamte sich einmischen sollten und Araber daran hindern, ihre Stimme in Ostjerusalem abzugeben.

Bei jeder Auslandsreise halte ich nach Gelegenheiten Ausschau, die Hauptstadt zu verlassen und interessante Orte zu besuchen. Als unsere Beobachterteams am Samstagmorgen ihre Posten bezogen, besuchte ich zusammen mit anderen Delegationsleitern *Nazareth Village*, einen Ort, der zeigen soll, wie es zu Jesus Jugendzeit ausgesehen haben mag. Ab 1996 hatten Rosalynn und ich gemeinsam mit anderen Christen, hauptsächlich Mennoniten, Land erworben und Gelder für den Bau gesammelt. Das 10 Morgen große Areal liegt im Herzen der Stadt, und wir waren beeindruckt von seiner hohen Qualität und der historischen und archäologischen Stimmigkeit.

Wie wir es gewohnt waren, fuhren wir am Wahltag die ganze Zeit über Land, besuchten 22 Wahllokale, beginnend mit den Postämtern in Ostjerusalem, wo es immer zu Problemen kommt. Es stellte sich heraus, dass den israelischen Beamten Listen der Wahlberechtigten vorlagen, die überhaupt nicht mit den Namen derjenigen übereinstimmten, die zur Stimmabgabe kamen.

Infolgedessen hatte es bis zum Mittag so gut wie keine Stimmabgabe gegeben – es gab nur eine wachsende Menge wütender Palästinenser. Im Hauptwahllokal (Postamt), dem einzigen, das größer als ein großer Wohnwagen war, standen 3 500 Namen auf der Liste, und es gab nur einen israelischen Beamten, der die Berechtigung der potenziellen Wähler überprüfte und sie systematisch abwies. Erst als ich damit drohte, eine internationale Pressekonferenz einzuberufen, willigte das Büro des Premierministers ein, die Listen zu ignorieren und allen in Jerusalem registrierten Personen zu gestatten, in jedem beliebigen Wahllokal die Stimme abzugeben. Aber nur internationale Wahlbeobachter dürften dies überwachen, keinesfalls palästinensische. Inzwischen war es 14 Uhr, und wir konnten nur einer geringen Zahl von Wählern ihre Teilnahme an der Wahl sichern. Ich besuchte auch Bethlehem und andere Ortschaften im Westjordanland; dort und auch in Gaza gab es kaum Probleme.

Am nächsten Morgen stand ich früh auf, um die Berichte unserer Beobachterteams durchzugehen und eine Analyse vorzubereiten sowie einen schriftlichen Abschlussbericht an

Mahmud Abbas, der mit überwältigender Mehrheit zum Präsidenten gewählt worden war. Ich konnte diese Aufgaben rechtzeitig beenden, um mich vor Tagesanbruch mit den führenden Vogelexperten aus Israel und Palästina zu treffen, mit Yossi Lesken und Imad Atrash. Wir gingen zu einem 15 Morgen großen Park im Herzen der Großstadt, wo wir 24 Gazellen beobachteten, die dort leben, ohne Zaun und ohne Absperrung von den umliegenden Gebäuden und verkehrsreichen Straßen. Dann fuhren wir zu einem kleineren Park im Schatten des Knessetgebäudes, um zuzuschauen, wie Zugvögel in Netzen gefangen, beringt und anschließend freigelassen wurden; um das Mittelmeer zu umfliegen, nehmen sie ihre Route über das Heilige Land. Mit anzusehen, wie jüdische und arabische Ornithologen an diesen Projekten harmonisch Hand in Hand arbeiten, war eine Wohltat.

Nach einer Sitzung mit den Leitern unserer Delegation, um unsere im allgemeinen positiven Erklärungen zu der Wahl abzustimmen, fuhr ich nach Ramallah, um mich mit Abbas und seinen wichtigsten Beratern zu treffen. Mit Arafat hatten die Israelis Verhandlungen jeglicher Art ausgeschlossen, aber jetzt hatten sie den Partner, den sie sich anscheinend gewünscht hatten. Ich umriss meine Vorstellungen und Eindrücke und übergab Abbas meine Schriftstücke und nahm an, der neue Präsident würde bald in direkte Verhandlungen mit führenden israelischen Politikern eintreten können. Er teilte mir mit, die Einführungszeremonie werde in zwei Tagen stattfinden, äußerte aber Zweifel am Wunsch der Israelis nach Friedensgesprächen. Die anwesenden Palästinenser waren der Meinung, sowohl Scharon wie sein Stellvertreter Ehud Olmert hätten schon seit langem vor, Gaza aufzugeben und sich auf die Kolonisierung des Westjordanlandes zu konzentrieren. Sie wiesen darauf hin, die palästinensischen Verantwortlichen hätten alle Bedingungen der *Roadmap* des Quartetts erfüllt, während Scharon öffentlich die Mehrzahl der wichtigsten Bedingungen abgelehnt habe.

Es bestand kein Zweifel daran, dass Abbas den Respekt und die Unterstützung seines Volkes genoss und dass er fest entschlossen war, sofort ein Friedensabkommen in Übereinstimmung mit der *Roadmap* in Angriff zu nehmen. Für seine Bemühungen, einen zumindest einigermaßen ausgebildeten und ausgerüsteten Sicherheitsdienst aufzustellen, benötigte er die volle Unterstützung der Amerikaner und Israelis; dazu kam das Problem, die leidende Wirtschaft in den Griff zu bekommen und die Anerkennung und Unterstützung der internationalen Gemeinschaft zu gewinnen. Außerdem drohte den Mitgliedern seiner Fatah-Partei die unmittelbare Herausforderung durch die Vertreter der Hamas, die bei den Kommunalwahlen außerordentlich erfolgreich abgeschnitten hatten. Sie hatten auch angekündigt, für die bevorstehenden Wahlen zum Legislativrat mit einer umfassenden Kandidatenliste anzutreten.

Damit würde es zum Konkurrenzkampf zwischen der seit langem dominierenden Partei Arafats und der PLO und einer militanteren Partei kommen, die Israel das Existenzrecht verweigerte und auf dem Recht beharrte, gewaltsamen Widerstand gegen Israel zu leisten, das nach ihrer Ansicht eine feindliche Besatzungsmacht war.

Auf dieser Reise erlebten wir, wie sich die von den Israelis gebaute enorme Trennanlage auf höchst verstörende Weise durch das Land drängt bzw. in das Land eindringt. In Kapitel 16 werde ich detailliert darüber berichten. Sie wird als „Sicherheitszaun" bezeichnet und hat nach offizieller Definition die Aufgabe, Palästinenser von Anschlägen auf Israel abzuwehren, aber ihr zweiter Zweck wurde uns klar, als wir den Bau verfolgten und die Karten studierten, die den geplanten Verlauf durch Palästina zeigen. Einschließlich des Jordantals* würde die Mauer große Areale für Israel reklamieren und die Palästinenser einkreisen, die im Restgebiet des Westjordanlandes leben. Damit wären die Verbindungen der Palästinenser mit der Außenwelt aufs äußerste eingeschränkt. „Gefängnismauer" trifft wohl eher zu als „Sicherheitszaun".

Nach meiner Rückkehr nach Amerika ging ich ins Weiße Haus und erstattete Präsident Bush persönlich Bericht, wobei ich besondere Betonung auf meine Bedenken bezüglich Israels Ablehnung der Bedingungen der *Roadmap* und bezüglich des Mauerbaus legte. Ich übermittelte auch den Wunsch von Mahmud Abbas, möglichst bald umfassende Friedensgespräche aufzunehmen. Der Präsident bestätigte erneut seine

---

* Anscheinend verschwanden 2005 die Pläne für das Jordantal (bis auf weiteres) in der Schublade, weil der internationale Druck zu groß schien (d.H.)

Befürwortung der *Roadmap* und teilte mir mit, seine neue Außenministerin Condoleeza Rice trete heute ihren Dienst an und ihr Hauptanliegen sei u.a., sich intensiv und ausdauernd um einen Frieden zwischen Israelis und Palästinensern zu bemühen.

Die israelischen Siedler wurden im August 2005 aus Gaza evakuiert, wobei 50 000 Soldaten dafür sorgten, dass sich die Gewalt in Grenzen hielt. Jetzt waren die arabischen Bewohner dieses winzigen Landstrichs unter sich. Erwartungsgemäß gab es in Israel Kontroversen, wobei die extremen Rechten jede Evakuierung von Siedlern ablehnten und einige Friedensgruppen geltend machten, einseitige Schritte würden zur Preisgabe der Pläne für einen dauerhaften Frieden führen.

Nun zu einem kurzen Blick auf Gaza: Seine Bevölkerung hat in der jüngsten Vergangenheit, als palästinensische Flüchtlinge aus anderen von Israel besetzten Gebieten einströmten, sprunghaft zugenommen. 1948 hatte es 90 000 Einwohner, bis 1967 hatte sich die Zahl der Einwohner mehr als verdreifacht, und derzeit leben dort 1,4 Millionen Menschen, d.h. 3 700 Personen pro Quadratkilometer. Es gibt zwar Weltmetropolen mit einer noch größeren Bevölkerungsdichte (wie z.B. Manhattan), aber Gaza gilt als autarke Entität, gewissermaßen als kleines isoliertes Staatsgebilde, dabei ist es vom Westjordanland durch 40 Kilometer israelisches Territorium getrennt.

Gaza hat einen kontinuierlichen jährlichen Bevölkerungszuwachs von 4,7 %, das ist weltweit der höchste; infolgedessen ist die Hälfte der Bevölkerung jünger als 15 Jahre. Seit dem israelischen „Abzug" ist Gaza stranguliert, umgeben von einer Grenzbarriere, nach Israel gibt es nur von Israel kontrollierte Checkpoints als Übergänge, nach dem ägyptischen Sinai bietet nur eine einzige Grenzstation die Verbindung zur Außenwelt, und die gilt nur für Personenverkehr. Israel macht keine Anstalten, Luft- oder Seeverkehr wieder zuzulassen. Fischer dürfen den Hafen nicht verlassen, Arbeiter haben keine Möglichkeit, sich Arbeit außerhalb Gazas zu suchen, die Ein- und Ausfuhr von Nahrungsmitteln und anderen Waren und Gütern unterliegen äußerst massiven Beschränkungen, mitunter werden sie total blockiert, und Polizei, Lehrer, Krankenschwestern und Sozialarbeiter sind von ihren Gehaltszahlungen abgeschnitten. In den letzten drei Jahren ist das Pro-Kopf-Einkommen um 40 % gesunken und die Armutsrate auf 70 % gestiegen. Der Sonderberichterstatter der Vereinten Nationen für das Recht auf Nahrung hat berichtet, die derzeitige Unterernährung in Gaza bewege sich schon im selben Bereich wie in den ärmeren Ländern südlich der Sahara. Etwa jede zweite palästinensische Familie kann sich nur eine Mahlzeit am Tag leisten.

So sahen die Auswirkungen des einseitigen israelischen Rückzugs aus, und in der Folgezeit kam es zu massiven israelischen Bombardierungen und im Juli 2006, nachdem militante Hamas-Leute einen israelischen Soldaten gefangennahmen, sogar zu einer erneuten israelischen Invasion.

Kapitel 15

DIE PALÄSTINENSISCHEN
UND ISRAELISCHEN
WAHLEN VON 2006

Die Verschiebung der anstehenden Wahlen zum palästinensischen Legislativrat von Juli 2005 auf den Januar 2006
(fast genau 10 Jahre nach dem Amtsantritt von Präsident
Arafat und der Arbeitsaufnahme der ersten Parlamentarier)
hatte mehrere Gründe, u.a. die Evakuierung der israelischen
Siedler aus Gaza im August 2005 und den voraussichtlichen
Erfolg der Hamas-Kandidaten. Während die Ergebnisse der
vorherigen Wahlkampagnen vorhersehbar gewesen waren,
brachte das Antreten der Hamas-Kandidaten ein Element
der Unsicherheit und Dramatik in den Wettbewerb um die
132 Sitze. Dieses Mal gab es ein Riesenaufgebot an internationalen Wahlbeobachtern, zusätzlich zu unseren Teams von

der Carter-Stiftung und dem NDI (National Democratic Institute). Um die Genehmigung aus Washington zu erhalten, musste unsere amerikanische Delegation versprechen, keine führenden Politiker oder Kandidaten der Hamas zu treffen – zumindest nicht vor der Wahl.

Da Ariel Scharon aufgrund einer schweren Erkrankung arbeitsunfähig war, agierte Ehud Olmert als Premierminister und Chef der Kadima, einer neuen politischen Partei, die nach Scharons Austritt aus dem Likud im November 2005 gegründet wurde. Es war Scharons Plan, die Politik der einseitigen Abgrenzung von den Palästinensern umzusetzen und den Bau einer Mauer zu vollenden, die die Palästinenser von dem Territorium abschnitt, das Israel für sich beanspruchte. Um sich von dem rechten Likud abzugrenzen, gab Scharons neues Bündnis vor: „Einerseits sollen Juden ihr historisches Recht, überall im Lande Israel zu leben, ausüben dürfen, andererseits gilt es, die dauerhafte Existenz Israels als nationales Heimatland der Juden zu bewahren. Dieser Balanceakt zwingt uns zu einer Wahl, die territoriale Kompromisse erfordert." Kadima behauptet, eines ihrer Hauptziele sei das Vorantreiben des Friedensprozesses mit den Palästinensern: „Israels Existenz als nationale Heimat des jüdischen Volkes erfordert aufgrund der demographischen Gegebenheiten die Annahme des Prinzips, dass am Ende des Konfliktes zwei Nationalstaaten bestehen werden, die in Frieden und Sicherheit Seite an Seite existieren." Scharon positionierte die Partei als Bewegung der Mitte, die die *Roadmap* unterstützt, wenn man von den verstümmelnden israelischen Vorbehalten einmal absieht.

Angesichts der drohenden massiven Herausforderung durch die Teilnahme der Hamas an der Wahl hatten israelische Politiker und einige Fatah-Köpfe die palästinensischen Wahlen verschieben oder absagen wollen. Hamas hatte die von der PLO in Oslo eingegangenen Verpflichtungen nicht akzeptiert, „das Recht Israels, in Frieden und Sicherheit zu existieren", anzuerkennen, sowie Terrorismus und anderen Akten der Gewalt abzuschwören; aber die Vereinigten Staaten übten ausreichend Druck aus, die Wahlen abzuhalten. Hamas hatte schon viele Positionen in den Kommunen inne, und ihre bei der Wahl antretenden Kandidaten standen in keinerlei Verdacht, korrupt zu sein; den von ihnen akzeptierten Waffenstillstand, den sie „*Hudna*" nannten, hatten sie schon 16 Monate strikt eingehalten. Aufgrund ihrer mangelnden administrativen Effektivität und mutmaßlicher Korruption befand sich Fatah, die Partei von Arafat und Abbas, dagegen in einer schwachen Position. Ein weiterer Faktor war die Tatsache, dass sowohl Israel als auch die Vereinigten Staaten Abbas als vertrauenswürdigen Verhandlungspartner im Friedensprozess ignoriert, ja ihn (und Fatah) öffentlich für bedeutungslos erklärt hatten.

Bei den Vorbereitungen auf die Wahl wurden viele der alt gedienten Fatah-Leute durch jüngere Kandidaten ersetzt, die Marwan Barghouti gegenüber loyal waren, einem kämpferischen Politiker, der in einem israelischen Gefängnis eine lebenslängliche Haftstrafe verbüßt. Er hatte angeblich die 2. Intifada organisiert, aber auch die *Hudna*, und seine Verlautbarungen aus dem Gefängnis hatten großen Einfluss. Er schien der populärste führende Kopf der Fatah zu sein, und manchmal hatte es den Anschein, die Israelis wollten, dass seine Pläne und Vorschläge Verbreitung finden, mitunter auf Kosten von Abbas. Sie erlaubten ihm, sich mit anderen Gefangenen zu treffen und Nachrichtensendern mit globaler Verbreitung Interviews zu geben.

Jüngste Umfragen israelischer und palästinensischer Meinungsforscher ergaben, dass etwa 35 % der Parlamentssitze an Kandidaten der Hamas gehen würden. Israel kündigte an, falls Hamas ihre Politik nicht drastisch mäßige, werde schon diese Beteiligung der Hamas jede Neuaufnahme umfassender Friedensgespräche zwischen Israel und den Palästinensern unmöglich machen (seit fünf Jahren hatte es allerdings schon keine Gespräche dieser Art mehr gegeben) und könne das Ende humanitärer Hilfe und anderer Gelder bedeuten, die bisher der palästinensischen Regierung zugeflossen waren.

Kurz nach unserer Ankunft in Israel hatten Rosalynn und ich ein ausführliches Gespräch mit dem amtierenden Premierminister Ehud Olmert, den wir seit mehr als 20 Jahren kannten. Er und ich hatten viele Auseinandersetzungen gehabt – es gab aber auch Einigungen – seit seiner Zeit als junger Likud-Abgeordneter, und ich hatte seine Intelligenz, seinen politischen Scharfsinn, persönlichen Ehrgeiz und starken Willen schätzen gelernt. Wir hielten ihn für einen hervorragenden Chef der neuen Kadima-Partei und aller Voraussicht nach für den nächsten gewählten Premierminister. Aktuelle Umfragen zeigten, dass Kadima tatsächlich zugelegt hatte, seit Olmert Scharon ersetzt hatte. Er teilte uns mit, er führe Scharons Politik fort, und machte klar, die Wiederaufnahme von Friedensgesprächen mit Abbas komme nur in Frage, wenn **alle** palästinensischen Gruppierungen komplett entwaffnet und **alle** Akte der Gewalt verhindert werden würden, dabei betonte er ausdrücklich **alle**. Auf meine Frage, ob eine echte, glaubhafte Anstrengung, Gewalt einzudämmen, nicht ausreiche, denn **absolute** Gewaltlosigkeit sei in keiner Gesellschaft zu erreichen, schüttelte er den Kopf und lächelte.

Am nächsten Tag, einem Montag, hielt ich eine Rede vor der Herzliya Konferenz, dem maßgeblichen jährlichen Forum für israelische und internationale Führungspersönlichkeiten, um Ansichten über die wichtigsten Ereignisse auszutauschen. Obwohl mir der konservative Charakter des Publikums nicht verborgen blieb, äußerte ich meine Meinung offen und ehrlich, betonte meine Rolle in den vorangegangenen Friedensbemühungen, beklagte Israels Politik der expansiven Besiedelung und die invasive Route der Trennmauer, lobte aber anschließend die Genfer Initiative als vernünftige Basis für Frieden. Dann beantwortete ich eine halbe Stunde lang eine Reihe von Fragen. Man hörte mir respektvoll und höflich zu; aber bei meinem Schlusswort konnte ich mir die Bemerkung nicht verkneifen, die Fragen aus den Reihen des Publikums hätten mehr Beifall erhalten als meine Antworten.

Später trafen wir die israelische Außenministerin Tzipi Livni, Labour-Chef Amir Peretz, Shimon Peres und den Sondergesandten für Wirtschaft des Quartetts, James Wolfensohn, einen Sprecher der Hamas für Öffentlichkeitsarbeit (er kandidierte nicht), Kandidaten der Fatah und unabhängiger Parteien, Yossi Beilin und andere, die bei der Genfer Initiative mitgearbeitet hatten, den Koordinator für Frieden im Nahen Osten der Vereinten Nationen sowie Leiter der größten internationalen Gruppen für die Überwachung der Wahlen.

Wir fuhren nach Ramallah, um uns mit den Leitern der Zentralen Wahlkommission zu beraten, und trafen anschließend den palästinensischen Präsidenten Mahmud Abbas. Zum einen äußerte er sich zuversichtlich über den Ausgang der Wahlen, andererseits zeigte er seine Enttäuschung und seinen Ärger darüber, dass er in dem „nicht-existenten Friedensprozess" übergangen bzw. ignoriert worden war. Er betonte, dass die Menschen in Palästina derzeit wenig Möglichkeiten hätten, ihren Lebensunterhalt zu verdienen oder Kontakte mit Israel oder der Außenwelt zu unterhalten; die palästinensische Wirtschaft liege am Boden, und Olmert drohe, etwa 55 Millionen Dollar pro Monat an Steuer- und Zolleinnahmen zurückzuhalten, die gemäß dem 1994 unterzeichneten Wirtschaftsprotokoll von Israel im Namen der Palästinenser eingezogen werden. Die palästinensische Autonomiebehörde habe schon ein Defizit von 900 Millionen Dollar und habe große Schwierigkeiten, Rechnungen und Gehälter zu bezahlen. Er sagte, die israelische Politik verhindere zudem die Ausbildung und Ausrüstung seiner Sicherheitskräfte, so dass nur 10 % der Leute über Seitengewehre und Kommunikationsgeräte verfügten.

Am Wahltag besuchten Rosalynn und ich mehr als zwei Dutzend Wahllokale in und um Ostjerusalem, in Hebron, Ramallah und Jericho. In Ostjerusalem gab es die altbekannten rigiden Beschränkungen, die Israel auferlegt, um die Wahlbeteiligung zu verringern, aber ansonsten verlief die Wahl ruhig und friedlich. Unsere Beobachter bemerkten, dass die Hamas-Kandidaten eindeutig höher in der Gunst der Wähler standen, sogar in traditionellen Fatah-Hochburgen. Aber trotz allem war das Ausmaß des Wahlsiegs der Hamas für uns alle eine Überraschung. Hinsichtlich der Anzahl der Stimmen hatte die Hamas zwar nur einen geringen Vorsprung, aber sie gewann mit 74 von 132 Sitzen eine so deutliche Mehrheit, dass die Mitglieder der Fatah-Regierung ihren sofortigen Rücktritt erklärten.

Ich verlängerte meinen Aufenthalt um einen Tag, um die Lage zu ergründen und mit führenden Politikern zu sprechen. In Ramallah fand ich Präsident Abbas bereit, die drei verbleibenden Jahre seiner Präsidentschaft im Amt zu bleiben, aber er wusste nicht, wie es weitergehen sollte: Die Hamas hatte die Wahl gewonnen, eine neue Regierung musste gebildet werden, die Autonomiebehörde war nahezu bankrott – und die israelische Politik unberechenbar. Aber er war stolz auf die ehrlichen, fairen und ruhig verlaufenen Wahlen. Hamas-Führer hatten den Wunsch geäußert, zusammen mit Fatah und den kleineren unabhängigen Parteien eine Einheitsregierung zu bilden, aber Abbas hatte nicht die Absicht, mit Hamas zusammenzuarbeiten; auch meine dringende Bitte, dies noch einmal zu überdenken, konnte ihn nicht umstimmen.

Der Fatah-Chef war nicht bereit, die Korruptionsvorwürfe anzuerkennen, die zu einem großen Teil Ursache für den Wahlsieg der Hamas waren, er betonte hingegen, einer der wichtigsten Faktoren bei der Wahlentscheidung sei seine anscheinende mangelnde Effektivität, weil er von Israel und dem Quartett ignoriert worden sei. Im ersten Jahr seiner Amtszeit habe es ein paar symbolische Treffen gegeben, aber weder die Vereinigten Staaten noch Israel seien zu wesentlichen Friedensgesprächen bereit gewesen, wobei ihnen der einseitige Abzug aus Gaza als Vorwand diente. Er erinnerte mich daran, dass in den vergangenen fünf Jahren kein führender palästinensischer Politiker die Gelegenheit hatte, an Friedensgesprächen teilzunehmen, während die Israelis im Westjordanland immer mehr Land konfiszierten und seinem Volk immer drückendere Restriktionen aufbürdeten. Israel habe auf dem Sektor Verbrauch und Produktion der regionalen Wirtschaft seine Vorherrschaft ausgebaut und die Region für viele israelische Produkte zu einem exklusiven Markt gemacht, so dass die einheimische palästinensische Bevölkerung ihre eigenen Produkte weder in Israel, noch in Jordanien oder andernorts verkaufen könne.

Abbas bemerkte, trotz der Durchführung beispielhafter, demokratischer Wahlen hätten die Palästinenser nie die Gelegenheit erhalten, eine überlebensfähige Regierung zu bilden. Ihre Ökonomie sei gewaltsam ins vorindustrielle Zeitalter zurückversetzt worden und ihr Territorium werde in immer kleinere Fragmente zerstückelt. Er teilte mir mit, es gebe nicht genügend Gelder, um die Februargehälter für Polizisten, Lehrer, Krankenschwestern und andere Angestellte auszuzahlen, und jede Einkommensminderung aufgrund der Wahlergebnisse wäre katastrophal.

Seit Arafats Wahl zum Präsidenten hatte ich keinen direkten Kontakt mehr zu Hamas gehabt, und ich hatte versprochen, vor dem Wahltag auf Treffen zu verzichten, aber jetzt fand ich es an der Zeit, mich wieder mit Leuten der Hamas zu beraten. Im Büro der Carter-Stiftung in Ramallah, das zur Überwachung der Wahlen eingerichtet worden war, sprach ich mit Dr. Mahmud Ramahi, einem Anästhesisten, der mich daran erinnerte, wir wären uns schon einmal zehn Jahre zuvor begegnet. Er wurde später zum Justizminister ernannt, außerdem war er einer der Sprecher der Hamas im Westjordanland. (Zusammen mit anderen Parlamentariern der Hamas aus dem Westjordanland sitzt er seit seiner Verhaftung durch die Israelis im Gefängnis.)

Als ich mit ihm über die Notwendigkeit diskutierte, der Gewalt abzuschwören und Israel anzuerkennen, entgegnete er, seit dem im August 2004 erklärten Waffenstillstand sei von ihnen keine Gewalttat mehr verübt worden und sie seien

willens und in der Lage, diese Waffenruhe (Hudna) durchzusetzen und zu verlängern – auf „2, 10 oder 50 Jahre", falls
die Israelis ihrerseits auf Angriffe auf Palästinenser verzichten. Er fuhr fort, ihre amtierenden kommunalen Amtsträger seien weder des Terrorismus noch der Korruption ver-
dächtig. Außerdem habe sich Israel bislang geweigert, die
palästinensische Autonomiebehörde anzuerkennen (nur die
PLO), und habe die Hauptbedingungen der Vereinbarungen
von Oslo zurückgewiesen. An erster Stelle stehe für Hamas
jetzt die Bildung einer Regierung, die Bewahrung von Ruhe
und Ordnung und die Bewältigung der finanziellen Krise.

Er fragte: „Wo liegt das Israel, das wir anerkennen sollen?
Gehören das Westjordanland und Ostjerusalem dazu?" Dann
sagte er noch, sie hätten keinen Bedarf an direkten Beziehungen zu den Israelis, aber sie wollten, dass eine wechselseitige
Waffenruhe eingehalten wird. Er hoffe, dass sich Fatah an
der Regierung beteiligen werde und dass Abbas weiterhin als
Präsident im Amt bleiben und alle außenpolitischen Angelegenheiten regeln solle. Die wahren Absichten der Hamas
werden sich natürlich erst an ihren künftigen Aktionen ab-
lesen lassen, aber, so meine Vermutung, in der unmittelbaren
Zukunft wird sie ihre politischen Gewinne konsolidieren, die
Ordnung und Stabilität im Land sichern und alle Kontakte
mit Israel vermeiden. Es wäre eine Tragödie, insbesondere für
die Palästinenser, falls sie sich entschließen sollte, Terrorismus zu fördern oder zu billigen.

In den folgenden Wochen versuchte Hamas erfolglos, Fatah-Mitglieder dazu zu bewegen, einige Posten im Kabinett zu übernehmen. Schließlich legte sie ihre eigene Ministerliste vor, die Abbas akzeptierte. Die wichtigsten Ämter gingen an Dr. Ismail Haniyeh, der Premierminister wurde, an Dr. Mahmud al-Zahar als Außenminister und Dr. Aziz Dweik als Sprecher des Legislativrates, er hatte an der Universität von Pennsylvania promoviert. Eine öffentliche Umfrage nach den Wahlen zeigte, dass 73 % der Palästinenser einer Verhandlung mit Israel über eine Zweistaatenlösung unterstützen, aber die meisten glaubten, Haniyeh solle Israel erst dann anerkennen, wenn einige Fragen zum Endstatus gelöst wären. Nur 1 % befürwortete, Haniyeh solle islamisches Recht in Palästina einführen. Ebenso ermutigend war das Ergebnis einer Umfrage des *Truman Research Institute* der Hebräischen Universität im März 2006; sie ergab, dass 62 % der Israelis für direkte Gespräche mit der Hamas waren.

Die Wahl einer Hamas-Regierung im Januar 2006 ließ die große ungelöste Frage aufkommen, ob die Palästinenser von nun an eine Politik verfolgen würden, Israel nicht anzuerkennen und die vollständige Rückgewinnung ihrer Heimat als mögliches Endziel zu verfolgen. Als Präsident und Chef der PLO hat Mahmud Abbas klar zu erkennen gegeben, es gebe noch immer die Möglichkeit, einen Weg zu einem dauerhaften Frieden im Heiligen Land zu finden, und zwar durch direkte Gespräche mit Israel. Premierminister Haniyeh kündigte an, er sei „bereit zu einem Dialog" mit Mitgliedern des Quartetts, äußerte sich zustimmend hinsichtlich direkter Friedensgesprä-che zwischen Olmert und Abbas und sagte, Hamas werde ihre ablehnende Haltung aufgeben, falls ein befriedigendes Ab-kommen zum Abschluss gebracht und vom palästinensischen Volk angenommen würde. Ein derartiges palästinensisches Referendum über ein endgültiges Friedensabkommen war ein wichtiger Punkt der Vereinbarungen von Camp David.

Obwohl die Vorbedingungen für Gespräche noch weit auseinander lagen, begrüßten Analysten die anscheinend gemäßigte palästinensische Haltung. Die amerikanische Antwort lautete, Hamas müsse zuerst Israel anerkennen, der Gewalt abschwören und bisherige Abkommen respektieren. Israels Antwort, mit den Worten des Verteidigungsministers, lautete, sollte irgendein Palästinenser Israelis angreifen, kä-men alle 74 Abgeordnete der Hamas auf die Abschussliste für gezielte Tötungen.

Einige palästinensische Intellektuelle sagen mir, eine PLO unter dem Einfluss der Hamas wäre eher in der Lage, kleine Kompromisse in den Kardinalfragen wie Jerusalem, Rückkehrrecht der Flüchtlinge und jüdische Siedlungen im Westjordanland einzugehen. Mit einer Sturheit, die zu einem Tunnelblick geführt hat, sehen die Palästinenser die Wieder-herstellung ihrer Rechte, die im Völkerrecht verankert sind, als Schlüssel zu einem Frieden im ganzen Nahen Osten bis zu den Golfstaaten.

Man darf nicht vergessen, dass Mahmud Abbas nicht nur der Präsident der palästinensischen Autonomiebehörde ist, der nach palästinensischem Recht beachtliche Machtbefugnisse hat, sondern auch der unbestrittene Chef der PLO, der einzigen palästinensischen Entität, die von Israel und der internationalen Gemeinschaft anerkannt ist. Er hat öffentlich die *Roadmap* der internationalen Gemeinschaft eindeutig und vorbehaltlos angenommen und seit seinem Amtsantritt als erster Premierminister war er intensiv bestrebt, mit Israel zu verhandeln, schon drei Jahre vor seiner Wahl zum Präsidenten.

Es ist gut möglich, dass der Weg der Palästinenser in einer Sackgasse endet und dass sogar ihre arabischen Verbündeten die Lust verlieren, die palästinensische Sache aktiv zu unterstützen. Martin Luther King Junior sagte einmal, nichts könne der Sache der Schwarzen in Amerika mehr schaden, als dass die Weißen ihrer überdrüssig werden. Auch ist es nicht sehr wahrscheinlich, dass die Palästinenser mit einem erneuten Rückgriff auf Gewalt künftig erfolgreicher als bisher sein werden. Es steht fest, dass die Palästinenser mit ihrer Politik der Konfrontation und mangelnden Flexibilität bei vielen gemäßigten Politikern in Israel und Amerika für zunehmende Entfremdung gesorgt haben, zudem hat ihnen diese Politik weder irgendein Stück Land noch ein Mehr an Grundrechten eingebracht.

Das Schicksal aller Palästinenser hängt davon ab, ob die Palästinenser in den besetzten Gebieten ihre Ziele mit friedlichen Mitteln verfolgen oder mit dem Blutvergießen weitermachen. Ein entschlossener Schritt in Richtung Frieden könnte sich lohnen, brächte er doch die Unterstützung der Vereinigten Staaten und die anderer Länder.

Etwa zur gleichen Zeit, als sich im März 2006 die Hamas-Regierung formierte, gingen nur wenige israelische Bürger zur Wahl und stimmten so ab, dass von den 120 Sitzen der Knesset die neue Kadima-Partei nur enttäuschende 29 Sitze erhielt, Labour 20, Likud 12, Shas 12, die restlichen 47 teilten sich die Miniparteien. Der Kadima waren schon einmal 43 vorhergesagt worden aufgrund ihres Versprechens, Israel bis zur „großen Mauer" auszudehnen. Das Wahlergebnis zeigte, dass die israelische Wählerschaft bezüglich der Annahme dieses Plans gespaltener war als erwartet, es zeigte aber auch mangelndes Vertrauen in Olmert als Israels Premierminister. Unter den 25 Kabinettsmitgliedern ist kein einziger arabischer Israeli.

Kapitel 16

DIE MAUER ALS GEFÄNGNIS

Mit wachsender Kontrolle über Ostjerusalem, mit der relativ stabilen Sicherheitslage aufgrund der Mauer, die die Restgebiete des Westjordanlandes umgibt, und mit Tausenden von Siedlern, die zwar östlich der Mauer geblieben sind, aber von einer massiven Besatzungsmacht beschützt werden, erliegen manche Israelis der Versuchung, weiteren Bemühungen zu einem Friedensabkommen einfach aus dem Weg zu gehen, einem Abkommen, das auf der *Roadmap* des Nahost-Quartetts basiert oder auf ernsthaften Verhandlungen einer anderen Basis.

In diesem diplomatischen Vakuum haben israelische Politiker eine Reihe einseitiger Entschlüsse gefasst, wobei sie Washington und die Palästinenser übergangen haben. Sie nehmen an, dass sie das Problem mit den Palästinensern endgültig lösen können, indem sie sie mit einer Mauer einschließen. Sie stützen sich auf ihre politische und militärische Vorherrschaft, ziehen sich aus Teilgebieten zurück und kapseln die muslimischen und christlichen Einwohner der besetzten Gebiete gewaltsam ab – in einem Apartheidsystem. Die treibende Kraft hinter der erzwungenen Trennung der zwei Völker unterscheidet sich aber von der in Südafrika – sie heißt nicht Rassismus, sondern Landnahme. Der Plan, die Siedler von den Palästinensern zu separieren, wurde entschlossen in die Tat umgesetzt und hatte den bemerkenswerten Erfolg, dass jüdische Familien jetzt von Jerusalem in ihr hoch subventioniertes Heim tief im Westjordanland fahren können – auf Schnellstraßen, die nur von ihnen befahren werden dürfen –, ohne je mit irgendeiner Facette arabischen Lebens in Berührung zu kommen.

Der Abzug aus Gaza war der erste einseitige Schritt. Er ließ eine winzige, nicht lebensfähige ökonomische und politische Entität zurück, eingeschlossen und isoliert, ohne Verbindung nach außen auf dem Luft- oder Seeweg, sogar ohne Verbindung zu den anderen Palästinensern im Westjordanland. Die Zukunftsaussichten für das Westjordanland sind noch trüber. Besonders beeinträchtigend ist die massive Trennanlage, in dichter bewohnten Gebieten in Form einer riesigen Mauer, in ländlichen Gegenden in Form eines unüberwindlichen Zauns. Der Status dieser trennenden Barriere ist der Schlüssel zu einem künftigen Frieden im Nahen Osten. Ursprünglich hatten moderate Israelis die Idee zu einer physischen Sperre ins Spiel

Landkarte 9

gebracht, um nach dem Rückzug der israelischen Besatzungs-
truppen feindliche invasive Angriffe zu verhindern. Die erste
Barriere, die um den Gaza-Streifen gebaut wurde, bewies
die Gültigkeit dieser Prämisse, denn es kam kaum noch zu
grenzüberschreitenden Überfällen. Also war der Folgeplan,
eine Barriere entlang der Grenze zwischen Israel und dem
Westjordanland zu errichten.

Aber stattdessen haben Ariel Scharon und Ehud Olmert
den Zaun und die Mauer zum überwiegenden Teil auf palästinensischem Gebiet errichtet. Sie dringen tief ins Westjordanland ein und führen um israelische Siedlungsblöcke
herum, schließen aber auch große Areale von Palästinensern
bewohnten Territoriums ein. Laut Plan wird die Trennanlage
mindestens dreieinhalb Mal so lang sein wie Israels international anerkannte Grenze. Sie durchschneidet schon jetzt
palästinensische Dörfer und trennt palästinensische Familien
von ihren Plantagen und Feldern ab. Mittlerweile befinden
sich auf der „israelischen" Seite der Mauer schon 375 000
Palästinenser, die vom Westjordanland abgeschnitten sind;
175 000 davon außerhalb von Jerusalem. Ein Beispiel für
eine palästinensische Stadt, die die Windungen der Mauer
fast vollständig eingekreist haben, ist Qalqiliya mit 45 000
Einwohnern; hier wurde fast der gesamte Grundbesitz der
Einwohner von Israel konfisziert, außerdem etwa ein Drittel
der Wasservorkommen. Fast ebenso umzingelt und abgeschnitten sind die 170 000 Einwohner von Bethlehem, der
Geburtsstadt Jesu.

Vor Baubeginn wird erst einmal eine breite Schneise per Bulldozer geschlagen, gegebenenfalls mitten durch Ortschaften hindurch. Zu der Anlage gehören außer den Betonblöcken bzw. Elektrozäunen zwei Meter tiefe Gräben, Kontrollstraßen für Patrouillenfahrzeuge, elektronische Sensoren, die unter der Erdoberfläche oder am Zaun installiert sind, Wärmebild- und Videokameras, Wachtürme für Scharfschützen und Stacheldrahtverhaue, und das alles fast ausschließlich auf palästinensischem Grund und Boden. Das Gebiet zwischen der Trennanlage und der israelischen Grenze wurde auf unbestimmte Zeit zur geschlossenen militärischen Zone erklärt. Nach den geltenden israelischen Bestimmungen benötigen alle Palästinenser, die über zwölf Jahre alt sind, die in dieser Zone leben, eine „Dauerwohnrechtsgenehmigung" von der Zivilverwaltung, damit sie weiterhin in ihren eigenen Häusern leben können. Ihr Status ist der von Fremden (aliens), d.h. Nichteinheimischen, und sie erhalten nicht die Rechte von israelischen Staatsbürgern.

Kurzum, welches Gebiet Israel auch immer zu konfiszieren beschließt, es wird auf der israelischen Seite der Mauer liegen, trotzdem werden die Israelis auch weiterhin die Palästinenser auf der anderen Seite der Trennanlage beherrschen, die dann zwischen Mauer und den Soldaten im Jordantal eingesperrt leben werden.

Präsident George W. Bush sagte: „Ich glaube, dass die Mauer ein Problem darstellt. Es ist sehr schwierig, Vertrauen zwischen Israelis und Palästinensern aufzubauen – mit einer

Mauer, die sich durch das Westjordanland schlängelt." Seit 1945 agiert der Internationale Gerichtshof im wesentlichen als rechtlicher Arm der Vereinten Nationen, und im Juli 2004 befand das Gericht die Errichtung der Trennanlage durch die israelische Regierung auf dem Territorium der besetzten palästinensischen Gebiete für illegal. Sogar Thomas Buergenthal, der amerikanische Richter, der als einziger eine abweichende Meinung vertrat (vor allem aus formalen Gründen), erkannte an, dass die Palästinenser unter Besatzung leben, ein Recht auf Selbstbestimmung haben, dass Israel das humanitäre Völkerrecht achten muss und dass der Anspruch, eine unüberwindliche Barriere zum Schutz von Siedlungen im Westjordanland zu bauen, als eine Form der legitimen Selbstverteidigung, ernsthaft zu bezweifeln sei.

Das Gericht billigte Israel das Recht zu, das Leben seiner Bürger durch den Bau einer Schutzmauer zu schützen, aber eben innerhalb seiner eigenen Grenzzone. Seine ablehnende Entscheidung über die Rechtmäßigkeit des Verlaufs der Mauer begründete es mit dem Völkerrecht und der Vierten Genfer Konvention, die einer Besatzungsmacht untersagt, Teile ihrer Zivilbevölkerung in von ihr mit militärischer Gewalt erobertes Gebiet zu transferieren. Das Gericht verlangte von Israel, den Bau der Mauer abzubrechen, schon auf besetztem Gebiet errichtete Teile abzureißen und die Palästinenser, die durch den Mauerbau Verluste erlitten haben, zu entschädigen. Das Oberste Gericht Israels hat es vorgezogen, die Entscheidung des Internationalen Gerichts nicht anzunehmen, erkannte aber an, dass Israel das Westjordanland unter „kriegerischer Besatzung" hält und dass die Militärverwaltung an das „Recht der kriegerischen Besatzung und dessen Bedingungen gebunden ist", selbst wenn es um Sicherheitsbelange geht.

Entlang der gewundenen Route der Mauer werden viele Orte, die für Christen von großer Bedeutung sind, beeinträchtigt und entstellt. Nicht nur Bethlehem ist davon betroffen, das von einer besonders weit und tief vorstoßenden Windung der Mauer fast vollständig umzingelt ist; als besonders schmerzliche Abtrennung ist der südliche Hang des Ölbergs zu nennen, einem Lieblingsplatz von Jesu und seinen Jüngern, ganz in der Nähe von Bethanien, wo sie häufig Maria, Martha und deren Bruder Lazarus besuchten. Dort steht ein Gotteshaus, das nach einer der Schwestern benannt ist, das St. Martha Kloster, und dort schneidet Israels acht Meter hohe Betonmauer mitten durch das Grundstück. Das Gotteshaus steht jetzt auf der Jerusalemer Seite, und die Mitglieder der dazugehörigen Gemeinde sind von ihm abgetrennt, weil sie keine Reisegenehmigung nach Jerusalem erhalten. Der Priester Pater Claudio Ghilardi sagt: „900 Jahre lang haben wir hier unter Türken, Briten, Jordaniern und verschiedenen israelischen Regierungen gelebt, und noch nie hat jemand die Menschen am Beten gehindert. Es ist ein Skandal. Das ist doch keine Abschreckungsbarriere, das ist eine Grenze! Warum sagen sie nicht die Wahrheit?"

Um das israelische Argument, die Mauer solle palästinensische Selbstmordattentäter abhalten, zu entkräften, erklärt

Vater Claudio noch, wie sich der Verlauf der Mauer insgesamt auswirkt: „Die Mauer trennt nicht Palästinenser von Juden, sie trennt vielmehr Palästinenser von Palästinensern." In der Nähe liegen noch drei Klöster, die auch bald von den Gläubigen der betreffenden Gemeinden abgeschnitten sein werden. Diese 2 000 palästinensischen Christen haben dadurch ihre Gotteshäuser und ihr spirituelles Zentrum verloren.

In Ostjerusalem sind 200 000 Palästinenser von ihren Verwandten, ihrem Besitz, ihren Schulen und Geschäften jenseits der Mauer abgeschnitten. Aber darüber hinaus ist der Verlauf der Mauer so geplant, dass sie nach Fertigstellung die vollständige Eingrenzung eines äußerst verstümmelten palästinensischen Territoriums bildet, eines Palästina, das nur noch einen Bruchteil des historischen Gebietes ausmacht, dazu in Abschnitte und Kantone zerstückelt, von israelischen Truppen besetzt und von der Außenwelt isoliert. Und sogar diese Fragmente des Westjordanlandes werden noch von einem Netz von Schnellstraßen, exklusiv für Juden, durchschnitten, die das neue „Groß-Israel" im Westen mit dem besetzten Jordantal im Osten verbinden, wo 7 000 Juden in 21 schwer bewachten Siedlungen unter etwa 50 000 Palästinensern leben, die momentan noch dort bleiben dürfen. Das Gebiet entlang des Jordan, das im derzeitigen Plan den östlichen Teil der Umzingelung der Palästinenser bildet, stellt eine der fruchtbarsten und ertragreichsten Agrarregionen Palästinas dar. Der Großteil der Bevölkerung wurde 1967 gewaltsam vertrieben, und die Israelis haben den ursprünglich dort ansässigen Familien nicht gestattet, zurückzukehren. Die israelischen Grenzbeamten haben Namenslisten und achten strengstens darauf, dass keiner von ihnen über einen international anerkannten Grenzübergang in die besetzten Gebiete einreist, wo sie möglicherweise Besitzansprüche auf ihre Häuser und ihr Land machen könnten.*

Es ist offensichtlich, dass den Palästinensern kein Territorium bleiben wird, auf dem sie einen lebensfähigen Staat schaffen können, sie werden vielmehr zwischen der Trennanlage und dem besetzten Jordantal vollständig eingekesselt bleiben. Den Palästinensern steht eine Zukunft bevor, die von ihnen und dem verantwortungsbewussten Teil der internationalen Gemeinschaft nicht akzeptiert werden kann. Und Israels dauerhafter Status wird zunehmend unsicherer und bedrohter, wenn benachteiligte Menschen gegen ihre Ausbeutung und Unterdrückung kämpfen; die demographische Entwicklung wird zudem den Anteil der jüdischen Einwohner sowohl in Israel wie in Palästina schrumpfen lassen. Diese Prognosen, die den meisten Israelis sehr wohl bekannt sind, führen ihrer Meinung nach auch zu einer Verzerrung ihrer eigenen Werte. Die israelischen Militäraktionen in Gaza und im Libanon von 2006 sind Beweis für die unvermeidliche Eskalation an Spannung und Gewalt in Palästina und führen zu

---

*   Die beste Beschreibung der Trennanlage, ihren Verlauf und ihre negativen Auswirkungen, bietet der Film „Die eiserne Mauer", produziert von Palestinian Agricultural Relief Committees (PACR). Er kann von der PACR über www.theironwall.ps/ bezogen werden bzw. überdieeisernemauer@kommunicate.ch.

wachsenden Ressentiments und Feindseligkeiten der Weltgemeinschaft gegenüber Israel und Amerika.

Ein besonders verwundbarer Punkt Israels und eine potenzielle Ursache für Gewalt sind Gefangene. Militante Palästinenser und Libanesen wissen genau, dass gefangengenommene Israelis, gleich ob Soldaten oder Zivilisten, eine gewaltsame Reaktion auslösen können, aber auch wertvolle Tauschobjekte bei einem Gefangenenaustausch abgeben. Solche Tauschgeschäfte sind schon mehrmals zustande gekommen: 1150 Palästinenser für drei Israelis im Jahre 1985, 123 Libanesen für die sterblichen Überreste von zwei israelischen Soldaten im Jahre 1996 und 433 Palästinenser und andere Araber für einen israelischen Geschäftsmann und die sterblichen Überreste von drei israelischen Soldaten im Jahre 2004.

Nach Schätzungen internationaler Menschenrechtsorganisationen waren seit 1967 mehr als 630 000 Palästinenser in den besetzten Gebieten (etwa 20 % der Bevölkerung) von den Israelis inhaftiert, was bei den betroffenen Familien tiefen Hass hervorruft. Die Mehrzahl der Gefangenen sind zwar Männer, aber es gibt auch sehr viele Frauen und sogar Kinder in israelischen Gefängnissen. Kinder zwischen 12 und 14 Jahren können zu einer Strafe bis zu sechs Monaten verurteilt werden, ab 14 Jahren werden arabische Kinder vor Gericht wie Erwachsene behandelt, das ist eindeutig ein Verstoß gegen das Völkerrecht.

Abgesehen von der Dauer der Haftstrafe kann sich auch die Zeit davor in die Länge ziehen. Gemäß Sonderverfügungen bezüglich der Zeiten vor der Verhandlung und Verurteilung können palästinensische Häftlinge insgesamt 180 Tage lang verhört werden, das Verbot von Kontakten mit dem Verteidiger kann intervallweise 90 Tage betragen. „Administrativhaft"* ist nach der Militärverordnung endlos verlängerbar. Durch Folter erzwungene Geständnisse sind vor israelischen Gerichten zulässig. Angeklagte werden häufig vor ein Militärgericht im Westjordanland gestellt, ihre Haftstrafe müssen sie dann aber in Gefängnissen in Israel verbüßen. Das bedeutet, dass in den häufigen und ausgedehnten Zeiten strikter Reisebeschränkungen sowohl Besuche von Angehörigen wie Kontakte mit Rechtsanwälten nicht möglich sind. Die Vierte Genfer Konvention verbietet diese Maßnahmen: „Geschützte Personen, die Vergehen beschuldigt sind, sollen im besetzten Gebiet inhaftiert sein, im Falle der Verurteilung zu Haftstrafen sollen sie diese ebendort verbüßen."

Zu einem erneuten Ausbruch der Gewaltspirale kam es im Juni 2006, als Palästinenser einen Tunnel unter der Grenzbarriere zwischen Israel und dem Gaza-Streifen gruben, israelische Soldaten angriffen und dabei einen Gefangenen machten. Er sollte gegen 95 Frauen und 313 Kinder ausgetauscht werden, die zu den etwa 8 500 palästinensischen Gefangenen in israelischen Gefängnissen zählen. Die Israelis lehnten alle

---

* „Administrativhaft" – eine Bestrafung ohne Anklage und Urteil, nur per Militätdekret, das anordnet, eine Person bis zu sechs Monate in Arrest zu nehmen. Danach kann die Haftzeit beliebig oft und ohne Begründung verlängert werden, so dass ein Gefangener theoretisch für Jahre unter Verschluss bleibt. (d.H.)

Verhandlungen ab und rückten in den Gaza-Streifen ein, um
den Soldaten zu befreien und den Abschuss selbst gebastel-
ter Raketen auf israelisches Territorium zu unterbinden. Bei
dieser Invasion wurden Regierungsgebäude bombardiert,
Brücken zerstört, außerdem die Energiewerke, die Gaza mit
Strom und Wasser versorgen. Es gab viele Tote und Verwundete, und Gaza war in noch größerem Ausmaß blockiert und
isoliert. Als Hamas und Fatah zum Zeichen ihrer politischen
Einheit ein „Nationales Versöhnungs-Dokument" des angesehenen Marwan Barghouti, derzeit in israelischer Haft, akzeptierten, reagierte Israel mit der Verhaftung von 64 Hamas-
Leuten, darunter ein Drittel des palästinensischen Kabinetts
und 23 Abgeordnete. Laut offizieller Verlautbarung sollten
sie so lange inhaftiert bleiben, bis Militärgerichte darüber
entscheiden könnten, welche zusätzlichen Strafen über sie
verhängt würden. Ende August 2006 saßen der stellvertretende Premierminister und sechs weitere Kabinettsmitglieder
und 30 Abgeordnete des Legislativrates im Gefängnis, darunter der Sprecher des Parlaments, Aziz Dweik.

Mit der Begründung, sie unterstützten die besetzten
Palästinenser, griffen im Südlibanon stationierte Hisbollah-
Kämpfer israelische Patrouillenfahrzeuge in Israel an, töteten
drei israelische Soldaten und nahmen zwei andere gefangen.
Premierminister Olmert verkündete, das stelle eine offizielle
Kriegserklärung dar, verhängte eine Seeblockade und ließ
Angriffe auf mehrere Ziele in Beirut und in ganz Südlibanon
fliegen. Die Hisbollah-Führung verlangte die Freilassung liba-

nesischer Gefangener und den Abzug Israels von den umstrittenen Shebaa-Farmen. Als Vergeltung für die Luftangriffe beschoss die Hisbollah Städte in Nordisrael mit Raketensalven.

In den ersten vier Wochen der Angriffe wurden 800 libanesische Zivilisten getötet oder unter Trümmern und Schutt vermisst, und eine Million Libanesen, ein Viertel der Gesamtbevölkerung, waren auf der Flucht. 27 israelische Zivilisten wurden getötet und viele Menschen verließen ihre Häuser im Norden Israels oder lebten in Schutzbunkern, um dem Raketenbeschuss durch die Hisbollah zu entgehen. Die Zahl der getöteten Soldaten und Kombattanten auf den beiden Seiten ist nicht bekannt.

Obwohl viele Libanesen die Machtausübung und die Provokationen der Hisbollah im Südlibanon verurteilten, verbündeten sich die nationalen Führer zu einer gemeinsamen Front gegen die israelischen Angriffe. Der libanesische Premierminister Fouad Siniora rief mehrfach zu einem Waffenstillstand auf und sagte: „Das Land ist in Stücke gerissen. Der Libanon verdient es, zu leben." Den amerikanisch-israelischen Widerstand gegen eine unmittelbare Waffenruhe kommentierte er mit einem Zitat des römischen Geschichtsschreibers Tacitus: „Sie schufen Zerstörung – und nannten es Frieden." Saad Hariri, Sohn des früheren Premierministers Rafik Hariri, der mutmaßlich einem Mordanschlag seitens syrisch orientierter Leute zum Opfer fiel, schrie: „Was machen die Vereinigten Staaten und Israel bloß? Ihr werbt für Demokratie und dann lasst ihr zu, dass sie zerstört wird."

Der Zirkel provokativer Gewaltakte durch militante Araber und vernichtender militärischer Gegenreaktionen seitens Israels beweist einmal mehr, welche dauerhaften und schwelenden Folgen der ungelöste Nahost-Konflikt hat. Israel kann mit seiner ungeheuren militärischen Übermacht – mit stillem Einverständnis oder offener Unterstützung der Vereinigten Staaten – die ökonomische Infrastruktur in Gaza und im Libanon sowie in anderen arabischen Staaten zerstören und den Menschen schwere Verluste an Leib und Leben zufügen. Aber derartige Zerstörungen haben zur Folge, dass die Guerillabewegungen höchstwahrscheinlich überleben, sich in breiteren Bündnissen stärken und größere Unterstützung mobilisieren können.

Eine Umfrage des Beiruter Zentrums für Forschung und Information nach den israelischen Bombardierungen ergab, dass 87 % der Libanesen den Kampf der Hisbollah gegen Israel befürworten. Darin eingeschlossen waren 80 % der libanesischen Christen, die traditionellerweise israelfreundlich sind und politisch militanten Muslimen ablehnend gegenüberstehen.

Fünf Wochen lang hatten die Vereinigten Staaten Israel massiv unterstützt, die Bombardierung des Libanon befürwortet und die Bemühungen Frankreichs und anderer Staaten um einen sofortigen Waffenstillstand blockiert. Relevante Punkte waren: Ende der Kämpfe, Entwaffnung der Hisbollah, Rückzug der israelischen Truppen aus dem ganzen Libanon einschließlich der Shebaa-Farmen, Gefangenenaustausch und

271

die Entsendung einer internationalen Friedenstruppe, die als Puffer eingesetzt werden sollte. Schließlich verabschiedete der UN-Sicherheitsrat am 11. August Resolution 1701, die fordert, die Kämpfe zu beenden und 15 000 libanesische Soldaten sowie eine gleiche Zahl Soldaten der internationalen Gemeinschaft im südlichen Libanon zu stationieren, während sich die israelischen Truppen und die Hisbollah-Verbände zurückziehen. Die Schlüsselfragen wie Gefangenenaustausch, Israels Besetzung der Shebaa-Farmen sowie die Entwaffnung der Hisbollah wurden vertagt, während Israel die Palästinenser im Gaza-Streifen weiter bombardierte. Als die Augen der Welt auf den israelisch-libanesischen Konflikt gerichtet waren, wurden in Gaza mehr als 400 Palästinenser getötet, darunter 75 Kinder; auf israelischer Seite verloren drei Soldaten ihr Leben.

Was waren die Ursachen und Ergebnisse des israelisch-libanesischen Konfliktes? Er begann damit, dass Hisbollah-Kämpfer zwei israelische Militärfahrzeuge angriffen und dabei drei Soldaten töteten und zwei gefangennahmen. Ihr erklärtes Ziel war die Unterstützung der in Gaza attackierten Palästinenser, Israel aus dem umstrittenen Gebiet zu vertreiben und die gefangenen Soldaten gegen einige libanesische Häftlinge auszutauschen; ein Tauschhandel, wie er in der Vergangenheit schon mehrmals stattgefunden hatte. Israel wies diese Forderungen zurück, erklärte überraschend, die Gesamtheit der libanesischen Nation habe Israel angegriffen, und eröffnete ein Flächenbombardement aus der Luft, das im

Endeffekt 7000 Angriffsziele im ganzen Land umfasste. Die Reaktion der Hisbollah waren beinahe 4000 Raketen auf Nordisrael.

Wer waren die Verlierer, wer die Gewinner? Beide Seiten reklamierten den Sieg für sich, aber es ist offensichtlich, dass die größten Verlierer die libanesischen und israelischen Familien waren, die Angehörige in den Luftangriffen mit Bomben, Granaten oder Raketen verloren. Viele Gegenden des Libanon waren vollkommen verwüstet. In Israel kam es zu weit verbreiteten Beschuldigungen gegen die eigene Regierung, die eine derartige Zerstörung und Verwüstung verursacht hatte und trotzdem nicht in der Lage gewesen war, die Hisbollah-Kämpfer zu besiegen. Amerikanische führende Politiker wurden fast auf der ganzen Welt dafür verurteilt, den israelischen Angriff offen unterstützt zu haben, auch mit Waffenlieferung, und für die Verzögerung eines Waffenstillstands, der das Blutbad und Gemetzel früher beendet hätte.

Anfänglich verurteilten moderate Araber die Hisbollah, sie hätten die Konfrontation mit Israel unnötig heraufbeschworen, aber schließlich erzielte Hisbollah eine fast umfassende arabische Unterstützung und einen Propagandasieg für die „Verteidigung" des Libanon, erfolgreich Widerstand gegen den israelischen Angriff zu Boden und aus der Luft geleistet zu haben, und später große Summen für die Reparatur der Schäden aufgebracht zu haben. Der ausscheidende Chef des militärischen Nachrichtendienstes Brigadegeneral Yossi Kuperwasser kommentierte, Hisbollah-Chef Sheikh Hassan Nasrallah habe auf brillante Weise auf dem Instrument Ehrgefühl gespielt, das für viele Araber und Muslime von so außerordentlicher Bedeutung ist. Seine Botschaft, so Kuperwasser, war, „verletzte Würde wiederherzustellen ... durch Opferbereitschaft und durch Leidensbereitschaft".

Tragischerweise war dieser militärische Konflikt nur einer von vielen in dem wiederkehrenden Kreislauf der Gewalt, Folge einer fehlenden umfassenden Lösung für den Nahen Osten, verstärkt durch die ungewöhnlich lange Periode von sechs Jahren ohne ernsthafte Bemühungen, dieses Ziel zu erreichen. Befristete Waffenruhen und internationale Friedenstruppen im Libanon und an anderen Unruheherden sind nur ein Notpflaster. Die fundamentalen Ursachen des Konflikts – die Besetzung arabischen Territoriums, die ungerechte und widerrechtliche Behandlung der Palästinenser und Israels unerlässliche und unbedingte Festlegung seiner eigenen, international anerkannten, Grenzen – müssen jedoch erst noch angegangen bzw. beseitigt werden. Allerdings hat Premierminister Olmert im September 2006 weitere 690 Wohneinheiten im besetzten Westjordanland genehmigt, trotz der Kritik aus dem Weißen Haus und von Mitgliedern seiner eigenen Regierung. Er lehnte auch das Angebot des Generalsekretärs der Vereinten Nationen, Kofi Annan, zu Verhandlungen über einen Gefangenenaustausch ab.

Die Führung auf beiden Seiten ignoriert die große Mehrheit ihrer Bevölkerung, die unbedingt Frieden wollen; sie lassen damit zu, dass Gewalt seitens der Extremisten alle

Chancen für einen politischen Konsens zunichte macht. Ein weiteres beträchtliches Hindernis ist Washingtons befremdliche politische Einstellung, Dialog über strittige Fragen sei ein Privileg, das nur als Belohnung für unterwürfiges Verhalten gewährt wird und denen vorenthalten wird, die sich amerikanischen Forderungen widersetzen. Direkte Gespräche mit dem palästinensischen Premierminister Mahmud Abbas und der Regierung in Damaskus sind unerlässlich für eine erfolgreiche Verhandlungslösung. Wenn Schlüsselfragen und Schlüsselpersönlichkeiten auf Dauer außen vor bleiben, besteht die Gefahr, dass immer höhere Wellen der Instabilität die Region erfassen, von Jerusalem über Beirut und Damaskus bis nach Bagdad und Teheran.

Eine im Januar vom *Pew Center* veröffentlichte Umfrage des *Global Attitude Project* ergab, dass das Ansehen der westlichen Welt bei den Muslimen auf dramatische Weise gesunken ist, wobei das Palästina-Problem mittlerweile Haupthinderungsgrund für den Weltfrieden geworden ist.

Ein bemerkenswerter und viel versprechender Erfolg, im Schatten des Libanonkriegs allerdings kaum beachtet, war die – später wieder aufgehobene – Vereinbarung zwischen Führern von Fatah, Hamas und einigen kleineren Gruppen, ein „Nationales Versöhnungs-Dokument" anzunehmen, das Marwan Barghouti und andere palästinensische Gefangene erarbeitet hatten. Es besteht die Aussicht, dass dies zu der Bildung einer Einheitsregierung führen wird, an der alle größeren Parteien beteiligt sind, das wäre auch eine Erfüllung der Vorbedingung der internationalen Gemeinschaft zur Aufhebung des Embargos, das über das palästinensische Volk verhängt worden war. Das Dokument befürwortet die Annahme einer Zweistaatenlösung, die Anerkennung Israels und einen Waffenstillstand auf Dauer seitens der Hamas, der aber seinerseits von einer entsprechenden Waffenruhe seitens Israels abhinge. Premierminister Haniyeh erklärte im Juni 2006: „Wir haben kein Problem mit einem souveränen Staat auf unserem Land innerhalb der Grenzen von 1967, der in Ruhe leben will und wird."

Kapitel 17

―――― •◆• ――――

ZUSAMMENFASSUNG

Seit der Unterzeichnung des israelisch-ägyptischen Friedensvertrages 1979 wurde unnötig viel Blut vergossen und Bemühungen um einen friedlichen Ausgleich zwischen Israel
und seinen Nachbarn sind immer wieder fehlgeschlagen. Der
Vertrag wird zwar von manchen arabischen Stellen kritisiert,
aber er ist der klare Beweis, dass Diplomatie auch zwischen
Erzfeinden schließlich dauerhaften Frieden zustande bringen kann. Trotz der erkennbaren Unterschiede, die häufig
überbetont werden, haben die bisherigen Abkommen und
Vorschläge (das Abkommen zwischen Israel und Syrien über
einen wechselseitigen Rückzug 1974, die Vereinbarungen
von Camp David 1978, der Friedensvertrag zwischen Israel
und Jordanien 1994, die arabische Friedensinitiative 2002,
die Genfer Initiative 2003 und die *Roadmap* des Nahost-

Quartetts) gemeinsame Kernelemente, die sich mit einigem guten Willen weiter ausbauen und festigen lassen.

Einem dauerhaften Frieden im Nahen Osten stehen zwei miteinander verknüpfte Hindernisse im Weg:

1. Manche Israelis glauben, sie hätten das Recht, arabisches Land zu konfiszieren und zu kolonisieren und versuchen, die andauernde Unterdrückung und Verfolgung der Palästinenser zu rechtfertigen, deren Hoffnungslosigkeit und Leid immer größer wird.

2. Manche Palästinenser wiederum ehren Selbstmordattentäter als Märtyrer, auf die himmlische Belohnung wartet, und geben die Ermordung von Israelis als Siege aus.

Im Gegenzug reagieren Israelis mit Vergeltung und Unterdrückung, und Palästinenser verweigern die Anerkennung des israelischen Existenzrechtes und geloben Israels Vernichtung. Der Kreislauf von Misstrauen und Gewalt geht weiter, und Friedensbemühungen laufen ins Leere. Die immer härtere Kontrolle der Besatzungsmacht hat unzählige Opfer gefordert. Zwischen September 2000 und März 2006 wurden im Lauf der 2. Intifada 3 982 Palästinenser und 1 084 Israelis getötet, und unter diesen Opfern waren viele Kinder: 708 palästinensische und 123 israelische. Wie schon zuvor berichtet, hatten die Militäraktionen 2006 in Gaza und im Libanon einen sprunghaften Anstieg der Opferzahlen zur Folge, sowohl Tote als auch Verwundete.

Angesichts dieser Dauertragödie kann es nur eine vernünftige Antwort geben: den Friedensprozess durch direkte Verhandlungen zwischen Israel und den Palästinensern neu zu beleben. Aber die Vereinigten Staaten haben diese Bemühungen faktisch aufgegeben. Möglicherweise wird die nächste der periodisch aufflammenden Eskalationen der Gewalt dazu führen, dass das internationale Nahost-Quartett sich entschließt, größeren Druck auszuüben, um seine *Roadmap* umzusetzen. Deren Kernelemente lauten:

1. **Die Sicherheit Israels muss garantiert werden.** Die Araber müssen öffentlich und explizit anerkennen, dass Israel ein Faktum ist und das Recht hat, in Frieden innerhalb sicherer, anerkannter Grenzen zu existieren. Außerdem müssen sie fest versprechen, künftig weitere Akte der Gewalt gegen den rechtmäßig gegründeten Staat Israel zu unterlassen.

2. **Die bisher offene Debatte in Israel über seine Grenzen muss ein Ende finden, um die endgültigen rechtmäßigen Grenzen festzulegen.** Seit der Gründung des Staates Israel war die unverändert klare offizielle Politik der Vereinigten Staaten, dass die Staatsgrenzen mit den seit 1949 bzw. 1967 geltenden Waffenstillstandslinien übereinstimmen, Modifikationen aufgrund von

Verhandlungen nicht ausgeschlossen. Die einstimmig angenommene UN-Resolution 242 fordert den Rückzug israelischer Truppen aus besetzten arabischen Gebieten. Diese Verpflichtung wurde von der israelischen Führung in den 1978 in Camp David ausgehandelten Vereinbarungen und 1993 in Oslo erneut bestätigt, wofür Rabin und Peres mit dem Friedensnobelpreis ausgezeichnet wurden, und beide Verpflichtungen wurden von der jeweiligen israelischen Regierung offiziell ratifiziert.

Darüber hinaus unterstützt Amerika als Mitglied des internationalen Nahost-Quartetts, dem außerdem die Vereinten Nationen, Russland und die EU angehören, die *Roadmap for Peace,* die dieselben Forderungen enthält. Palästinensische Führungsmitglieder haben diesen Vorschlag vorbehaltlos angenommen, während Israel die Kernforderungen offiziell in Form unannehmbarer Vorbehalte und Vorbedingungen abgelehnt hat.

Trotz der negativen jüngsten Entwicklungen ist es ermutigend, dass Israel in der Vergangenheit Friedensverpflichtungen erfüllt hat, wie sie in den Vereinbarungen von Camp David festgelegt wurden, z.B. den Abzug seiner Truppen aus dem Sinai, vor kurzem die Evakuierung der Siedler aus Gaza sowie die offizielle Annahme einschlägiger UN-Resolutionen. Nach dem Sechstagekrieg von 1967 hielten israelische Truppen alle in Karte 4 markierten arabischen Gebiete besetzt, aber zusammen mit den Vereinigten Staaten und anderen Staaten unterstützt Israel die UN-Resolution 242, die immer noch bindendes Gesetz ist, gewaltsamen Gebietserwerb verurteilt und von Israel den Abzug aus besetzten Gebieten verlangt.

3. **Die Souveränität aller Staaten im Nahen Osten und die Unverletzlichkeit internationaler Grenzen müssen respektiert werden.** Höchstwahrscheinlich kann ein Ausgleich mit den Palästinensern Israel die volle Anerkennung seitens der Araber bringen, insbesondere Anerkennung des Rechts, in Frieden zu leben, außerdem die Verpflichtung, von palästinensischen Extremisten ausgehende Gewalt künftig zu unterbinden.

Seit mehr als einem Viertel Jahrhundert ist jedoch das allergrößte Problem, dass die Politik und Taten mancher führenden Politiker Israels in direktem Konflikt zu der offiziellen Politik der Vereinigten Staaten und der internationalen Gemeinschaft stehen sowie zu den von ihnen selbst ausgehandelten Vereinbarungen. Ungeachtet der Lage auf palästinensischer Seite, ob ohne formell institutionalisierte Regierung, ob mit einer unter Yassir Arafat oder Mahmud Abbas, ob mit Abbas als Präsidenten und einem von Hamas dominierten Legislativrat und Kabinett, all dessen ungeachtet sind die Haupthindernisse für ein umfassendes Friedensabkommen im Heiligen Land die andauernde Beherrschung und Kolonisierung des palästinensischen Territoriums. Um die Besatzung aufrecht zu erhalten, hat die israelische Armee die Menschen, die gegen ihren Willen beherrscht werden, ihrer grundlegenden Menschenrechte beraubt. Wenn jemand die herrschenden Gegebenheiten im Westjordanland selbst erlebt hat und objektiv ist, wird er dieser Darstellung nicht widersprechen; das wäre ein Unding.

Zwei weitere miteinander verbundene Faktoren haben mit dazu beigetragen, dass die Gewalt weitergeht und die Region höchst instabil ist: Ein willfähriges Weißes Haus und ein willfähriger amerikanischer Kongress haben gegenüber Israels ungesetzlichen Aktionen Nachsicht walten lassen, und aus Nachgiebigkeit oder Unterwürfigkeit haben andere internationale Spitzenpolitiker zugelassen, dass diese inoffizielle amerikanische Nahost-Politik Bestand haben konnte. In Israel sind fortgesetzte, hitzige Debatten über die Politik der israelischen Regierungen im Hinblick auf das Westjordanland und Gaza an der Tagesordnung, sowohl in politischen Kreisen als auch in den Medien, aber einflussreiche politische, wirtschaftliche und religiöse Kräfte in den Vereinigten Staaten sorgen dafür, dass Entscheidungen der israelischen Regierungen selten in Frage gestellt, geschweige denn verurteilt werden. Stimmen aus Jerusalem dominieren in unseren Medien. Und viele Amerikaner wissen sehr wenig darüber, wie es in den besetzten Gebieten wirklich aussieht. Gleichzeitig äußern sich dagegen führende Politiker und Medien in Europa äußerst kritisch über die israelische Politik und beeinflussen damit die öffentliche Meinung. Die Meinungsumfrage unter Europäern, die die *International Herold Tribune* im Oktober 2003 veröffentlichte und die ergab, dass 7 500 Bürger aus fünfzehn europäischen Staaten Israel noch vor Nordkorea, dem Iran und Afghanistan als größte Bedrohung für den Weltfrieden betrachten, rief bei Amerikanern Bestürzung und Verärgerung hervor.

Die Vereinigten Staaten haben ihr Vetorecht im Sicherheitsrat der Vereinten Nationen mehr als vierzig Mal ausgeübt, um israelkritische Resolutionen zu blockieren. Einige dieser Veto-Entscheidungen haben Amerika weltweit in Misskredit gebracht, und es besteht kein Zweifel daran, dass das mangelnde insistierende Bemühen der Vereinigten Staaten um die Lösung der Palästinafrage einer der Hauptgründe für anti-amerikanische Gefühle und für Terrorakte im gesamten Nahen Osten und der islamischen Welt ist.

Einen neuen Faktor stellen die Folgen der palästinensischen Wahlen vom Januar 2006 dar: Hamas hat die Mehrheit im Legislativrat und stellt die Regierung und den Premierminister. Israel und die Vereinigten Staaten haben mit einer Politik der Isolierung und Destabilisierung der neuen Regierung reagiert. Gewählten Abgeordneten wurden Reisegenehmigungen verweigert, um sie an der Teilnahme parlamentarischer Angelegenheiten zu hindern, Gaza ist weitestgehend isoliert, und es wird nichts ausgelassen, um humanitäre Unterstützung für Palästinenser zu blockieren, ihr Recht auf Beschäftigung und Handel zu beschränken und ihnen die Reise nach Israel und ins Ausland zu verweigern.

Um seine Ziele zu erreichen, hat Israel entschieden, alle Friedensverhandlungen zu vermeiden und sogar die milden Vorhaltungen der Vereinigten Staaten zu umgehen, indem es einseitige Schritte unternahm, die es „Konvergenz" oder „Neuausrichtung" nennt, um die besten Gebiete des Westjordanlandes für sich herauszuschneiden; dadurch bleiben die hilf- und mittellosen Palästinenser in einem kleinen, zudem zerstückelten Restterritorium quasi eingeschlossen zurück, das nur noch ein Bruchteil ihrer angestammten Heimat ist. Die Inhaftierung von nahezu 10 000 palästinensischen Gefangenen und die zerstörerische militärische Reaktion in Gaza und dem Libanon auf die Gefangennahme von drei israelischen Soldaten haben weltweit Angst und Sorge geweckt, der Frieden des Nahen und Mittleren Ostens hänge an einem seidenen Faden bzw. am Abzug einer Schusswaffe.

Trotz dieser bedrohlichen Herausforderungen dürfen wir nicht glauben, die Zukunft sei hoffnungslos. All die Jahre hindurch habe ich immer wieder erlebt, dass aus Verzweiflung und Frustration Optimismus und Fortschritt erwuchsen, und selbst jetzt, unter den gegebenen Umständen, dürfen wir in unseren Bemühungen um Frieden für Israel und Freiheit und Gerechtigkeit für die Palästinenser auf keinen Fall nachlassen. Es gibt einige positive Faktoren, auf die wir uns stützen können.

Schon 1979 sagte ich in meiner Rede vor der Knesset in Israel: „Die Bevölkerung ist für ein Abkommen. Das Hindernis für einen Frieden sind die politischen Führer." Über Jahre hinweg haben Meinungsumfragen ergeben, dass die Mehrheit der Israelis einen Rückzug aus palästinensischem Territorium im Austausch für Frieden („Swapgeschäft: Land gegen Frieden") befürworten, und auch jüngste Umfragen in Palästina zeigen, dass 80 % der Palästinenser immer noch ein Friedensabkommen mit Israel im Rahmen einer Zweistaatenlösung wollen, wobei der gemäßigte Mahmud Abbas als ihr Präsident und Sprecher die Unterstützung von fast 70 % der Palästinenser genießt.

Über die Jahre gab es auch andere ermutigende Entwicklungen. Zum einen ist den meisten Israelis bewusst geworden, dass die Lösung der Palästina-Frage die Voraussetzung für ein umfassendes Abkommen ist, zum anderen ist in der arabischen Welt die Erkenntnis gewachsen, dass Israel ein Faktum ist, das nicht aus der Welt zu schaffen ist. Die meisten Palästinenser und Araber der anderen Staaten machen geltend, dass der Vorschlag des jetzigen saudischen Königs Abdullah, der auf dem Gipfel der Arabischen Liga 2002 angenommen wurde (s. Anhang 6), eine offizielle Anerkennung von Israels Existenzrecht innerhalb seiner rechtmäßigen Grenzen darstellt und die Bereitschaft zeigt, bisher nicht ausdrücklich angesprochene und nicht verhandelte strittige Fragen zu behandeln. Die delphische Wortwahl ist gewollt, sowohl auf Hebräisch wie auf Englisch; die Araber verteidigen sie mit dem Hinweis, sie erlege es den Israelis und anderen auf, von der Oberfläche in die Tiefe zu gehen, und auf jeden Fall sei sie positiver und dem Völkerrecht deutlicher verpflichtet als alles, was man aus der Knesset vernehme.

Zudem sind die noch verbleibenden Unterschiede und ihre potenzielle Lösung klar umrissen. Sowohl Israel als auch die arabischen Staaten haben die essentiellen und unumgänglichen UN-Resolutionen 242 und 338 angenommen, die auch schon den bisherigen Friedensabkommen zu Grunde liegen.

Hier sind zwei Stimmen, eine palästinensische und eine israelische, mit einer bemerkenswert ähnlichen Einschätzung dessen, was noch zu tun bleibt.

Der palästinensische Menschenrechtsanwalt Jonathan Kuttab sagt: „Jedermann kennt die Voraussetzungen für einen dauerhaften Frieden, der die Grundbedürfnisse beider Seiten befriedigt. Das ist die Zweistaatenlösung. Das ist der Rückzug auf die Grenzen von 1967. Das ist der Abbau der Siedlungen. Das ist eine Art gemeinsamer Nutzung eines vereinten Jerusalems, der Hauptstadt beider Staaten. Um Israels Sicherheit in jeder Hinsicht zu gewährleisten, müssten das Westjordanland und Gaza entmilitarisiert sein. Das Flüchtlingsproblem müsste auf die eine oder andere Art gelöst werden, teils durch Recht auf Rückkehr, teils durch Entschädigung. Jeder kennt die Lösung, bleibt die Frage: Besteht der politische Wille, sie umzusetzen?"

Dr. Naomi Chazan, Professorin an der Hebräischen Universität und ehemalige Knesset-Sprecherin, sagt: „Ich glaube, die Mehrheit der Israelis und Palästinenser sind sich einig, dass es irgendeine Form des Ausgleichs und der Annäherung zwischen den beiden Völkern geben muss. Da gibt es nur zwei Möglichkeiten: Das Selbstbestimmungsrecht der Palästinenser anzuerkennen und dann umzusetzen und anschließend dafür zu sorgen, dass die Zweistaatenlösung eine gerechte und faire Verwirklichung findet, indem neben Israel innerhalb der Grenzen von 1967 ein lebensfähiger Staat geschaffen wird, wobei Änderungen des Grenzverlaufs aufgrund eines ausgehandelten Gebietsaustausches nicht ausgeschlossen sind. Auf israelischer Seite besteht die Notwendigkeit, einen demokratischen Staat mit einer jüdischen Mehrheit beizubehalten, und das lässt sich nur mit der Schaffung eines palästinensischen Staates neben Israel erreichen."

Man darf nicht vergessen, dass Präsident Abbas weiterhin über alle Machtbefugnisse, die Yassir Arafat in den Vereinbarungen von Oslo ausgehandelt hat, verfügt und dass Premierminister Haniyeh, der der Hamas angehört, verlautbart hat, seine Regierung befürworte Friedensgespräche zwischen Israel und Abbas. Außerdem werde Hamas von der Nicht-Anerkennung Israels abrücken, falls es zu einem Verhandlungsergebnis kommt, das in einem Referendum vom palästinensischen Volk gebilligt wird (so sehen es auch die Vereinbarungen von Camp David vor). Es ist von höchster Dringlichkeit, dass sich die arabische Gemeinschaft insgesamt und alle wichtigen palästinensischen Gruppierungen klar und deutlich für einen Verzicht von Akten der Gewalt gegen unschuldige Zivilsten aussprechen und das Völkerrecht sowie den arabischen Friedensplan von 2002 und die Endziele der *Roadmap* akzeptieren.

Im Mai 2006 kam es zu einer viel versprechenden Entwicklung, als sich Marwan Barghouti, der populärste und einflussreichste Fatah-Führer, in einem israelischen Gefängnis mit Abed al-Halak Natashe, einem angesehenen Sprecher der Hamas, zusammensetzte und einen Plan für eine Zweistaatenlösung ausarbeitete, der zur Einigung der beiden palästinensischen Fraktionen führen könnte. Beide genießen enormen Einfluss. Der Vorschlag der Gefangenen fordert eine Einheitsregierung, die Aufnahme der Hamas in die PLO, die Entlassung politischer Gefangener, die Anerkennung Israels als Nachbar innerhalb rechtmäßiger Grenzen und der Verzicht auf Gewaltakte in Israel (aber nicht auf palästinensischem Territorium). Er billigt die Schlüssel-Resolutionen der Vereinten Nationen bezüglich rechtmäßiger Grenzen und des Rückkehrrechts.

Da Umfragen eine Zustimmung von 77 % ergaben, schlug Abbas als erstes ein palästinensisches Referendum über diesen Vorschlag vor, worauf Hamas und Fatah beide die vorgeschlagenen Regelungen annahmen.

Eine deutliche Mehrheit der Israelis ist weiterhin bereit, Bedingungen zu akzeptieren, die auch für die meisten arabischen Nachbarn akzeptabel sind; es ist aber auch ganz klar, dass keine der folgenden Optionen für alle Israelis in Frage kommt:

- Eine gewaltsame Annektierung Palästinas und seine rechtliche Absorbierung in den Staat Israel, wodurch eine große Anzahl von Nicht-Juden das Wahlrecht bekäme und nach dem Gesetz gleichberechtigte Staatsbürger wäre. Das würde sowohl internationale Normen wie die Vereinbarungen von Camp David verletzen, die die Grundlage des Friedens mit Ägypten bilden. Gleichzeitig würden die nicht-jüdischen Bürger im Falle der Unentschiedenheit der anderen Israelis einen einflussreichen Block von Wechselwählern bilden, und letztendlich würden sie in dem neuen Groß-Israel die deutliche Bevölkerungsmehrheit bilden. Israel geriete in noch größere Isolation und würde von der internationalen Gemeinschaft verurteilt und hätte überhaupt keine Aussicht, mit irgendeinem nennenswerten Teil der arabischen Welt die Feindseligkeiten zu beenden.

- Ein Apartheidsystem, in dem zwei Völker im selben Territorium leben, aber komplett voneinander getrennt wären, wobei die Israelis die absolute Herrschaft hätten und zur Unterdrückung von Widerstand die Palästinenser ihrer elementarsten Menschenrechte beraubten. Diese Politik ist die gegenwärtig gängige Praxis, obwohl viele israelische Bürger den amtlich verordneten permanenten Status der Palästinenser als Bürger zweiter Klasse als eine Form des Rassismus verhöhnen. Mit den Worten eines prominenten Israeli:

„Leider bewegen wir uns in Richtung südafrikanischer Verhältnisse mit einer Zwei-Klassen-Gesellschaft, wobei die Juden die Herrscher und die Araber die Untertanen mit sehr wenigen Bürgerrechten sind. Das ist das Westjordanland nicht wert." Eine unannehmbare Modifikation dieser Option, die momentan zur Debatte steht, ist die Annektierung oder Quasi-Annektierung beträchtlicher Areale der besetzten Gebiete, wobei die zurückbleibenden Palästinenser komplett von Mauern, Zäunen und israelischen Checkpoints eingeschlossen wären und als Gefangene in dem kleinen Bruchteil ihres Landes leben müssten, das man ihnen übrig lassen würde.

- Rückzug auf die Grenzen von 1967, wie in der UN-Resolution 242 gefordert, in den Vereinbarungen von Camp David und den Vereinbarungen von Oslo versprochen und in der *Roadmap* des internationalen Quartetts vorgeschrieben. Dies ist die attraktivste Option – und die einzige, die letztendlich als Grundlage für den Frieden in Frage kommt. Ernsthafte Verhandlungen können zu wechselseitig akzeptablem Gebietsaustausch führen; vielleicht könnte einer beachtlichen Zahl von Siedlern erlaubt werden, in ihren derzeitigen Wohnungen und Häusern im Raum Jerusalem wohnen zu bleiben. Eine Version dieser Option findet sich in der Genfer Initiative.

Unter dem Schlussstrich steht: Israel und der Nahe Osten werden erst zur Ruhe kommen und Frieden genießen, wenn die israelische Regierung bereit ist, sich an das Völkerrecht zu halten sowie an die *Roadmap for Peace*, die die offizielle amerikanische Politik darstellt und dem Wunsch der Mehrzahl ihrer eigenen Bürger entspricht, des weiteren die bisherigen Abkommen respektiert und umsetzt, indem Israel seine rechtmäßigen international anerkannten Grenzen akzeptiert. Alle arabischen Nachbarn müssen geloben, Israels Recht anzuerkennen, unter diesen Gegebenheiten in Frieden zu existieren. Die Vereinigten Staaten vergeuden internationales Ansehen und ihren guten Ruf und tragen zur weltweiten Verbreitung des anti-amerikanischen Terrorismus bei, indem sie inoffiziell Israels Konfiszierung und Kolonisierung der palästinensischen Gebiete dulden oder unterstützen.

Es wäre eine Tragödie – für die Israelis ebenso wie für die Palästinenser und die ganze Welt – wenn der Frieden eine Absage erhält und ein System der Unterdrückung, der Apartheid und andauernder Gewalt bestehen bleiben darf.

Anhang 1

———— •◆• ————

UN-RESOLUTION 242 (1967)

VEREINTE NATIONEN
SICHERHEITSRAT
RESOLUTION 242 (1967)
VOM 22. NOVEMBER 1967

Der Sicherheitsrat,

mit dem Ausdruck seiner anhaltenden Besorgnis über die ernste Situation im Nahen Osten,

unter Betonung der Unzulässigkeit des Gebietserwerbs durch Krieg und der Notwendigkeit, auf einen gerechten und dauerhaften Frieden hinzuarbeiten, in dem jeder Staat der Region in Sicherheit leben kann, ferner unter Betonung dessen, dass alle Mitgliedsstaaten mit der Annahme der Charta der Vereinten Nationen die Verpflichtung eingegangen sind, in Übereinstimmung mit Artikel 2 der Charta zu handeln,

1. erklärt, dass die Verwirklichung der Grundsätze der Charta die Schaffung eines gerechten und dauerhaften Friedens im Nahen Osten verlangt, der die Anwendung der beiden folgenden Grundsätze einschließen sollte:

    i) Rückzug der israelischen Streitkräfte aus (den)* Gebieten, die während des jüngsten Konflikts besetzt wurden;

    ii) Beendigung jeder Geltendmachung des Kriegszustands beziehungsweise jedes Kriegszustands sowie Achtung und Anerkennung der Souveränität, territorialen Unversehrtheit und politischen Unabhängigkeit eines jeden Staates in der Region und seines Rechts, innerhalb sicherer und anerkannter Grenzen frei von Androhungen oder Akten der Gewalt in Frieden zu leben;

2. erklärt ferner, dass es notwendig ist,

    a) die Freiheit der Schifffahrt auf den internationalen Wasserwegen der Region zu garantieren;

    b) eine gerechte Lösung des Flüchtlingsproblems herbeizuführen;

---

* E: from territories; F: des territoires (Anm. des deutschen Übersetzungsdienstes, Vereinte Nationen, New York)

c) die territoriale Unverletzlichkeit und politische Unabhängigkeit eines jeden Staates der Region durch
Maßnahmen zu garantieren, die auch die Schaffung entmilitarisierter Zonen einschließen;

3. ersucht den Generalsekretär, einen Sonderbeauftrag-
ten zu ernennen, der sich in den Nahen Osten bege-
ben soll, um mit den beteiligten Staaten Verbindung
aufzunehmen und zu unterhalten, mit dem Ziel, eine
Einigung zu fördern und die Bemühungen zur Herbeiführung einer friedlichen und akzeptierten Regelung
im Einklang mit den Bestimmungen und Grundsätzen
dieser Resolution zu unterstützen;

4. ersucht den Generalsekretär, dem Sicherheitsrat bald-
möglichst über den Stand der Bemühungen des Son-
derbeauftragten Bericht zu erstatten.

Auf der 1382. Sitzung des Sicherheitsrats einstimmig verabschiedet.

Anhang 2

———— •◆• ————

UN-RESOLUTION 338 (1973)

VEREINTE NATIONEN
SICHERHEITSRAT
RESOLUTION 338 (1973)
VOM 22. OKTOBER 1973

Der Sicherheitsrat,

1. fordert alle an den gegenwärtigen Kampfhandlungen Beteiligten auf, sofort, spätestens 12 Stunden nach dem Zeitpunkt der Verabschiedung dieses Beschlusses, in den von ihnen besetzten Stellungen jedes Feuer einzustellen und jede militärische Aktivität zu beenden;

2. fordert die beteiligten Parteien auf, sofort nach Einstellung des Feuers damit zu beginnen, die Resolution 242 (1967) des Sicherheitsrats in allen Teilen durchzuführen;

3. beschließt, dass sofort und gleichzeitig mit der Feuereinstellung Verhandlungen zwischen den beteiligten Parteien unter geeigneter Schirmherrschaft mit dem Ziel aufgenommen werden, einen gerechten und dauerhaften Frieden im Nahen Osten herzustellen.

Auf der 1747. Sitzung des Sicherheitsrats mit 14 Stimmen ohne Gegenstimme verabschiedet.

Anhang 3

---•◆•---

CAMP-DAVID-VEREINBARUNGEN, 1978

EIN RAHMEN FÜR DEN FRIEDEN IM NAHEN OSTEN, VEREINBART IN CAMP DAVID, 17. SEPTEMBER 1978

Mohammed Anwar al-Sadat, Präsident der Arabischen Republik Ägypten, und Menachem Begin, Ministerpräsident von Israel, konferierten vom 5. bis zum 17. September in Camp David mit dem Präsidenten der Vereinigten Staaten von Amerika, Jimmy Carter, und einigten sich auf den folgenden Rahmen für den Frieden im Nahen Osten. Sie laden andere Parteien im arabisch-israelischen Konflikt ein, sich ihm anzuschließen.

PRÄAMBEL

Die Suche nach dem Frieden im Nahen Osten muss durch Folgendes bestimmt werden:

- Die anerkannte Grundlage für eine friedliche Regelung des Konflikts zwischen Israel und seinen Nachbarn ist die Resolution 242 des Sicherheitsrates der Vereinten Nationen in all ihren Teilen.[*]
- Nach vier Kriegen innerhalb von 30 Jahren erfreut sich der Nahe Osten, Wiege der Kultur und Geburtsstätte dreier Religionen, trotz intensiver menschlicher Bemühungen noch immer nicht der Segnungen des Friedens. Die Bevölkerung des Nahen Ostens ersehnt den Frieden, damit die großen menschlichen und natürlichen Ressourcen dieser Region für Zwecke des Friedens verwendet werden können und dieses Gebiet zu einem Modell für die Koexistenz und Zusammenarbeit unter den Völkern zu werden vermag.
- Die historischen Imperative Präsident Sadats in Gestalt seines Besuchs in Jerusalem und der Empfang, den ihm das Parlament, die Regierung und das Volk von Israel bereitet haben, der Gegenbesuch von Ministerpräsident Begin in Ismailia, die von beiden politischen Führern unterbreiteten Friedensvorschläge sowie die

---

[*] Kopien der Resolutionen 242 und 338 sind dem Dokument angeheftet

warme Aufnahme dieser Mission durch die Völker beider Länder haben eine beispiellose Gelegenheit für den Frieden geschaffen, die nicht verloren gehen darf, wenn dieser Generation und künftigen Generationen die Tragödien des Krieges erspart bleiben sollen.

- Um ein Verhältnis des Friedens im Geiste von Artikel 2 der Charta der Vereinten Nationen herzustellen, sind künftige Verhandlungen zwischen Israel und jedem seiner Nachbarn, der bereit ist, mit ihm über Frieden und Sicherheit zu verhandeln, zum Zweck der Durchführungen aller Bestimmungen und Grundsätze der Resolutionen 242 und 338, notwendig.

- Der Frieden erfordert die Respektierung der Souveränität, der territorialen Integrität und der politischen Unabhängigkeit eines jeden Staates in der Region und seines Rechts, in Frieden innerhalb sicherer und anerkannter Grenzen frei von Androhungen oder Akten der Gewalt zu leben, Fortschritte in Richtung auf jenes Ziel vermögen die Bewegung auf ein neues Zeitalter der Versöhnung im Nahen Osten zu beschleunigen, das von Zusammenarbeit bei der Förderung der wirtschaftlichen Entwicklung, Aufrechterhaltung der Stabilität und Gewährleistung der Sicherheit gekennzeichnet ist.

- Die Sicherheit wird gefördert durch ein Verhältnis des Friedens und durch Zusammenarbeit zwischen den Völkern, die sich normaler Beziehungen erfreuen.

Darüber hinaus können die Parteien gemäß den Bestimmungen von Friedensverträgen auf der Grundlage
der Gegenseitigkeit besonderen Sicherheitsvorkehrungen zustimmen, wie entmilitarisierten Zonen, Zonen
mit Rüstungsbegrenzung, Frühwarnstationen, der Anwesenheit internationaler Streitkräfte, Verbindungs-
stellen, vereinbarten Maßnahmen der Überwachung
und anderen einvernehmlich als nützlich erachteten
Vorkehrungen.

RAHMEN

Unter Berücksichtigung dieser Faktoren sind die Parteien entschlossen, eine gerechte umfassende und dauerhafte Regelung
des Konflikts im Nahen Osten durch den Abschluss von Friedensverträgen zu erreichen, die sich auf die Resolutionen 242
und 338 des Sicherheitsrats in allen ihren Teilen gründen. Sie
verfolgen das Ziel, Frieden und gutnachbarliche Beziehungen
zu erreichen. Sie erkennen an, dass der Frieden, wenn er von
Dauer sein soll, alle jene einbegreifen muss, die von dem Konflikt auf das tiefste betroffen wurden. Sie stimmen deshalb
überein, dass dieser Rahmen angemessenerweise von ihnen
so konzipiert ist, dass er eine Grundlage für den Frieden nicht
nur zwischen Ägypten und Israel, sondern auch zwischen Israel und jedem anderen Nachbarn abgibt, der bereit ist, auf
dieser Grundlage mit Israel über Frieden zu verhandeln. Mit

diesem Ziel vor Augen sind sie übereingekommen, folgendermaßen zu verfahren:

A. Westjordanland und Gaza

1. Ägypten, Israel, Jordanien und die Vertreter des palästinensischen Volkes sollten an Verhandlungen zur Regelung des palästinensischen Problems in allen seinen Aspekten teilnehmen. Um dieses Ziel zu erreichen, sollten die Verhandlungen in Bezug auf das Westjordanland und Gaza in drei Phasen vonstatten gehen:

a) Ägypten und Israel stimmen darin überein, dass zur Gewährung einer friedlichen und geordneten Übertragung der Autorität und mit Rücksicht auf die Sicherheitserfordernisse aller Parteien Übergangsregelungen für das Westjordanland und Gaza für einen Zeitraum von höchstens fünf Jahren getroffen werden sollten. Um den Bewohnern die volle Autonomie zu gewähren, werden gemäß diesen Regelungen die israelische Militärregierung und ihre Zivilverwaltung abgezogen, sobald von den Bewohnern dieser Gebiete eine Selbstverwaltungskörperschaft frei gewählt worden ist, die die bestehende Militärregierung ablöst. Um die

Einzelheiten einer Übergangsregelung auszuhandeln, wird die Regierung von Jordanien eingeladen werden, an den Verhandlungen auf der Basis dieses Rahmens teilzunehmen. Diese neuen Regelungen sollten dem Prinzip der Selbstverwaltung durch die Bewohner dieser Gebiete und den legitimen Sicherheitserfordernissen der beteiligten Parteien gebührend Rechnung tragen.

b) Ägypten, Israel und Jordanien werden die Modalitäten für die Errichtung der gewählten Selbstverwaltungskörperschaft im Westjordanland und in Gaza vereinbaren. Die Delegationen Ägyptens und Jordaniens können Palästinenser aus dem Westjordanland und Gaza und, im gegenseitigen Einvernehmen, auch andere Palästinenser einschließen. Die Parteien werden eine Vereinbarung aushandeln, in der die von der Selbstverwaltungskörperschaft im Westjordanland und in Gaza wahrzunehmenden Befugnisse und Pflichten festgelegt werden. Es wird ein Rückzug israelischer Streitkräfte und eine Verlegung der verbleibenden israelischen Streitkräfte in näher bezeichnete Sicherheitsstandorte erfolgen. Die Vereinbarung wird ferner Vorkehrungen für die Gewährleistung der inneren und äußeren Sicherheit sowie der öffentlichen Ordnung einschließen. Es wird eine starke örtliche Polizeitruppe aufgestellt werden, die auch jordanische Bürger einschließen kann. Außerdem können israelische und jordanische Kräfte an gemeinsamen Streifengängen und an der Besetzung von Kontrollstellen teilnehmen, um die Sicherheit der Grenzen zu gewährleisten.

c) Sobald die Selbstverwaltungskörperschaft (Verwaltungsrat) im Westjordanland und in Gaza errichtet ist und ihre Tätigkeit aufgenommen hat, beginnt die Übergangszeit von fünf Jahren. So rasch wie möglich, aber nicht später als im dritten Jahr nach Beginn der Übergangszeit werden Verhandlungen stattfinden, um den endgültigen Status des Westjordanlandes und Gazas und deren Verhältnis zu ihren Nachbarn festzulegen und zum Ende der Übergangszeit einen Friedensvertrag zwischen Israel und Jordanien abzuschließen. Diese Verhandlungen werden von Ägypten, Israel, Jordanien und gewählten Vertretern der Bewohner des Westjordanlandes und Gazas geführt. Es werden zwei getrennte, aber miteinander in Verbindung stehende Ausschüsse einberufen; der eine wird aus Vertretern der vier Parteien bestehen und über den endgültigen Status des Westjordanlandes und Gazas sowie deren Verhältnis zu ihren Nachbarn verhandeln und befinden; der andere wird aus Vertretern Israels sowie Vertretern Jordaniens zusammen mit gewählten Vertretern der Bewohner des

Westjordanlandes und Gazas bestehen und unter Berücksichtigung der bezüglich des endgültigen Status des Westjordanlandes und Gazas erreichten Vereinbarung einen Friedensvertrag zwischen Israel und Jordanien aushandeln. Die Verhandlungen werden sich auf alle Bestimmungen und Grundsätze der Resolution 242 des Sicherheitsrates der Vereinten Nationen gründen. Die Verhandlungen werden unter anderem den genauen Verlauf der Grenzen und die Art der Sicherheitsvorkehrungen festlegen. Die aus den Verhandlungen hervorgehende Regelung muss ferner den legitimen Rechten des palästinensischen Volkes und seinen rechtmäßigen Bedürfnissen Rechnung tragen. Auf diese Weise werden die Palästinenser an der Bestimmung ihrer Zukunft beteiligt durch:

1) Die Verhandlungen zwischen Ägypten, Israel, Jordanien und den Vertretern der Bewohner des Westjordanlandes und Gazas mit dem Ziel, sich auf den endgültigen Status des Westjordanlandes und Gazas und die Regelung anderer offener Fragen zum Ende der Übergangszeit zu einigen;

2) die Unterwerfung dieser Übereinkunft unter das Votum der gewählten Vertreter der Bewohner des Westjordanlandes und Gazas;

3) die Vorkehrung, dass die gewählten Vertreter der Bewohner des Westjordanlandes und Gazas darüber entscheiden, wie sie sich im Einklang mit den Bestimmungen dieser Übereinkunft selbst regieren wollen;

4) die Teilnahme an der Arbeit des Ausschusses, der einen Friedensvertrag zwischen Israel und Jordanien aushandelt, in der oben dargelegten Form.

2. Es werden alle notwendigen Maßnahmen ergriffen und Vorkehrungen getroffen, um die Sicherheit Israels und seiner Nachbarn während der Übergangszeit und danach zu gewährleisten. Um bei der Gewährleistung dieser Sicherheit behilflich zu sein, wird die Selbstverwaltungskörperschaft eine starke örtliche Polizeitruppe aufstellen. Sie wird sich aus Bewohnern des Westjordanlandes und Gazas rekrutieren. Die Polizei wird in Angelegenheiten der inneren Sicherheit laufend Kontakt zu den dazu bestimmten israelischen, jordanischen und ägyptischen Beamten halten.

3. Während der Übergangszeit werden Vertreter Ägyptens, Israels, Jordaniens und der Selbstverwaltungskörperschaft einen Ständigen Ausschuss bilden, der durch Vereinbarung über die Modalitäten der Wiederaufnahme von Personen, die 1967 aus dem Westjor-

danland und Gaza ausgesiedelt wurden, entscheiden und im Zusammenhang damit die zur Verhütung von Unruhe und Unordnung notwendigen Maßnahmen ergreifen soll. Andere Angelegenheiten von gemeinsamem Belang können ebenfalls von diesem Ausschuss behandelt werden.

4. Ägypten und Israel werden miteinander und mit anderen interessierten Parteien in dem Bemühen zusammenarbeiten, vereinbarte Verfahrensregeln für eine schnelle, gerechte und dauerhafte Verwirklichung der Lösung des Flüchtlingsproblems zu treffen.

B. Ägypten – Israel

1. Ägypten und Israel verpflichten sich, zur Regelung von Streitfragen nicht auf die Androhung oder Anwendung von Gewalt zurückzugreifen. Alle entstehenden Streitfälle sollen im Einklang mit den Bestimmungen von Artikel 33 der Charta der Vereinten Nationen durch friedliche Mittel beigelegt werden.

2. Um Frieden zwischen ihnen herbeizuführen, kommen die Parteien überein, in redlicher Absicht zu verhandeln, mit dem Ziel, innerhalb von drei Monaten nach Unterzeichnung dieser Rahmenvereinbarung einen

Friedensvertrag miteinander abzuschließen, und sie laden die anderen Konfliktparteien ein, parallel Verhandlungen aufzunehmen und ähnliche Friedensverträge abzuschließen mit dem Ziel, einen umfassenden Frieden in der Region zu erreichen. Die Rahmenvereinbarung für den Abschluss eines Friedensvertrages zwischen Ägypten und Israel wird als Richtschnur für die Friedensverhandlungen zwischen ihnen dienen. Die Parteien werden die Modalitäten und den Zeitplan für die Verwirklichung ihrer Verpflichtungen aus dem Vertrag vereinbaren.

C. Damit zusammenhängende Grundsätze

1. Ägypten und Israel und erklären, dass die nachstehend ausgeführten Grundsätze und Bestimmungen auf die Friedensverträge zwischen Israel und jedem seiner Nachbarn – Ägypten, Jordanien, Syrien und den Libanon – Anwendung finden sollen.

2. Die Signatare sollen Beziehungen untereinander herstellen, wie sie für Staaten, die miteinander in Frieden leben, normal sind. Zu diesem Zweck sollten sie sich verpflichten, alle Bestimmungen der Charta der Vereinten Nationen einzuhalten. Die in dieser Hinsicht zu nehmenden Schritte schließen Folgendes ein:

a) volle Anerkennung,

b) Einstellung des wirtschaftlichen Boykotts,

c) Gewähr, dass unter ihrer Hoheitsgewalt die Bürger der anderen Parteien volle Rechtssicherheit genießen.

3. Die Signatare sollen die Möglichkeiten zu wirtschaftlicher Entwicklung im Zusammenhang mit den endgültigen Friedensverträgen prüfen mit dem Ziel, zur Schaffung der Atmosphäre des Friedens, der Kooperation und der Freundschaft beizutragen, die ihr gemeinsames Ziel ist.

4. Zur Regulierung gegenseitiger finanzieller Ansprüche können Regulierungsausschüsse eingesetzt werden.

5. Die Vereinigten Staaten sollen eingeladen werden, an den Gesprächen über Angelegenheiten teilzunehmen, die im Zusammenhang mit den Modalitäten der Durchführung der Verträge und der Aufstellung eines Zeitplanes für die Ausführung der Verpflichtungen der Parteien stehen.

6. Der Sicherheitsrat der Vereinten Nationen soll ersucht werden, die Friedensverträge zu billigen und sicherzustellen, dass ihre Bestimmungen nicht verletzt werden. Die Ständigen Mitglieder des Sicherheitsrates sollen ersucht werden, die Friedensverträge zu garantieren

und die Einhaltung ihrer Bestimmungen sicherzustellen. Sie sollen ferner ersucht werden, ihre Politik und Handlungsweise auf die in dieser Rahmenvereinbarung eingeschlossenen Verpflichtungen abzustimmen.

Für die Regierung der Arabischen Republik von Ägypten
    A. Sadat

Für die Regierung des Staates Israel
    M. Begin

Bezeugt von Jimmy Carter
    Präsident der Vereinigten Staaten von Amerika

Anhang 4

— ◆ —

RAHMENWERK FÜR EINEN FRIEDENSVERTRAG ZWISCHEN ÄGYPTEN UND ISRAEL 1978

Um untereinander Frieden zu erreichen, kommen Israel und Ägypten überein, in redlicher Absicht miteinander zu verhandeln mit dem Ziel, innerhalb von drei Monaten nach Unterzeichnung dieser Rahmenvereinbarung einen Friedensvertrag miteinander abzuschließen.

Es wird Folgendes vereinbart:

Der Verhandlungsort wird an einem Platz oder an Plätzen, auf die man sich einigt, unter der Flagge der Vereinten Nationen stehen.

Alle Grundsätze der UN-Resolution 242 werden auf die Beilegung des Streits zwischen Israel und Ägypten Anwendung finden.

Soweit nicht anderweitig vereinbart, werden die Bestimmungen des Friedensvertrages zwei bis drei Jahre nach Unterzeichnung des Friedensvertrages verwirklicht sein.

Folgende Angelegenheiten werden zwischen beiden Parteien vereinbart:

a) die volle Ausübung der ägyptischen Souveränität bis zur international anerkannten Grenze zwischen Ägypten und dem Mandatsgebiet Palästina;

b) der Abzug israelischer Streitkräfte aus Sinai;

c) die Benutzung der Flugplätze, die die Israelis bei El Arish, Rafah, Ras an-Naqb und Sharm el-Sheikh hinterlassen, für ausschließlich zivile Zwecke, einschließlich einer möglichen kommerziellen Nutzung durch alle Länder;

d) das Recht der freien Durchfahrt israelischer Schiffe durch den Golf von Suez und den Suezkanal gemäß der für alle Staaten geltenden Konvention von Konstantinopel aus dem Jahre 1888; die Straße von Tirana und der Golf von Akaba sind internationale Wasserstraßen, die allen Ländern für unbehinderte und nicht aufzuhebende Freiheit der Schifffahrt und Überfliegung offen stehen müssen;

e) der Bau einer Landstraße zwischen Sinai und Jordanien bei Eilat mit Garantie der freien und friedlichen
Benutzung durch Ägypten und Jordanien;

f) die Stationierung der nachstehend aufgeführten militärischen Kräfte.

STATIONIERUNG VON STREITKRÄFTEN

A) In dem Gebiet, das sich etwa 50 km östlich des Gol-
fes von Suez und des Suezkanals erstreckt, wird nicht
mehr als eine Division (motorisiert oder Infanterie)
der ägyptischen Streitkräfte stationiert.

B) In einem Gebiet westlich der internationalen Grenze
und des Golfs von Akaba mit einer Tiefe von 20 bis 40
km werden nur Truppen der Vereinten Nationen und
zivile Polizeikräfte stationiert, die mit leichten Waffen
zur Wahrnehmung normaler Polizeifunktionen ausgerüstet sind.

C) In dem Gebiet innerhalb von 3 km östlich der internationalen Grenze werden beschränkte israelische
Streitkräfte in Stärke von höchstens vier Infanterie-
bataillonen sowie Beobachter der Vereinten Nationen
anwesend sein.

D) Grenzschutz-Einheiten in Stärke von höchstens drei
Bataillonen werden die zivile Polizei bei der Aufrechterhaltung der Ordnung in dem Gebiet ergänzen, das

nicht zu vorstehend aufgeführten Bereichen gehört.
Die genaue Bezeichnung der vorstehend genannten
Gebiete wird in den Friedensverhandlungen festgelegt.
Frühwarnstationen sind gestattet, um die Einhaltung
der Vertragsbestimmungen sicherzustellen.

Truppen der Vereinten Nationen werden stationiert:

(a) in einem Teil des Gebiets in Sinai, das innerhalb von
etwa 20 km entlang dem Mittelmeer und der internationalen
Grenze liegt, und b) im Gebiet von Sharm el-Sheikh, um Freiheit der Durchfahrt durch die Straße von Tirana zu gewährleisten; und diese Truppen werden solange nicht abgezogen
werden, wie ihr Abzug nicht vom Sicherheitsrat der Vereinten
Nationen mit dem einheitlichen Votum der fünf Ständigen
Mitglieder gebilligt wird.

Nach Unterzeichnung eines Friedensvertrages und nach
Beendigung des vorläufigen Abzugs werden normale Beziehungen zwischen Ägypten und Israel hergestellt, die die volle
Anerkennung einschließlich der Aufnahme diplomatischer,
wirtschaftlicher und kultureller Beziehungen, die Aufhebung
des Wirtschaftsboykotts und der Beschränkungen der Frei-
zügigkeit von Waren und Menschen sowie die gegenseitige
Gewährleistung der Rechtssicherheit für alle Bürger einschließen.

VORLÄUFIGER ABZUG

Drei bis neun Monate nach Unterzeichnung des Friedensvertrages werden sich alle israelischen Streitkräfte ostwärts hinter eine Linie zurückziehen, die von einem Punkt östlich von Al Arish bis Ras Mohammed reicht und deren genauer Verlauf durch Vereinbarungen festgelegt wird.

Für die Regierung der Arabischen Republik Ägypten
        A. Sadat

Für die Regierung des Staates Israel
        M. Begin

Bezeugt von: Jimmy Carter
        Präsident der Vereinigten Staaten von Amerika

Anhang 5

—— •◆• ——

UN-RESOLUTION 465 (1980)

VEREINTE NATIONEN
SICHERHEITSRAT
RESOLUTION 465 (1980)
VOM 1. MÄRZ 1980

Der Sicherheitsrat,

in Kenntnisnahme der in den Dokumenten S/13450 mit Korr.1 sowie S/13679 enthaltenen Berichte der gemäß Resolution 446(1979) eingesetzten Kommission des Sicherheitsrats zur Überprüfung der Lage in Bezug auf Siedlungen in den seit 1967 besetzten arabischen Gebieten, einschließlich Jerusalems, ferner in Kenntnisnahme der Schreiben des Ständigen Vertreters Jordaniens (S/13801) und des Ständigen Vertreters Marokkos, des Vorsitzenden der Islamischen Gruppe (S/13802),

mit tiefem Bedauern über die Weigerung Israels, die Kommission zu unterstützen, und mit Bedauern über die formelle Zurückweisung der Resolutionen 446(1979) und 452 (1979) durch Israel,

erneut erklärend, dass das Vierte Genfer Abkommen vom 12. August 1949 zum Schutze von Zivilpersonen in Kriegszeiten auf die seit 1967 von Israel besetzten arabischen Gebiete, einschließlich Jerusalems, anwendbar ist,

den Beschluss der Regierung Israels beklagend, die israelischen Siedlungen in den palästinensischen und anderen seit 1967 besetzten arabischen Gebieten offiziell zu unterstützen,

tief besorgt über die Praktiken der israelischen Behörden bei der Durchführung dieser Siedlungspolitik in den besetzten arabischen Gebieten, einschließlich Jerusalems, und über deren Folgen für die dort ansässige arabische und palästinensische Bevölkerung,

unter Berücksichtigung der Notwendigkeit, Maßnahmen zu einem unparteiischen Schutz privaten und öffentlichen Land- und Sacheigentums sowie der Wasserressourcen zu erwägen,

eingedenk des besonderen Status Jerusalems und insbesondere der Notwendigkeit, den einzigartigen spirituellen und religiösen Charakter der Heiligen Stätten dieser Stadt zu schützen und zu erhalten,

mit dem Hinweis auf die ernsten Auswirkungen, die diese Siedlungspolitik notwendigerweise auf jeden Versuch zur Herbeiführung eines umfassenden, gerechten und dauerhaften Frieden im Nahen Osten haben muss,

unter Hinweis auf einschlägige Resolutionen des Sicherheitsrates, insbesondere auf die Resolutionen 237(1967) vom 14. Juni 1967, 252(1968) vom 21. Mai 1968, 267(1969) vom 3. Juli 1969, 271(1969) vom 15. September 1969 und 298(1971) vom 25. September 1971 sowie die auf Konsens beruhende Erklärung des Präsidenten des Sicherheitsrates vom 11. November 1976,

nach der Bitte an Herrn Fahd Qawasmeh, den Bürgermeister von al-Khalil (Hebron), das zum besetzten Gebiet gehört, den Rat mit Informationen gemäß Regel 39 der vorläufigen Geschäftsordnung zu versorgen,

1. würdigt die Arbeit der Kommission bei der Erstellung des in Dokument S/18679 enthaltenen Berichts,

2. nimmt die Schlussfolgerungen und Empfehlungen des oben genannten Kommissionsberichts an;

3. fordert alle Beteiligten, insbesondere die Regierung Israels auf, die Kommission zu unterstützen,

4. beklagt nachdrücklich den Beschluss Israels, dem Bürgermeister Fahd Qawasmeh die freie Ausreise zum Zweck seines Erscheinens vor dem Sicherheitsrat zu verbieten, und ersucht Israel, ihn zum genannten Zweck ungehindert an den Sitz der Vereinten Nationen reisen zu lassen;

5. stellt fest, dass alle Maßnahmen Israels zur Veränderung des physischen Charakters, der demographischen Zusammensetzung, der institutionellen Struktur oder des Status der palästinensischen und anderen seit 1967 besetzten arabischen Gebiete, einschließlich Jerusalems bzw. irgendeines Teils dieser Gebiete, keine Rechtsgültigkeit besitzen und dass Israels Politik und Praxis, Teile seiner Bevölkerung sowie Neueinwanderer in den genannten Gebieten anzusiedeln, eine flagrante Verletzung des Vierten Genfer Abkommens zum Schutze von Zivilpersonen in Kriegszeiten darstellt und ferner ein ernstes Hindernis auf dem Weg zu einem umfassenden, gerechten und dauerhaften Frieden im Nahen Osten bildet;

6. beklagt nachdrücklich die ständige und beharrliche Fortführung dieser Politiken und Praktiken durch Israel und fordert die Regierung und das Volk Israels auf, diese Maßnahmen rückgängig zu machen, die bestehenden Siedlungen vollständig aufzulösen (to

dismantle) und insbesondere die Errichtung, den Bau und die Planung von Siedlungen in seit 1967 besetzten arabischen Gebieten, einschließlich Jerusalems, schnellstens einzustellen;

7. fordert alle Staaten auf, Israel keinerlei Hilfe zu gewähren, die speziell für die Siedlungen in den besetzten Gebieten bestimmt ist;

8. ersucht die Kommission, die Lage in Bezug auf Siedlungen in den seit 1967 besetzten arabischen Gebieten, einschließlich Jerusalems, weiterhin zu prüfen, die besorgniserregende Verknappung der natürlichen Ressourcen, vor allem der Wasserressourcen, von der berichtet wurde, im Hinblick auf die Gewährleistung des Schutzes dieser wichtigen natürlichen Ressourcen der besetzten Gebiete zu untersuchen und die Durchführung dieser Resolution genauestens zu überwachen,

9. ersucht die Kommission, dem Sicherheitsrat bis 1. September 1980 Bericht zu erstatten und beschließt, danach so bald als irgend möglich zur Behandlung dieses Berichts und der vollständigen Durchführung dieser Resolution zusammenzutreten.

Einstimmig angenommen

Anhang 6

DER ARABISCHE FRIEDENSPLAN VON 2002

DER FRIEDENSPLAN DER ARABISCHEN LIGA VOM 28. MÄRZ 2002

Der Rat der Liga der Arabischen Staaten auf seiner 14. ordentlichen Sitzung auf dem Gipfeltreffen

bestätigt erneut die im Juni 1996 auf dem außerordentlichen Gipfel in Kairo verabschiedete Resolution, dass ein gerechter und umfassender Frieden im Nahen Osten die strategische Option der arabischen Staaten darstellt, der im Einklang mit internationalem Recht erzielt werden muss, was seitens der israelischen Regierung eine vergleichbare Verpflichtung erfordert;

nach Anhörung der Ausführungen Seiner Königlichen Hoheit Prinz Abdullah Bin Abdul Aziz, Kronprinz des Königreichs Saudi-Arabien, in der Seine Hoheit seine Initiative vorgestellt hat, die einen vollständigen israelischen Rückzug von allen seit Juni 1967 besetzten arabischen Gebieten fordert, in Erfüllung der Resolutionen 242 und 338 des Sicherheitsrates, die auf der Konferenz von Madrid bestätigt wurde, sowie des Prinzips „Land gegen Frieden" und Israels Anerkennung eines unabhängigen palästinensischen Staates, mit Ostjerusalem als Hauptstadt, im Gegenzug zu der Aufnahme normaler Beziehungen im Zusammenhang eines umfassenden Friedens mit Israel.

Der Rat, ausgehend von der Überzeugung der arabischen Länder, dass eine militärische Lösung des Konflikts keinen Frieden erzielen und den Parteien keine Sicherheit bringen wird,

1. ersucht Israel, seine Politik zu überdenken und zu erklären, dass ein gerechter Frieden ebenfalls seine strategische Option darstellt,

2. fordert Israel auf, Folgendes zu bestätigen:
   a) vollständigen Rückzug von allen seit 1967 besetzten Gebieten, einschließlich der syrischen Golan-

höhen bis zu den Linien vom 4. Juni 1967 sowie von den immer noch besetzten libanesischen Gebieten im Südlibanon;

b) Schaffung einer gerechten Lösung des Problems palästinensischer Flüchtlinge in Vereinbarungen gemäß Resolution 194 der Vollversammlung der Vereinten Nationen;

c) Anerkennung der Errichtung eines souveränen unabhängigen palästinensischen Staates auf den seit dem 4. Juni 1967 besetzten palästinensischen Gebieten im Westjordanland und im Gaza-Streifen, mit Ostjerusalem als Hauptstadt;

3. worauf folgend die arabischen Staaten Folgendes versichern:

a) der arabisch-israelische Konflikt gilt als beendet, sie treten in Friedensvereinbarungen mit Israel ein und sorgen für die Sicherheit für alle Staaten in der Region;

b) sie nehmen im Zusammenhang dieses umfassenden Friedens normale Beziehungen zu Israel auf;

4. der Rat weist alle Formen der Einbürgerung von Palästinensern, die nicht im Einklang mit den spezifischen Gegebenheiten der arabischen Gastländer sind, entschieden zurück,

5. fordert die israelische Regierung und alle Israelis auf, diese Initiative anzunehmen, um die Aussichten auf Frieden zu sichern und weiteres Blutvergießen zu vermeiden und um die arabischen Länder und Israel in die Lage zu versetzen, in Frieden und guter Nachbarschaft zu leben und künftigen Generationen Sicherheit, Stabilität und Wohlergehen zu sichern;

6. lädt die internationale Gemeinschaft und alle Staaten und Organisationen ein, diese Initiative zu unterstützen;

7. ersucht den Vorsitzenden des Gipfels, ein Sonderkomitee zu ernennen, dem einige der betroffenen Mitgliedsstaaten und der Generalsekretär der Arabischen Liga angehören sollen, um die notwendigen Kontakte zu knüpfen, um auf allen Ebenen Unterstützung für diese Initiative zu suchen, insbesondere von den Vereinten Nationen, dem Sicherheitsrat, den Vereinigten Staaten, der Russischen Föderation, den islamischen Staaten und der Europäischen Union.

Anhang 7

—•◆•—

ISRAELS ANTWORT
AUF DIE *ROADMAP*
VOM 25. MAI 2003

1. Sowohl zu Beginn wie im Verlauf des Prozesses, als Bedingung für seine Fortführung, muss Ruhe herrschen.
Die Palästinenser werden die bestehenden Sicherheits-
organisationen auflösen und Reformen durchführen, in
deren Verlauf neue Organisationen gegründet werden,
die zur Aufgabe haben, Terror, Gewalt und Hetze zu
beenden (die Hetze muss unverzüglich beendet werden,
und die palästinensische Autonomiebehörde muss für
eine Erziehung zum Frieden sorgen). Diese Organisationen werden ernsthaft und effektiv Terror und Gewalt
verhindern, durch Verhaftungen, Verhöre, Vorkehrungen sowie die Durchsetzung der rechtlichen Grundla-

gen für Ermittlungen, strafrechtliche Verfolgung und Bestrafung. In der ersten Phase des Plans und als Vorbedingung der zweiten Phase werden die Terrororganisationen (Hamas, Islamischer Jihad, die Volksfront, die demokratische Front, al-Aksa Brigaden sowie andere Hilfs- und Untergruppen) vollständig aufgelöst, desgleichen ihre Infrastruktur; alle illegalen Waffen werden eingesammelt und einer dritten Partei übergeben, damit sie aus der Region verbracht und zerstört werden; es werden innerhalb der palästinensischen Autonomiegebiete keine weiteren Waffen mehr hereingeschmuggelt oder Waffen hergestellt; das Präventivsystem muss voll aktiviert werden, Hetze muss enden. Es wird keinen Einstieg in Phase II geben, ohne dass alle vorher genannten Bedingungen, die Teil des Krieges gegen den Terror sind, erfüllt sind. Die Sicherheitspläne, die umzusetzen sind, sind der Tenet und der Zinni Plan. (Wie schon in den anderen gegenseitigen Rahmenabkommen auch kann die Roadmap nicht verlangen, dass Israel Gewalt und Hetze gegenüber Palästinensern beendet.)

2. Vollständige Erfüllung ist Voraussetzung für den Fortschritt zwischen den Phasen und im Verlauf der Phasen. Die erste Bedingung für Fortschritte wird das vollständige Ende von Terror, Gewalt und Hetze sein; Fortschritte zwischen den Phasen werden nur nach vollständiger Erfüllung der vorangegangenen Phasen

erfolgen. Nicht Zeitpläne sind ausschlaggebend, sondern der Grad der erbrachten Leistung. (Zeitpläne können nur als Anhaltspunkte dienen.)

3. Die Schaffung einer neuen und anders gearteten Führung in der palästinensischen Autonomiebehörde im Rahmen einer Regierungsreform: Die Formierung einer neuen Führung stellt eine Bedingung für den Übergang in die zweite Phase des Fahrplans dar. In diesem Rahmen werden Wahlen für den palästinensischen Legislativrat abgehalten, in Koordination mit Israel.

4. Die Überwachung wird amerikanischem Management unterstellt sein. Die Hauptaktivität der Überprüfung wird sich auf die Schaffung einer anderen palästinensischen Entität konzentrieren und auf die Fortschritte im Reformprozess innerhalb der palästinensischen Autonomiebehörde. Die verifizierende Überprüfung wird ausschließlich auf professioneller Grundlage durchgeführt und getrennt nach Einzelgebieten (Wirtschaft, Recht, Finanzen), einen kombinierten oder einheitlichen Mechanismus wird es nicht geben. Wesentliche Entscheidungen werden weiterhin von beiden Seiten getroffen.

5. Der Charakter des vorläufigen palästinensischen Staates wird durch Verhandlungen zwischen der PA und

Israel festgelegt werden. Der vorläufige Staat wird vorläufige Grenzen haben und gewisse Merkmale von Souveränität, zudem vollständig entmilitarisiert sein, ohne militärische Kräfte, sondern nur Polizei und Einheiten für die innere Sicherheit haben, deren Umfang und Ausrüstung begrenzt sein werden; ohne Befugnis, Verteidigungsbündnisse oder militärische Kooperation einzugehen, mit israelischer Kontrolle über den Personen- und Warenverkehr, in beiden Richtungen, sowie über den Luftraum und das elektro-magnetische Spektrum.

6. In Verbindung sowohl zu den Erklärungen am Anfang wie einer endgültigen Regelung muss das Recht Israels, als jüdischer Staat zu existieren, und der Verzicht jeglichen Rückkehrrechts palästinensischer Flüchtlinge in das israelische Staatsgebiet explizit aufgeführt werden.

7. Das Ende des Prozesses wird nicht nur zum Ende des Konfliktes, sondern zum Ende aller Ansprüche führen.

8. Das künftige Abkommen wird durch Übereinkunft und direkte Verhandlungen zwischen den beiden Parteien erzielt werden, in Übereinstimmung mit der Vision, die Präsident Bush in seiner Rede vom 24. Juni gezeichnet hat.

9. Fragen, die die endgültige Regelung betreffen, werden nicht miteinbezogen. Zu den Fragen, die nicht zur Diskussion stehen, gehören: Siedlungen in Judäa, Samaria und Gaza (ausschließlich eines Einfrierens von Siedlungen und illegale Außenposten), der Status der PA und ihrer Einrichtungen in Jerusalem und alle anderen Angelegenheiten, deren Wesen sich auf das Endabkommen bezieht.

10. Die Ausklammerung von Bezugnahme auf anderes, ausgenommen Resolutionen 242 und 338 (1397, die saudische Initiative und die arabische Resolution von Beirut). Ein Abkommen auf der Grundlage der Roadmap wird ein autonomes Abkommen sein, das seine Gültigkeit aus sich selbst bezieht. Der einzig mögliche weitere Bezug sollten die Resolutionen 242 und 338 sein, und dann auch nur als Umriss für die Durchführung künftiger Verhandlungen über ein dauerhaftes Abkommen.

11. Durchführung des Reformprozesses innerhalb der PA: Eine palästinensische Übergangsverfassung wird ausgearbeitet, eine palästinensische Infrastruktur des Rechtswesens wird eingerichtet, und die Kooperation mit Israel auf diesem Gebiet wird erneuert. Auf dem Gebiet der Wirtschaft: Israels Bemühungen, die palästinensische Wirtschaft wieder zu stärken, werden

weitergehen. Auf dem Gebiet der Finanzen: Die amerikanisch-israelisch-palästinensische Vereinbarung wird in Gänze umgesetzt als Bedingung für den weiteren Transfer von Steuereinnahmen.

12. Die Stationierung von IDF-Truppen entlang der Stationierungslinien vom September 2000 wird von der Bedingung in Artikel 4 (absolute Ruhe) abhängig sein und ihre Durchführung wird sich gegebenenfalls nach Veränderungen aufgrund neuer Umstände und dadurch entstandener neuer Erfordernissen ausrichten.

13. Abhängig von der Sicherheitslage wird Israel daran arbeiten, das Leben der Palästinenser wieder zu normalisieren: die wirtschaftliche Lage fördern, Handelsbeziehungen pflegen, die Aktivitäten anerkannter humanitärer Organisationen ermutigen und unterstützen. Auf den Bertini-Bericht wird nicht als bindendes Quellen-Dokument im Rahmen der humanitären Frage Bezug genommen.

14. Arabische Staaten werden den Prozess durch Verurteilung terroristischer Aktivitäten unterstützen. Die palästinensische Frage (track) ist nicht mit anderen Fragen (Syrien und Libanon) verknüpft.

DANKSAGUNG

Zusammen mit dem ägyptischen Präsidenten Anwar Sadat und dem israelischen Premierminister Menachem Begin habe ich einen Friedensvertrag zwischen ihren beiden Staaten unterzeichnet, das liegt nun schon mehr als 25 Jahre – ein Vierteljahrhundert – zurück. Davor war es zu vier Kriegen gekommen, seit der Staat Israel Wirklichkeit geworden war. Die beiden Staatsführer hatten sich zu Gerechtigkeit für die Palästinenser verpflichtet sowie zum Abzug israelischer militärischer und politischer Kräfte aus den besetzten Gebieten, um Israel und allen seinen Nachbarn die Gelegenheit zu geben, in Eintracht miteinander zu leben. Die Parlamente in Kairo und Jerusalem haben die Vereinbarungen ratifiziert, die von der Mehrzahl der Bürger beider Staaten gebilligt wurden.

Seitdem sind viele Versprechen gebrochen worden, und der endlose Kreislauf des Blutvergießens hat nie aufgehört, Misstrauen und Hass schwollen an. Dieses Buch will die Hauptwurzeln des fortdauernden Konfliktes bloßlegen und den einzig denkbaren Pfad zu dauerhaftem Frieden und Gerechtigkeit im Heiligen Land beleuchten.

Nach meinem Ausscheiden aus dem Weißen Haus bestand mein persönliches Engagement für diese von Unruhe und Sorgen geplagte Region hauptsächlich in der Repräsentation des *Carter Center*, einer Organisation, die sich der Förderung von Frieden, Freiheit, Menschenrechten sowie der Linderung von Not und Leid verschrieben hat. Meine Mitarbeiter dort haben mir geholfen, die komplexen Beziehungen besser zu verstehen, sowohl in Israel selbst, die der Palästinenser untereinander als auch die zwischen den beiden Parteien und die zu den Regierungen der Nachbarländer. Matthew Hodus, David Caroll und andere waren aktiv an der Ausarbeitung vernünftiger Friedensvorschläge beteiligt sowie an der Förderung der demokratischen Entwicklung.

Meine persönlichen Assistenten Faye Perdue und Lauren Gay standen mir bei der Arbeit zu meinem Manuskript mit Rat und Tat zur Seite; Dr. Steve Hochman hat zusammen mit meiner Frau Rosalynn den Text gelesen, um Fehler und Irrtümer zu entdecken und zu verbessern.

Bei Simon & Schuster fand ich in Alice Mayhew, meiner klugen und eindrucksvollen Herausgeberin, eine wertvolle Unterstützerin, ihr zur Seite ihre Assistentin Serena Jones und Paul Pugliese, der für die Karten verantwortlich zeichnet. Mein Dank gilt insbesondere auch meiner Agentin Lynn Nesbit, die mir die segensreiche Partnerschaft mit einem so außerordentlichen Verlagshaus vermittelt hat.

University of Arkansas Press hat mir dankenswerter Weise gestattet, Originalteile meines dort publizierten Buches „Blood of Abraham" (Das Blut Abrahams) zu verwenden, das immer noch nachgedruckt wird, mittlerweile mit einer Aktualisierung der Chronologie und Beurteilung der jüngsten Entwicklungen und Ereignisse im Nahen Osten.

Melzer Edition

Blutrache

Yitzhaq Shami

Books on Demand

ISBN: 9783758319464 – Preis: 18,00 €

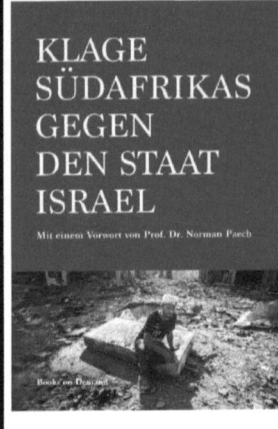